JN450257

SMART 물류

유창권 · 강창백 공저

형설출판사
www.hyungseul.co.kr

머리말 *Preface*

기업의 핵심목표는 제품을 시장에 판매하여 이윤을 획득하는 것이다. 따라서 기업의 마케팅 전략은 시장의 구조와 상황에 따라 전략적 변화를 모색해야만 한다. 과거의 시장구조가 공급자에 비해 수요자가 압도적으로 많은 푸쉬 마켓(push market)의 상황이었다면, 현재의 시장구조는 한정된 소비자에게 다수의 생산자가 동일하거나 유사한 제품을 공급하는 이른바 풀 마켓(pull market)의 상황으로 변화하고 있다. 이러한 맥락에서 기업의 마케팅 전략 또한 현재와 같은 풀 마켓의 시장구조에 적합한 패러다임으로의 변화가 불가피하게 되었다.

실제로 과거의 소비자들은 고품질의 제품을 저렴한 가격에 구매하고자 하는 욕구가 지배적이었기 때문에, 기업의 마케팅 전략은 제품의 가격과 품질관리에 초점을 맞추어 수립되고 추진되어 왔다. 그러나 세계무역기구(WTO)의 출범으로 생산기술 및 생산요소의 국가 간 이동장벽이 완화됨에 따라 제품의 품질수준과 생산가격의 차별화에 기초한 마케팅 활동이 어려워지면서, 기업의 전략적 관심은 소비자까지의 제품 이동에 소요되는 물류유통 비용의 절감에 집중되고 있다. 이러한 물류유통 활동의 중요성은 소비자 욕구의 고도화 내지 차별화 현상이 진전됨에 따라 더욱 확대될 것으로 예상된다. 이른바 유통과 물류의 시대가 전개되고 있는 것이다.

물류관리(logistics management)란 기업의 비용을 구성하는 요소들을 관리함으로써 물류비의 절감을 통한 제품의 판매촉진과 수익증대를 추구하는 것이라 할 수 있다. 다시 말해서, 물류관리는 경제재인 재화를 생산자로부터 소비자까지 원활하게 흐르도록 하는 업무와 관련된 제반물류활동인 운송, 보관, 포장, 하역, 유통가공 등의 활동을 유기적(organizational)이고 시스템적(systematical)으로 관리하는 활동을 의미한다. 이와 같은 관리활동을 통해 기업은 물류비용을 감소시키고, 물류활동의 본원적 기능인 시간적 및 공간적 효용을 증대시킴으로써 고객에 대한 서비스 수준을 향상시킬 수 있는 것이다.

이에 본서는 기업경영의 핵심 분야로 대두되고 있는 물류 분야를 물류관리론, 화물운송론, 보관하역론, 포장물류론 및 물류정보론 등으로 구분하여 기업경영활동과의 관계를 설명하고 효율적인 물류관리시스템 구축방안을 중심으로 기술하였다. 구체적으로, 제1부 물류관리론에서는 물류와 물류관리, 물류관리전략, 물류비와 물류원가관리, 고객서비스관리 등의 내용과 최근의 물류 동향을 물류 표준화, 공동화, 국제화 등으로 구분하여 기술하였으며, 제2부에서는 물류의 핵심 분야라 할 수 있는 화물운송론을 운송모드와 운송서류를 중심으로 설명하였다. 제3부 보관하역론에서는 보관관리, 재고관리, 자재관리, 주문관리, 하역관리 등을 중심으로 기술하였으며, 제4부에서는 포장관리 및 물류정보관리 분야를 중심으로 기술하였다. 끝으로 제5부에서는 제반 물류활동을 합리화할 수 있는 효율적인 물류관리시스템 구축방안을 중심으로 기술하였다.

하지만 막상 출판을 앞두고 보니 본래 의도한 목적이 제대로 이루어질지 두려움이 앞선다. 앞으로 부족한 내용은 지속적으로 수정 보완할 것을 약속하며, 본서의 출판을 기꺼이 승낙해 주시고 편집과정에서 정성을 다해 주신 형설출판사의 편집부 여러분의 노고에 진심 어린 감사의 마음을 전한다. 그리고 본서의 출판을 위해 자료정리와 교정 업무를 도와준 대전대학교 물류유통학과 심지숙 조교, 김종균 군과 장민지 양에게 진심으로 감사의 마음을 전한다. 모쪼록 이 책이 물류분야를 공부하고자 하는 모든 분들께 하나의 입문서가 되기를 바라며 사랑하는 아내와 딸 벼리에게 이 책을 바친다.

저자 씀

차례 *Contents*

제 1 부 물류관리론

제 2 부 화물운송론

제 3 부 보관하역론

제 4 부 포장물류론과 물류정보관리론

제 5 부 물류관리시스템

| SMART Physical Distribution

제1부

물류관리론

제1장 물류와 물류관리
제2장 물류관리전략
제3장 물류비와 물류원가관리
제4장 고객서비스관리
제5장 물류의 표준화 공동화 국제화

01 물류와 물류관리

SMART Physical Distribution

제1절 물류의 개요

1 물류의 학문적 체계

1) 경영과 마케팅 전략

기업 활동을 수행하는 목적은 최소한의 비용으로 최대한의 부가가치를 창출하여 이윤을 극대화하는 것이다. 기업 활동에서 부가가치가 생성되는 과정을 설명하고 있는 대표적 학설로 가치사슬(value chain)이론을 들 수 있다. 가치사슬이론은 1985년 미국 하버드(Harvard)대학교의 마이클 포터(Michael Porter)교수가 모델로 정립한 이후 광범위하게 활용되고 있는 이론으로, 부가가치 창출에 직접 또는 간접적으로 관련된 일련의 활동·기능·프로세스(process)의 연계를 의미한다. 가치사슬은 구체적으로 주 활동(primary activities)과 지원 활동(support activities)으로 나눠볼 수 있다.

여기서 주 활동은 제품의 생산·운송·마케팅·판매·물류·서비스 등과 같은 현장업무활동을 의미하며, 지원 활동은 구매·기술개발·인사·재무·기획 등 현장활동을 지원하는 제반업무를 의미한다. 주 활동은 부가가치를 직접 창출하는 부문을, 지원 활동은 부가가치가 창출되도록 간접적인 역할을 하는 부문을 말한다. 가치사슬이론은 이 두 활동 부문의 비용과 가치 창출 요인을 분석하는 데 사용된다.

이를 통하여 가치 활동 각 단계에 있어서 부가가치 창출과 관련된 핵심 활동이 무엇인가를 규명할 수 있으며, 각 단계 및 핵심 활동들의 강점이나 약점 및

그림 1-1 M. Porter의 가치사슬이론

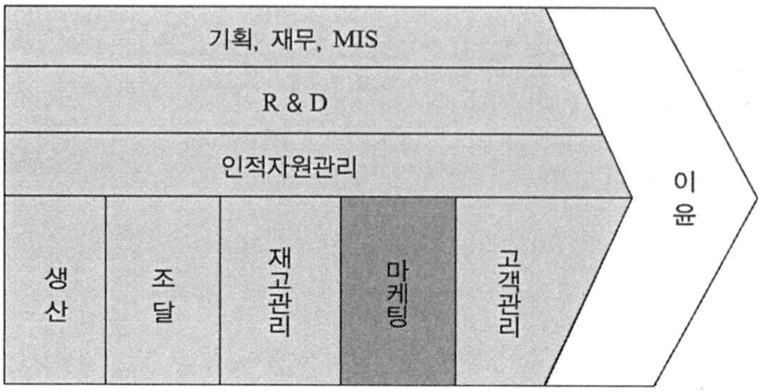

차별화 요인을 분석하고, 나아가 각 활동 단계별 원가동인을 분석하여 경쟁우위 구축을 위한 도구로 활용하고 있다.

이러한 가치사슬의 구성요소는 시대와 시장구조가 변화함에 따라 그 중요성 또한 변화하고 있다. 과거와 같은 독과점시장에서는 생산활동이 가장 중요한 부가가치 창출의 요인이었으나 현재와 같은 경쟁시장구조에서는 마케팅 활동의 중요성이 급속히 증가하고 있는 상황이다. 이른바 생산의 시대에서 마케팅의 시대로 변화하고 있는 것이다.

2) 마케팅 전략과 유통활동

기업의 핵심 목표는 제품을 시장에 판매하여 이윤을 획득하는 것이다. 따라서 기업의 마케팅 전략은 시장의 구조(market structure)와 상황(market situation)에 따라 전략적 변화를 모색해야만 한다. 일반적으로, 과거의 시장구조가 공급자에 비해 수요자가 압도적으로 많은 푸쉬 마켓(push market)의 상황이었다면, 현재의 시장구조는 한정된 소비자에게 다수의 생산자가 동일하거나 유사한 제품을 공급하는 이른바 풀 마켓(pull market)의 상황으로 변화하고 있다.

이러한 맥락에서, 기업의 마케팅 전략 또한 현재와 같은 풀 마켓의 시장구조에 적합한 패러다임으로의 변화가 불가피하게 되었으며, 기업의 마케팅 성과에 영향을 미치는 시장요인을 규명하는 데 집중되고 있다. 구체적으로, 저명한 마케팅 학자인 맥카시(McCarthy)교수[1]는 기업의 마케팅 성과에 영향을 미치는 시장요인으

1) E. J. McCarthy and W. D. Perreault, Jr., *Basic Marketing*, 9th ed., 1987, p. 35.

그림 1-2 맥카시의 마케팅 믹스

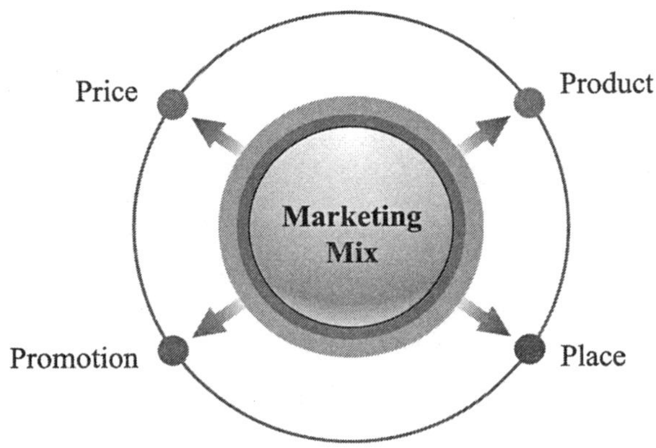

로 판매제품(product), 제품가격(price), 판매촉진을 위한 홍보활동(promotion) 및 제품을 소비자에게 공급하는 유통활동(place) 등을 제시하고 있다. 맥카시에 따르면, 소비자들은 소득수준, 제품구매에 따른 만족 정도, 홍보 및 광고 등과 같은 기업의 판매촉진 활동, 제품 구매의 편의성 등을 고려하여 특정 제품의 소비를 결정하게 된다는 것이다. 결론적으로, 기업이 지구적 경쟁(global competition)의 난관을 극복하고 생존과 성장을 지속하기 위해서는 소비자들의 제품 구매에 결정적인 영향을 미치는 요인들인 이른바 마케팅 믹스(marketing mix)[2)]에 대한 효율적인 관리활동이 마케팅 전략의 핵심 과제로 부상하고 있는 것이다.

특히, 과거의 소비자들은 고품질의 제품을 저렴한 가격에 구매하고자 하는 욕구(needs or wants)가 지배적이었기 때문에, 기업의 마케팅 전략은 제품의 가격과 품질관리에 초점을 맞추어 수립되고 추진되어 왔다. 그러나 세계무역기구(World Trade Organization)의 출범에 따라 생산기술 및 생산요소(technology and factor of production)의 국가 간 이동장벽(transfer barriers)이 완화되고 제품의 품질수준과 생산가격의 차별화에 기초한 마케팅 활동이 어려워지면서, 기업의 전략적 관심은 소비자까지의 제품 이동에 소요되는 유통비용의 절감에 집중되고 있다. 이러한 유통활동의 중요성은 소비자 요구의 고도화 내지 차별화 현상이 진전됨에 따라 더욱 확대될 것으로 예상된다.

---

2) 오늘날에는 기업을 둘러싼 마케팅 환경이 복잡하고 다양해지면서 맥카시가 제시한 마케팅 4Ps 이외에도 정치력(political power)과 공중관계(public relations) 등을 추가하여 마케팅 믹스의 구성요소를 6Ps로 확대하여 분석하는 학자들도 많은데, 이처럼 전통적인 4Ps 이외에 일반 공중이나 여론, 정부나 의회 등의 정치집단에 대한 적극적 관리활동을 통해 수요를 창출하고자 하는 마케팅 활동을 메가 마케팅(mega marketing)이라고 부른다.

3) 유통활동과 물류

유통활동(place activity)은 마케팅 믹스의 중요한 구성요소로서, 생산자와 소비자 사이의 공간적(장소적) 또는 시간적 거리를 메워주는 핵심적 활동이다. 따라서 생산자와 소비자가 동일하던 자급자족 경제에서는 유통활동이 거의 필요하지 않았다. 그러나 현대사회에 접어들면서 국제 분업(international division of labor)의 확산으로 인해 생산자와 소비자 간의 공간적 또는 시간적 거리(space or time distance)가 확장되고, 생산지에서의 생산량과 소비지에서의 소비량의 편차가 확대되면서 유통의 역할과 중요성이 크게 증대되었다.

이와 같은 유통활동에 대해 1922년 미국의 마케팅 학자인 클라크(F. E. Clark)는 거래 및 판매를 위한 상거래 계약을 체결하는 과정인 상적 유통활동(commercial distribution)과 제품의 물리적 이동과 관련된 물적 유통활동(physical distribution)으로 분류하였다.[3] 또한, 클라크는 상적 유통활동은 거래활동과 보조활동으로 구분하였으며, 물적 유통활동은 물자유통활동과 정보유통활동 등으로 분류하였다.

구체적으로, 거래활동은 제품의 거래 및 판매를 위해 수행하는 세일즈활동, 마케팅 활동, 구매활동, 판매촉진활동, 수주처리활동을 말하며, 보조활동은 이러한 거래활동을 뒷받침하기 위한 금융, 보험, 표준화 등의 활동을 말한다. 한편, 물

• 그림 1-3 유통활동의 구성

3) 추창엽 · 김웅진, 「물적유통론」(형설출판사, 1997), p. 3.

자유통활동은 상적 유통활동을 원활히 수행하기 위한 운송활동, 보관활동, 포장활동, 하역활동, 유통가공활동, 재고관리활동 등을 의미하며, 정보유통활동은 물자유통을 원활히 수행하기 위한 화물정보의 교환 및 유통활동을 말한다.

클라크의 이와 같은 분류는 유통활동을 더욱 쉽게 설명하기 위한 학문적 목적에 따른 것이라 할 수 있다. 하지만 실제로 기업의 유통활동은 거래활동, 보조활동, 물자유통 및 정보유통활동 등이 매우 긴밀하고도 유기적으로 연결되어 있기 때문에 이를 통합적이고 전체적인 관점에서의 유통시스템 또는 물류시스템으로 파악하고 관리하는 것이 바람직하다.

2 물류의 기원과 의의

1) 물류의 기원

물류는 Physical Distribution, Logistics, Rhocrematics 등과 같은 다양한 용어로 사용되고 있는데, 이들 용어의 차이점을 정리하면 다음과 같다.

(1) Physical Distribution

물류라는 용어는 1960년대 초에 미국에서 사용되던 “Physical Distribution”을 일본에서 물적 유통으로 번역하여 쓰던 것이 축약된 단어다. 우리나라에서는 화물유통, 종합화물유통 등의 용어로 사용하다 1970년대 말부터 물류라는 용어를 보편적으로 사용하고 있다.

(2) Logistics

물류의 내용이 확대되면서 미국에서 사용되는 용어가 로지스틱스(Logistics)이다. Logistics라는 용어가 문헌상 최초로 나타난 것은 1897년이다. 프랑스어의 logistique에서 파생된 단어로 그 어원은 loger인데 이것은 영어의 quater, lodge와 똑같이 숙영을 의미한다. 군대의 숙영소를 준비하거나 식량의 운반을 담당하는 사관을 영어에서는 오래전부터 quatermaster라 했는데 여기서의 quater가 숙영을 의미하고 있는 것이다. 1992년 로지스틱스 관리협회(Council of Logistics Management)에서는 로지스틱스의 물자와 서비스 그리고 관련된 정보를 소비자의 요구에 맞추기 위하여 기점으로부터 소비자에게 효율적으로 이동하고 저장하기 위하여 계획, 이식, 통제하는 과정으로서 공급사슬관리(Supply Chain Management)의 한 부분이라고 정의하였다. 이와 같이 로지스틱스는 원료생산자로부터 생산라인까지의 원료이동 및 운송·보관·하역·포장뿐만 아니라 주문처리, 시장예측 및 고객서비스까지 포괄한다.

현재 물류와 로지스틱스는 동일한 개념으로 혼용하여 사용되고 있다. 그러나 이 두 용어는 기능 면에서 유사하지만, 범위 면에서는 로지스틱스의 개념이 더 크다. 로지스틱스는 시장예측을 통하여 불필요한 재고를 감소시키고 시장의 수요에 맞추어 생산 및 매입, 물류를 하려는 '시장과 생산·매입의 동기화를 도모하기 위한 관리'를 말한다. 따라서 로지스틱스라고 하는 관리하에 생산, 매입, 물류가 있으므로 물류의 상위개념으로 이해해야 한다.

물류에 대한 초기의 정의는 기업조직을 생산지향적으로 보는 전통적인 견해에 근거하고 있다. 이러한 견해는 18세기 애덤 스미스(Adam Smith), 19세기 앨프리드 마셜(Alfred Marshall), 20세기 마이클 포터(Michael Porter) 등 일부 학자에 의해 현재까지 계승되었다. 이 시대 기업의 관심은 제품의 설계, 생산, 그리고 완제품의 유통이었고, 물류는 이를 지원하기 위해 완제품을 시장에 최소의 비용으로 공급하는 것이었다. 1920년대까지는 생산과 판매 위주의 시대로 기업 이윤이 많아서 물류의 비효율성은 시장팽창으로 보상된 시대였다.

1960년대는 Physical Distribution이 원료조달과정 등을 포함함으로써 Logistics의 개념에 접근하였으나, 여전히 생산품을 최소의 비용으로 시장에 이동시키는 것이 물류의 주관심사였으며 물류활동은 생산활동의 일부로서 간주되었다.

이후 1970년대에 미국을 위시한 세계의 기업환경은 석유위기, 인플레이션, 이자율 등의 영향을 받아 비용절감이 물류관리에 있어서 큰 관심사가 되었으며 물류의 범위는 물자의 입고(inbound)에서 출고(outbound)까지를 포함하는 보다 넓은 활동, 즉 로지스틱스의 개념으로 확대되었다. 이때부터 공급사슬관리의 개념이 등장하게 되었고, 회전시간(cycle time)과 비용(cost)이 물류의 효과성 측정의 기본요소가 되었다. 1980년대에 들어서는 증가된 세계적 규모의 교역, 정보흐름의 폭발적 증대 등으로 소비자들의 제품선택이 다양해졌고 이에 따라 제품공급자에 대한 영향력도 커졌다. 기업들은 시장 움직임에 더 민감하게 되었고 외부의 로지스틱스 관리(external logistics)에도 보다 관심을 갖게 되었다. 20세기 말부터는 물류활동이 점차 고객서비스 위주로 진행되면서 물류를 마케팅과 연결하여 해석하는 경향이 증가하였다. 이처럼 물류의 개념이 로지스틱스로 확대되면서 제조 및 상업부문에서 쓰이는 물류의 개념 또한 운송, 보관, 하역, 시장예측 및 고객서비스를 포함하는 것으로 확대되었다.

(3) Rhocrematics

Rhocrematics(물자 흐름에 관한 학문)는 Logistics와 유사한 개념으로 사용되는 용어로 1960년 미국 워싱턴 대학의 브루어(S. H. Brewer)교수에 의해 제창되었다. 공장, 물류시설 배치 등을 어떻게 할 것인가를 다루는 개념으로 하드웨어 면에 중점을 두고 관리하는 과학이며 '물류공학'이라고 번역하나 현재는 사용하지 않는다. 'Rho'는 흐름, 'crema'는 물, 'ics'는 학문을 나타내는 희랍어이며 't'는 발음 때문에 표시한 것이다.

2) 물류의 의의

물류의 전통적인 개념은 물리적인 물(物)의 흐름(流)에 관한 경제활동으로서 시간, 공간 등의 형질 변경을 통해 그 경제적 가치의 효용을 창출하는 경영활동을 말하며, 생산된 재화를 수요자에게 이동시키는 과정과 관련되는 운송, 보관, 하역, 포장 및 이러한 활동들을 지원하는 정보를 포함한 모든 활동을 말한다.

새로운 개념으로서의 물류는 개별적으로 이루어지던 재무, 생산, 마케팅 활동 분야의 통합 및 관리에서부터 시작되며 소비자의 요구와 필요에 따라 효율적인 방법으로 기업의 이윤을 최대화하면서 요구되는 재화와 서비스를 원하는 장소, 정확한 시간에, 완벽한 상태로 소비자에게 공급하는 것이라 할 수 있다.

물류에 관한 정의는 국가마다 다소의 차이가 있는데 이를 정리하면 다음과 같다.

(1) 미국의 물류 정의

① 미국 마케팅협회(AMA : American Marketing Association)

미국 마케팅협회는 물류의 개념을 개별기업의 관점에서 접근하여 생산단계에서부터 소비 및 이용에 이르기까지 상품의 이동 및 취급을 관리하는 것으로 정의[4]하고 있으며, 특히 물적 유통의 여러 활동 가운데 생산물류(production logistics)활동을 강조하고 있다.

---

4) James R. Stock and Douglas M. Lambert, *Strategic Logistics Management* (Irwin. Inc., 1987), p. 4.

② 물류관리협의회(National Council of Logistics Management)

물류관리협의회는 물류의 개념을 소비자의 욕구를 충족시키기 위하여 생산점(production point)으로부터 소비점(consumption point)까지 원자재, 중간재, 완제품은 물론 관련정보를 이동시키는 것과 관련된 흐름과 저장을 효과적이면서 효율적으로 계획, 수행, 통제하는 과정으로 정의[5]하고 있다. 다시 말해서, 물류의 범위를 생산물류와 판매물류는 물론 보관물류, 정보물류, 재고관리 등의 활동에까지 확대하여 정의하고 있는 것이다.

③ 마케팅 핸드북(Marketing Handbook)

마케팅 핸드북에서는 미국 마케팅협회의 정의와는 달리 물류의 범위를 생산물류뿐만 아니라 판매물류까지 확장하고, 국내물류와 국제물류를 총괄하는 보다 적극적인 관점에서 재화나 서비스(goods or service)가 최초 생산자로부터 최종 소비자에 이르기까지의 화물의 물리적인 흐름과 관련된 모든 제반활동으로 정의[6]하고 있는데, 이는 물류의 활동 영역을 크게 확장한 것으로 볼 수 있다.

(2) 일본의 물류 정의

① 산업구조심의회

산업구조심의회에서는 물류활동을 유형, 무형의 물리적인 재화를 공급자로부터 소비자에게로 이동시키는 실물적인 흐름으로 규정하고 있다. 구체적으로 운송, 보관, 하역, 포장 및 통신 등의 제반활동을 포함하는 개념이다. 특히, 미국의 물류 정의가 개별기업적 관점에서의 재화의 이동을 강조하고 있는 반면에, 산업구조심의회를 중심으로 한 일본의 정의는 물류정책의 수립과 국민경제적 차원에서의 물류의 중요성을 강조하고 있다.

② 통산성 위탁조사보고서

산업구조심의회의 정의와 거의 유사하게 물류활동을 정의하고 있다. 구체적으로, 물류란 제품을 물리적으로 생산자에서 최종소비자로 이전(transfer)하는데 필요한 모든 활동이며, 이에는 운송, 포장, 하역, 창고(보관), 통신 등의 활동이 포함된다고 규정하고 있다.

---

5) James R. Stock and Douglas M. Lambert, *Strategiev Logistics Management* (Irwin. Inc., 1987), p. 19.
6) A. W. Frey, *Marketing Handbook* (The Ronald Press Company, 1965), p. 21.

3 물류의 원칙

(1) 3S1L의 원칙

필요한 물품을, 필요한 장소, 필요한 시기에, 적정한 가격으로 고객에게 전달한다는 원칙으로 신속성(Speedy), 정확성(Surely), 안정성(Safely), 경제성(Low)이 모두 고려된 물류의 기본원칙이다. 다시 말해서 고객이 원하는 재화와 서비스를 신속하고 정확하고 안전하게 경제적 비용으로 제공하므로 고객서비스 향상은 물론 물류비용을 절감할 수 있는 물류의 대표적인 원칙이다.

(2) 7R의 원칙

미시간(Michigan)대학의 스마이키(E. W. Smykey)교수는 물류활동 수행의 기본원칙인 3S1L의 원칙을 보다 세분화하여 7R의 원칙을 제시하였다. 'R'은 Right의 약자로 '적절한'으로 해석할 수 있으며, 다시 말해 고객이 요구하는 서비스의 수준이라고 할 수 있다.

적절한 상품(Right commodity)을 적절한 품질(Right Quality)로 적절한 양(Right quantity)만큼 적절한 시기(Right time)와 적절한 장소(Right place)에

• 그림 1-4 E. W. Smykey의 7R의 원칙

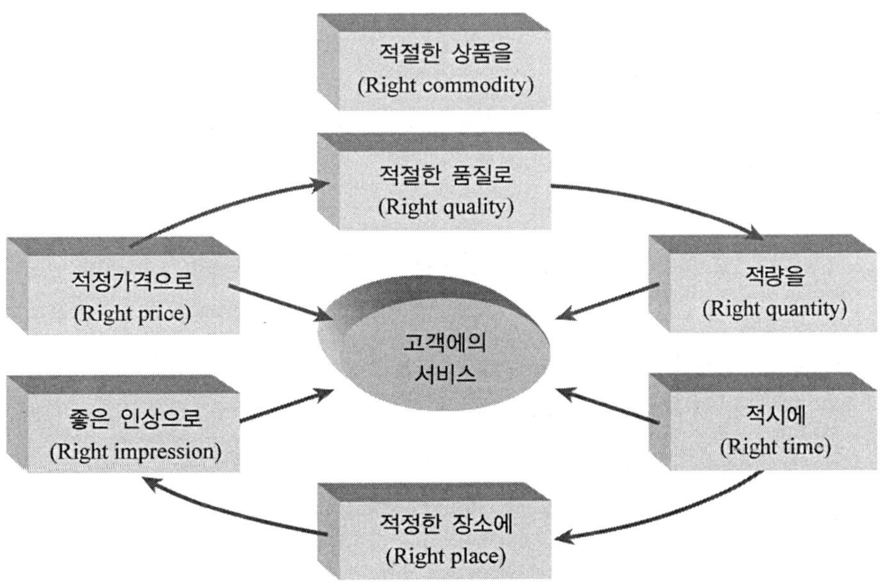

적절한 인상(Right impression)을 주면서 적절한 가격(Right price)으로 고객에게 제공하는 것을 의미한다.

4 물류의 역할

(1) 장소적 효용

물류활동은 생산지와 소비지의 장소적·거리적 격차를 단축시키는 기능을 수행한다. 특히, 운송물류활동은 장소적 효용[7]을 창출하는 데 크게 기여하고 있다. 따라서 국제적인 화물의 이동이 증가하고 있는 상황을 고려해 볼 때, 장소적 효용의 창출(creation of space utility)은 제품의 가치를 향상시켜 기업의 수익을 증대시키는 중요한 원천이 되고 있는 것이다.

(2) 시간적 효용

시간적 효용의 창출(creation of time utility)은 재화의 생산시점과 소비시점의 불일치를 조정하는 기능으로 주로 보관물류활동이 시간적 효용을 창출하는 역할을 수행하고 있다. 이러한 보관물류활동을 통해 판매시기를 조절함으로써 보다 높은 부가가치를 창출할 수 있는 것이다. 예컨대, 계절적으로 수급량이 큰 편차를 보이는 농수산물의 경우 공급이 많은 시점에 대량으로 화물을 구입하여 보관하다가 공급이 줄어들고 수요가 증가하는 시점에 보관한 제품을 판매함으로써 재화의 가치를 향상시키는 경우를 들 수 있다.

(3) 수급조정

수급조정은 생산자의 생산단위 수량과 소비자의 소비단위 수량의 불일치를 해소하는 기능으로 집하, 중계, 배송활동 등을 통하여 주로 이루어지게 된다. 이러한 수급조정활동은 운송 및 배송활동, 보관활동, 포장활동과의 긴밀한 연계를 통하여 자원의 낭비를 줄이고, 중복작업에 따른 물류비의 과도한 지출을 막을 수 있다.

---

7) 일반적으로 효용(utility)이란 소비자가 소비행위를 수행함으로써 느끼는 주관적인 만족감을 말한다.

(4) 품질유지

생산자가 제공하는 재화의 품질과 소비자가 소비하는 재화의 품질이 동일하게 유지되도록 하는 기능으로 가공, 조립, 포장 등의 활동을 통하여 이루어진다. 이러한 활동을 통해 생산자와 소비자 간의 신뢰를 구축함으로써 지속적인 거래관계를 형성하게 되는 것이다.

(5) 가격조정

생산자와 소비자를 매개하는 물류부문은 운송에서부터 정보유통활동에 이르기까지 가격조정기능과 긴밀히 연계되어 있다. 다시 말해서, 모든 물류의 기능들이 결과적으로는 제품의 가격을 조정하는 역할을 수행하고 있는 것으로 볼 수 있다.

5 물류의 분류

(1) 기능별 분류

① 운송물류

운송물류(transportation logistics)는 장소적 효용(space utility)을 창출하기 위해 인간과 물자를 한 장소에서 다른 장소까지 공간적으로 이동시키는 물리적 행위를 말한다.

② 보관물류

보관물류(storage logistics)는 생산과 소비의 거리조정을 통한 시간적 효용(time utility)을 창출하는 물류의 핵심 분야이다. 특히, 보관물류활동은 고객서비스의 최전선기능, 운송과 배송 사이의 윤활유기능, 생산과 판매의 조정 및 완충기능, 화물의 집산, 분류, 구분, 검사 등과 같은 제반기능을 복합적으로 수행하고 있다.

③ 하역물류

하역물류(handling logistics)는 각종 운반수단에 화물을 싣고 내리는 작업, 보관화물의 입출고 작업 및 창고 내에서의 쌓기와 내리기 또는 이에 부수되는 모든 작업을 총칭하는 물류활동이다.

④ 포장물류

포장물류(packing logistics)는 화물의 가치를 유지, 보호하기 위하여 적합한 재료 또는 용기 등으로 시공한 기술 및 상태를 효율적으로 관리하는 활동으로서, 생산의 마지막 단계이자 물류의 시발점이 되는 물류활동이다.

⑤ 유통가공물류

유통가공물류는 제품의 유통단계에서 행하여지는 조립, 재포장, 소비자의 욕구충족을 위한 가공활동 등을 의미한다.

⑥ 정보물류

정보물류는 운송물류, 보관물류, 포장물류, 하역물류, 유통가공물류활동의 제반업무를 수행하는 과정에서 필수불가결하게 발생되는 물류정보를 관리하는 활동이다.

(2) 영역별 분류

① 조달물류

조달물류활동은 공급요청을 받은 외주(outsourcing) 공장에서 원자재 및 부품을 어떻게 포장(packing)하고 단위화(unitization)하여 모기업의 자재창고에 어떠한 방법으로 수·배송할 것인가 하는 물류활동의 시발점(start-point)이다. 따라서 조달물류활동의 합리화는 제품의 생산과 판매에 결정적인 영향을 미치게 된다.

② 생산물류

생산물류활동은 자재창고의 출고작업에서부터 생산 공장으로의 운반, 하역, 창고 입고작업까지의 활동을 말한다. 생산물류에서는 이러한 과정을 어떻게 단축하느냐 하는 것이 주요한 과제이며 운반, 하역, 창고자동화 등이 관건이라 할 수 있다.

③ 사내물류

사내물류는 생산업자의 생산된 완제품 출하 시부터 판매보관창고에 이르기까지의 물류활동을 말한다.

④ 판매물류

판매물류활동은 물류의 최종 단계로서 물자의 조달과 생산물류활동을 통해 생산된 제품을 소비자에게 전달하는 일체의 수·배송활동을 말한다. 이와 같은 판매물류활동에는 수주관리, 세일즈활동, 배송활동 등이 해당되며, 고객서비스의 접점(interface)으로서 매우 중요한 역할을 수행하고 있는 물류영역이다.

⑤ 반품물류

소비자에게 판매된 제품이나 상품 자체에 문제점이 발생하여 이루어지는 상품의 교환이나 반품을 위한 물류활동으로 판매 또는 제공된 물품의 반환과 관련된 물류이다. 반환된 물품을 회수, 운반, 분류, 정리, 보관, 처리하는 업무가 이에 해당된다.

⑥ 회수물류

회수물류는 판매처 등으로부터 포장재 및 빈 용기를 회수하여 재사용하기 위한 물류활동을 말한다.

⑦ 폐기물류

파손 또는 진부화 등으로 제품이나 상품, 또는 포장용기 등이 기능을 수행할 수 없는 상황이나 기능을 수행한 후 소멸되어야 할 상황일 때 제품 및 포장용기 등을 폐기하는 물류활동이다. 제품 및 포장재, 수송용 기류 등 각종의 물품에 의해 발생된 폐기물을 관리하기 위한 물류를 말한다.[8)]

그림 1-5 물류의 영역

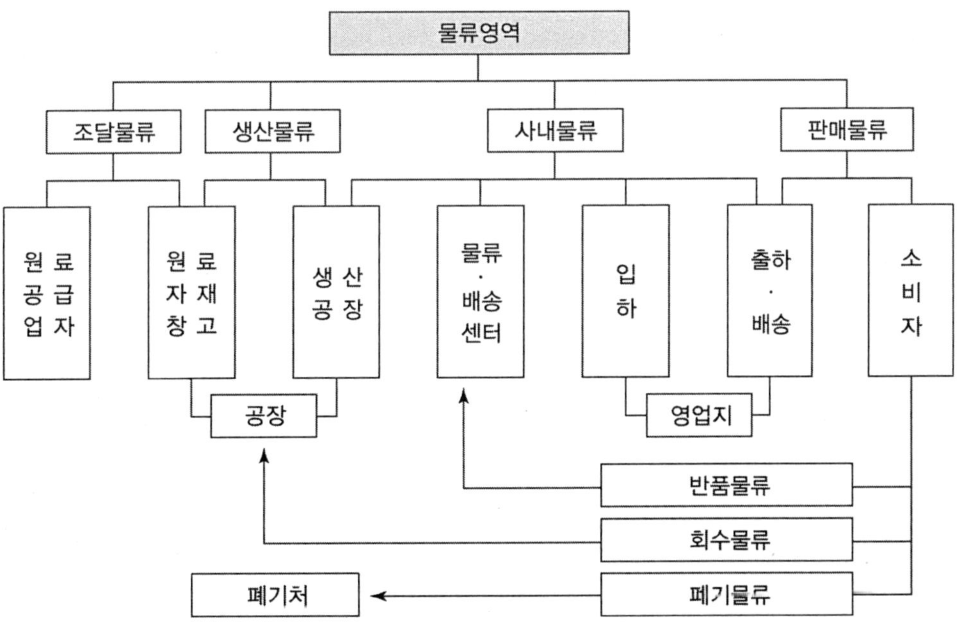

8) 반품물류, 회수물류, 폐기물류를 포괄하여 역물류라고도 부른다.

제2절 물류관리의 개요

1 물류관리의 의의

일반적으로 기업의 비용은 생산원가와 영업비로 구성된다. 이 중에서 영업비는 판매비, 물류비, 일반관리비 등의 항목으로 세분된다. 따라서 물류관리(logistics management)란 기업의 비용을 구성하는 요소들을 관리함으로써 물류비의 절감을 통한 제품의 판매촉진과 수익증대를 추구하는 것이라 할 수 있다. 다시 말해서, 물류관리는 경제재인 재화를 생산자로부터 소비자까지 원활하게 흐르도록 하는 업무와 관련된 제반 물류활동인 운송, 보관, 포장, 하역, 유통가공 등의 활동을 유기적(organizational)이고 시스템적(systematical)으로 관리하는 활동을 의미한다.

이와 같은 관리활동을 통해 기업은 물류비용을 감소시키고, 물류활동의 본원적 기능인 시간적 및 공간적 효용을 증대시킴으로써 고객에 대한 서비스 수준을 향상시킬 수 있다.

2 물류관리의 중요성

제품의 판매 성과는 기업의 수익과 직접적으로 연결되기 때문에 궁극적으로는 기업의 생존에 결정적인 영향을 미치게 된다. 따라서 기업의 판매 성과에 영향을 미치는 요인들을 분석하여 이에 적합한 마케팅 전략을 수립하는 활동이 필요한 것이다. 일반적으로, 기업의 판매 성과는 제품의 가격, 고객서비스의 수준, 제품의 품질, 유통경로, 판매원의 능력, 광고 및 홍보활동 등과 같은 다양한 요인들에 의해 영향을 받는 것으로 나타나고 있다.

그러나 이러한 요인들은 시대상황의 변화에 따라 그 중요성이 크게 변모하고 있다. 실제로, 제품의 가격 및 품질 등과 같은 요인들은 생산요소 및 제조기술의 세계화가 진전됨에 따라 제품 판매에 대한 영향력이 감소되고 있는 반면에,

'제3의 영역'[9]으로 불리고 있는 물류활동의 영향력은 크게 증대되고 있는 상황이다.

위와 같이 물류관리의 중요성이 증대되고 있는 요인을 정리하면 다음과 같다.

(1) 생산과 판매의 세계화

기업의 가장 핵심적인 활동영역은 생산활동과 판매활동이다. 또한, 기업의 전략적 목표는 "어떠한 제품을 어떠한 방식으로 얼마만큼 생산하여, 어떠한 방법으로 어디에 판매할 것인가"에 있는데, 이에 따라 기업들은 낮은 임금과 높은 기술을 확보하기 위해 생산시설을 세계 각지에 분산 배치하고 있으며, 판매시장 또한 특정 지역이나 국가에 한정되지 아니하고 전 세계로 확장하고 있다. 그에 따라 분산된 생산시설 간의 통합적 조정 및 관리와 생산시설과 소비지 간의 효율적 연계를 위한 물류활동의 중요성이 증대되면서 생산 및 판매활동에 집중되어 있던 기업의 활동영역이 물류활동까지 확장된 것이다.

(2) 산업 내 무역의 확대

과거의 무역거래활동은 서로 다른 산업에 위치한 상이한 제품을 상호 간에 판매하는 산업 간 무역의 형태가 주종을 이루었으나, 현재의 거래형태는 동일한 산업 내에 위치한 동일 제품 또는 연관 제품을 거래대상으로 하는 이른바 산업 내 무역(intra-industry trade)이 급격히 확산되고 있는 추세이다. 이와 같은 산업 내 무역의 확산은 상호 판매하고자 하는 제품의 품질과 생산가격이 동일하거나 유사하기 때문에 이들 제품을 물리적으로 이동시키는 물류활동의 효율성에 따라 경쟁우위가 결정되는 상황이 전개되고 있다.

(3) 제품 차별화의 한계

운송 및 통신수단의 발달과 세계 시장의 개방화가 진전됨에 따라 제품생산에 필요한 생산요소(노동, 자본, 원재료, 기술 등)를 모든 기업들이 거의 동일한 조건에서 활용할 수 있게 됨으로써, 기업들이 생산하는 제품의 가격과 품질은 거

9) 제1의 이윤원을 생산, 제2의 이윤원을 판매라 한다면, 제3의 이윤원은 판매액의 20~30% 이상을 차지하고 있는 물류활동을 포함한 유통활동을 들 수 있다.

의 비슷한 수준을 보이고 있다. 이와 같은 상황이 전개되면서 효율적인 물류관리활동이 경쟁우위를 확보할 수 있는 새로운 원천으로 자리 잡게 된 것이다.

3 물류관리의 목표

1) 물류관리목표의 의의

물류관리목표는 기업이 물류활동의 관리를 통해 달성하고자 하는 목적을 의미한다. 따라서 물류관리목표는 기업이 처한 상황과 제품의 특성, 시장특성 등에 따라 상이하게 설정된다. 단순히 제품의 이동만을 물류목표로 하는 기업이 있는가 하면, 물류관리를 통해 고객서비스의 충족 수준을 향상시키려는 목적을 지니고 있는 기업도 있다.

일반적으로, 기업의 물류관리전략은 그들이 달성하고자 하는 물류목표에 따라 수립되고 추진되기 때문에 명확하고도 달성 가능한 목표를 설정하는 것이 중요하며, 기업의 경쟁열위를 극복할 수 있는 방향으로 설정되어야 한다.

2) 물류관리목표의 구성

기업이 물류활동을 관리함으로써 얻고자 하는 목적은 크게 세 가지로 나누어 볼 수 있는데 우선 기업은 물류활동을 통해 시간적 및 거리적 격차를 극복함으로써 제품의 가치를 향상시키고 판매시장을 확장하고자 하는 목표를 설정할 수 있다. 또한, 신속하고도 정확한 물류활동의 추진으로 고객이 느끼는 만족 수준을 향상시킴으로써 기업의 이미지 제고는 물론 판매량을 증대하고자 하는 목표를 설정할 수 있다. 끝으로 효율적인 물류관리활동을 통해 재화의 물리적 이동에 소요되는 물류비용을 절감함으로써 제품의 최종 가격수준을 낮추고 기업의 수익을 증대하고자 하는 목표를 설정할 수 있다. 이와 같은 물류관리목표를 보다 구체적으로 설명하면 다음과 같다.

(1) 효용 창출

대표적인 물류활동에 해당하는 보관 및 운송활동을 통해 재화의 판매시기를 조정하고 판매범위를 확장함으로써, 재화의 가치를 상승시키고자 하는 가장 본원적인 물류관리목표이다.

예컨대, 기업은 제품 공급이 많은 시기에 저렴한 가격으로 제품을 확보하여 일정기간 보관하였다가 제품 공급이 감소하거나 수요가 급격히 증대되는 시점에 제품을 판매함으로써 시간적 효용을 창출할 수 있으며, 제품 생산이 가능한 지역이나 부가가치가 낮은 지역에서 제품 생산이 불가능한 지역이나 부가가치가 높은 지역으로 재화를 이동시킴으로써 장소적 효용을 창출할 수 있는 것이다.

(2) 고객서비스 향상

물류활동에 대한 관리는 고객서비스 수준의 향상을 목적으로 하여 이루어지기도 한다. 특히 배송 및 포장활동, 유통가공활동 등은 소비자의 욕구를 충족시키기 위한 필요충분조건이 되고 있기 때문에, 이들 활동에 관한 관리는 고객서비스와 밀접한 연관을 맺고 있다. 구체적으로, 기업은 고객이 원하는 재화를 원하는 장소에 정확하게 인도하는 배송활동, 고객이 소비하기에 편리한 포장단위로 포장을 시공하고, 재활용이나 개포장이 용이하도록 하는 포장활동 내지 고객이 필요한 기능이나 특성을 추가하거나 삭제하는 유통가공활동 등을 통해 보다 적극적으로 고객을 만족시킴으로써, 기업의 판매성과를 증대하려는 의도를 가지고 있는 것이다.

(3) 물류비용 절감

재화의 판매와 이동에는 필수불가결하게 비용지출이 뒤따르게 된다. 이와 같은 물류비용을 최소 수준으로 관리함으로써 기업의 수익을 증대시키고 가격 면에서의 경쟁우위를 확보할 목적으로 물류관리를 수행하는 것이다. 특히, 생산요소 및 생산기술의 동질화에 따른 제품의 가격과 품질이 표준화되면서, 이러한 물류비 감소를 통한 경쟁력 확보가 더욱 중요시되고 있는 상황이다.

4 물류관리의 대상

물류관리활동은 운송관리, 재고관리, 고객서비스관리, 주문정보관리 등과 같은 핵심적 요인과 물류센터관리, 자재관리, 포장관리, 생산설계관리 등과 같은 보조적 요인 등을 관리대상으로 하고 있다. 하지만, 이러한 핵심적 활동과 보조적 활동은 개별적이고 독립적인 활동이 아니라, 유기적이고 통합적으로 연계된 활동이기 때문에 시스템적인 접근과 관리가 요구된다.

(1) 핵심적 요인

① 운송관리

운송관리는 재화의 특성, 운송지역, 운송거리, 운송비 등을 종합적으로 고려하여 합리적인 운송수단의 선정과 효율적인 운송경로의 결정, 적합한 운송차량의 배정 등과 같은 업무를 말한다.

② 재고관리

재고관리업무는 제품의 보유량과 시장상황의 변동에 따른 판매예측을 통해 적정 수준의 재고량[10)]을 유지함은 물론이고, 품절방지를 위한 재주문시기(re-order point)[11)] 등을 관리하는 활동이다.

③ 고객서비스관리

기업이 제공할 고객서비스의 수준을 결정하고 서비스 수준에 대한 정기적이고 지속적인 조사와 분석을 통해, 고객의 만족수준을 유지하고 관리하는 활동이다.

④ 주문처리 및 정보관리

고객에 의한 제품의 주문을 처리하고 수집된 고객의 정보와 자료를 관리하는 활동을 의미한다. 이와 같은 활동들은 소매점과 생산자와의 긴밀한 정보교환을 통해 이루어지게 되며, 대부분이 전산망을 통해 실시간(real-time)으로 연결되어 있다.

(2) 보조적 요인

① 물류센터관리

물류센터의 입지와 수, 규모 등을 결정하고 각각의 물류센터에서 처리할

10) 적정재고량은 고객의 수요를 충당할 수 있는 가장 경제적인 재고량을 말한다.

11) 재발주점(reorder point)은 안전재고를 사용하지 않고도 운용 수준을 유지할 수 있게 하는 보유재고와 청구 중인 재고의 최소 수준을 말한다.

화물의 수량을 할당하는 등의 물류센터와 관련된 모든 업무를 관리하는 활동이다.

② 포장관리

화물의 보호성, 취급의 편리성, 보관의 용이성, 소비의 편리성과 판매촉진 등을 고려한 모든 포장설계 및 시공업무를 관리하는 활동이다.

③ 설비관리

화물을 취급하는 물류설비 및 자재의 결정과 이러한 설비의 보관과 관련된 업무를 관리하는 활동이다.

④ 제품설계관리

제품의 생산순서 및 생산시기의 결정, 생산량의 결정 등과 같이 생산활동과 연관된 업무를 관리하는 활동이다. 이와 같은 제품설계 관리는 시장의 상황과 재고수준 등을 고려하여 이루어지게 된다.

5 물류관리의 원칙

(1) 집중지원의 원칙

생산, 유통, 소비분야에서 물자가 요구하는 상황에 따라 물량, 장소, 시기의 우선순위별로 집중하여 제공하는 원칙이다.

(2) 신뢰성의 원칙

생산, 유통, 소비에 필요한 물량을 원하는 시기와 장소에 공급하여 사용할 수 있도록 보장하는 원칙이다.

(3) 추진지원의 원칙

중앙에서 지방지원, 후방에서 일선으로 지원하는 활동으로 지원 활동이 원활하게 흐르도록 하여 비용과 시간을 최소화하는 원칙이다.

(4) 균형성의 원칙

생산, 유통, 소비에 필요한 물자의 수요와 공급 및 조달과 분배의 균형성을 유지하는 원칙이다.

(5) 단순화의 원칙

불필요한 유통과정을 제거하여 물자지원체제를 단순화하고 간소화하는 원칙이다.

(6) 적시성의 원칙

필요한 수량만큼 필요한 시기에 공급하여 고객의 만족도를 향상하고 재고비용을 최소화하는 원칙이다.

(7) 경제성의 원칙

최소한의 자원으로 최대한의 물자공급 효과를 추구하여 물류관리비용을 최소화하는 원칙이다.

(8) 권한의 원칙

물류조직과 물류조직 사이의 통제권한의 부여 및 위임을 확실하게 하여 조직의 효율성 및 효과성을 최대화하기 위한 원칙이다.

(9) 보호의 원칙

저장시설보호 및 도난, 망실, 화재, 파손으로부터 화물을 보호하여 경제적 손실을 방지하기 위한 원칙이다.

02 물류관리전략

SMART Physical Distribution

제1절 물류관리전략의 개요

1 물류관리전략의 의의

물류는 기업 전체의 활동과 관련되어 있으므로 전략적인 체계하에서 효과적으로 운영되어야 한다. 기업의 목표가 고객의 욕구를 충족시켜 주면서 이익을 창출하는 데 있으므로, 물류는 고객의 요구를 충족시키기 위하여 제품, 서비스 정보를 효과적으로 흐르게 하고 이를 계획·통제하는 활동이어야 한다. 그 결과 물류가 기업의 경쟁력과 수익성에 결정적인 영향을 미친다는 사실을 인식하기 시작하였고 이에 대해 전략적인 차원에서 접근할 필요성이 대두되었다.[1]

2 물류관리전략의 유형

(1) 비용우위전략

저비용－저서비스를 제공하는 물류전략으로 저비용은 효율적 물류운영을 통하여 물류비를 절감함으로써 얻을 수 있는데, 대형화나 공동 수·배송으로 원가우위를 얻을 수 있는 전략이다.

1) James F. Robeson and William C. Copacino, *The Logistics Handbook*(Free Press, 1994)

(2) 차별화 전략

고비용-고서비스를 제공하는 차별화 전략은 경쟁기업과는 다른 독특한 서비스를 고객에게 제공하는 전략으로, 예를 들어 당일 배송서비스는 가장 높은 가격을 부가하면서 고객이 긴급하게 원하는 특별서비스를 충족시켜 주는 차별화 전략이다.

3 물류관리전략의 구성요소

기업에서 물류를 가장 잘 활용하는 방법은 물류시스템의 구성요소들이 고객가치와 기업의 전략적 가치를 창출하기 위해 얼마나 협력하는가에 달려 있다. 물류전략의 구성요소 중 10개의 주요 구성요소를 4가지 카테고리(category)로 분류할 수 있다.

첫째, 기업의 기초를 형성하는 실행 수준으로서 정보시스템, 정책 및 절차, 설비 및 장치, 그리고 조직 및 변화관리로 구성되어 있다.

둘째, 물류의 기능 수준으로서 창고 설계 및 운영, 수송관리, 자재관리로 구성된다.

셋째, 물류의 구조를 결정하는 수준으로서 경제적인 네트워크 구축과 제품특성에 적합한 경로설계로 구성된다.

넷째, 물류전략목표 수준으로서 고객서비스 제고를 포함한다.[2)]

4 물류관리전략의 수립 과정

물류관리전략의 수립은 물류환경분석 → 물류목표설정 → 물류전략수립의 단계를 거치게 된다.

(1) 물류환경분석

물류업계환경, 관련 산업의 물류환경, 경쟁사 물류환경, 소프트웨어/하드웨어 환경, 기술환경, 법규환경 등을 중심으로 물류환경을 분석한다.

2) 박정섭·김웅진·박귀환·김충일·지영호·조석연, 「핵심물류관리론」 (두남, 2005), pp. 62~64.

(2) 물류목표설정

고객서비스의 수준향상, 생산성 향상, 비용절감, 재고감축, 리드타임(lead time)의 단축 등을 중심으로 물류목표를 설정한다. 특히 고객서비스의 수준향상과 비용절감이라는 상충관계(trade-off)를 조정한다.

(3) 물류전략수립

물류거점통합, 납기관리, 운송관리, 재고관리, 정보관리, 포장의 모듈화 등을 합리화·효율화할 수 있는 구체적인 물류관리전략을 수립한다.

5 물류관리전략의 추진단계

물류관리전략의 추진단계는 전략적 단계→구조적 단계→기능적 단계→실행 단계 등의 4단계로 추진된다.[3)]

1) 전략적 단계

고객이 원하는 것이 무엇인지를 파악하는 단계이다. 고객서비스 수준은 물류시스템이 갖추어야 할 수준과 물류시스템의 성과 수준을 결정하기 때문에 물류관리전략 수립 과정에서 최우선적으로 결정되어야 한다. 고객을 만족시킴과 동시에 회사의 이익 목표를 달성할 수 있는 최적의 서비스 수준을 정하는 것이다.

2) 구조적 단계

(1) 유통경로설계

경로설계는 주로 완제품을 고객 혹은 최종소비자에게 전달하는 과정의 설계로 물류활동에서의 원자재 조달에서부터 재공품의 흐름, 완제품의 이동까지와는 상이하다. 유통경로가 한 번 구축되면 변경이 용이하지 않기 때문에 치밀한 사

3) 로지스틱스21, 「물류관리론」 (한국물류정보, 2006), pp. 106~109.

전계획하에 이루어져야 하며, 시대 변화에 따라서 고객의 요구사항이 변화하므로 경쟁상황에 적합한 유통경로를 재검토하여 재구축하여야 한다.

우선 필요한 목적지 및 공급원의 수와 이들을 지역적으로 어떻게 분산할지에 대하여 관심을 가져야 한다. 여기서 수송비, 설비투자비 등의 비용조건을 총비용 개념에서 고려해야 한다.

(2) 네트워크전략

물류네트워크전략은 원·부자재의 공급과정에서부터 생산과정을 거쳐 완제품의 유통과정까지의 흐름을 최적화하는 전략이다. 네트워크전략은 경로전략과 개별적으로 수립되어서는 안 되며, 서로 통합하여 조화를 이루면서 수립되어야 한다. 원·부자재 조달업무, 생산활동, 유통활동 등의 전체 과정을 상호·연관된 단계인 부가가치 공급체인으로 접근하여야 한다. 공급자→제조→도매→소매→고객에 이르는 가치사슬(value chain) 과정을 이해하고 각 단계마다 부가가치[4]를 창출하는 노력을 통하여 자사의 상품이나 서비스를 경쟁자와 차별화시킬 수 있다.

3) 기능적 단계

(1) 물류창고설계 및 운영

목표로 하는 서비스 수준과 관리되는 물자를 고려하여 필요한 창고의 규모와 수, 설립장소, 운영시설 등을 고려하여야 한다. 창고운영에 있어서는 직접 운영할 것인지, 리스 혹은 용역에 의해 할 것인지를 결정하여야 한다.

(2) 운송관리

취급상품에 맞는 운송전략을 세워야 하며, 단기·중장기적으로 운송비용을 감소시킬 수 있도록 추진하여야 한다. 운송 부분에 있어서도 외주 부분을 고려해야 한다.

---

4) 부가가치란 고객이 지불하고자 하는 금액과 기업이 그 상품과 서비스를 고객에게 제공하는 제반 비용과의 차이이다.

(3) 자재관리

예측에서 재고계획, 생산계획, 생산일정 및 구매를 포함하는 전반적인 원·부자재 및 완제품의 보충과정에 관한 사항이다.

4) 실행 단계

(1) 정보시스템 구축

정보시스템에서 제공하는 정보는 회계·생산·재무·마케팅 등을 포함한 모든 기업 활동과 서로 연계하고 있으며, 이 활동들을 서로 통합시킴으로써 원가를 관리하고, 고객에게 양질의 서비스를 제공할 수 있다.

(2) 정책 및 절차 수립

기업의 성과를 달성하기 위하여 필요한 각종 물류 관련 정책과 이 정책들을 실행할 수 있는 업무 절차가 있어야 한다.

(3) 설비 및 장비 도입

자사의 네트워크와 창고·수송·자재관리 등의 기능적 단계를 실현할 수 있는 적합한 시설을 도입해야 한다. 이때 자사의 운영자금을 고려하여야 한다.

(4) 조직 및 변화관리

물류활동이 통합적으로 이루어지기 위해서는 효율적이고 통합적으로 구성된

•그림 1-6 물류관리전략의 추진단계

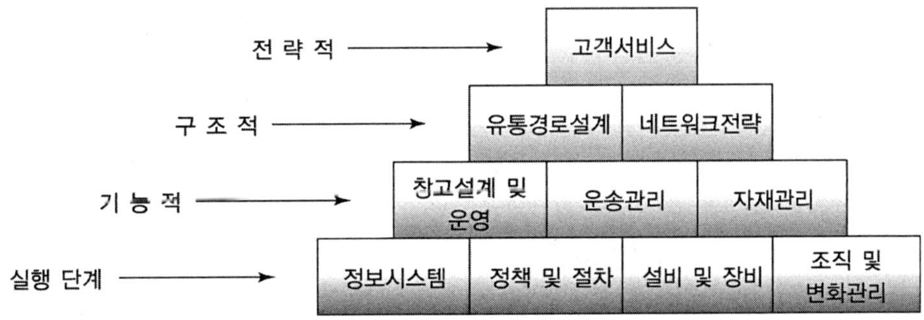

물류조직이 반드시 필요하며, 역동적인 환경하에서 능동적으로 변화에 대처할 수 있는 조직형태를 갖추어야 한다.

제2절 제품수명주기와 물류관리전략

1 제품수명주기의 의의

모든 제품은 각자의 제품수명주기를 가지고 있다. 제품수명주기(PLC : Product Life Cycle)는 어떤 제품의 판매량이 시간에 따라 단계별로 변하는 주기성을 갖는 것을 말한다. 모든 제품은 인간의 욕구와 필요를 충족시켜 주지만, 그들의 유용성은 일시적임에 유의해야 한다. 즉 제품은 잠재고객들이 '원하는 바'를 근거로 하여 처음 시장에 도입된 후 고객만족을 창출하면서 인기를 끌다가 가치를 잃게 되면 다른 욕구충족수단에게 자리를 물려주고 시장에서 물러나게 된다. 이러한 제품의 일생을 제품수명주기라고 한다.

제품수명주기는 매우 단순한 개념이지만 제품의 성장과 발전 전망을 검토하기 위한 개념적 근거를 제공할 뿐만 아니라, 경영 및 물류관리전략을 수립하기 위한 실천적 근거를 제공해 준다.

• 그림 1-7 제품수명주기

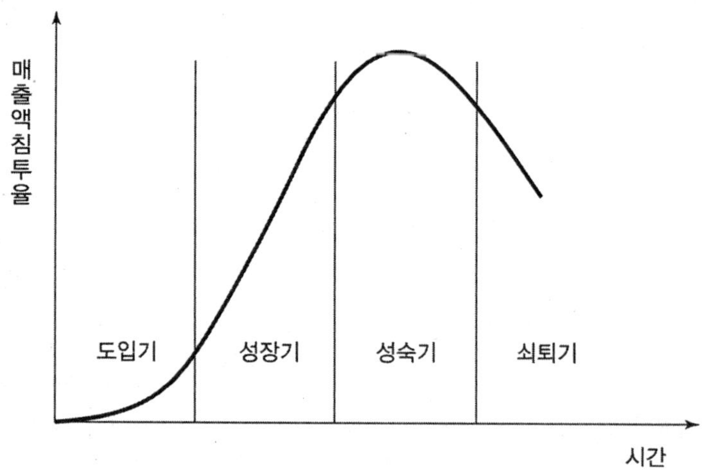

2 단계별 물류관리전략

1) 도입기 전략

도입기란 신제품이 시장에 처음으로 등장하여 잠재고객들의 관심을 끌고 구매를 자극해야 하는 단계를 말한다. 도입기는 매우 긴 기간 동안 지속되며, 매출액도 완만하게 증가한다. 따라서 도입기는 다음과 같은 특성을 가진다.

첫째, 제품의 인지도가 낮고 잠재고객들이 많은 위험을 지각하므로 수요가 매우 적다. 둘째, 매출액이 적음에도 불구하고 초기의 집중적인 촉진활동과 유통망 확보에 많은 비용이 지출되기 때문에 대체로 적자가 나기 쉽다. 셋째, 제품이 최초로 도입되는 단계이므로 제품실패의 가능성이 높으며, 시장반응에 따라 제품이 자주 수정되기도 한다. 넷째, 신제품이라는 특성 때문에 경쟁은 비교적 약하다. 다섯째, 시장실패의 걱정으로 유통망 확보가 어려우며, 제한적으로 제품이 유통되고 유통마진율도 비교적 높게 책정된다. 여섯째, 생산과 유통에 있어서 규모의 경제를 누릴 수 없으므로 소매가격이 높은 편이다. 일곱째, 제품차별화는 아직 없으며 단지 기본형만으로 수요를 자극하는데, 제품은 자신이 '원하는 바'와 거의 일치하는 잠재고객들에 의해서만 구매된다.

이러한 도입기의 물류관리전략 방향은 다음과 같다.

첫째, 잠재고객들의 제품인지를 증대시키기 위한 촉진활동을 전개하며, 그러한 캠페인의 주제는 선택적 수요보다는 본원적 수요를 자극해야 한다. 둘째, 유통망을 확보하기 위하여 중간기관(도매, 소매)을 대상으로 인적 판매를 실시한다. 셋째, 무료의 견본이나 쿠폰을 배포하여 잠재고객들의 사용을 유도하며(편의품의 경우), 강력한 인적 판매와 교육적 광고(전문품이나 선매품의 경우)를 통하여 구매를 자극한다.

2) 성장기 전략

성장기는 신제품이 매출액의 완만한 도입기를 거쳐 체증적으로 증가하기 시작하는 단계인데, 이러한 현상은 새로운 고객의 구매와 만족한 기존고객들의 반복구매에 의해서 나타난다. 성장기의 특성은 다음과 같다.

첫째, 가속적인 구매확산과 대량생산을 통한 가격인하의 연쇄관계가 형성됨에 따라 전체시장의 규모가 급속하게 확대된다. 둘째, 제품을 취급하려는 중간기관들의 수가 증가하며, 그들이 재고를 갖춰감에 따라 매출액은 더욱 신장되고 이익도 흑자로 전환되어 증가하기 시작한다. 셋째, 경쟁자들이 시장에 참여하기 시작하여 제품차별화의 기회가 다양하게 모색되며, 가격인하경쟁이 나타나기도 한다. 넷째, 성장기 후반에는 가격인하경쟁에 대응하고 선택적 수요를 자극하기 위한 촉진비용이 많이 소요되므로 이익은 다시 감소하기 시작한다.

이러한 성장기 단계의 물류관리전략 방향은 다음과 같다.

첫째, 광고의 초점을 본원적 수요로부터 선택적 수요로 전환시킨다. 둘째, 장기적인 시장지위를 확보하기 위하여 유통망을 확충하고 견고히 한다. 셋째, 경쟁에 대응하여 시장점유율과 현재의 수익 사이에서 목표를 조정한다.

3) 성숙기 전략

성숙기는 매출액이 체감적으로 증가하거나 안정된 상태를 유지하는 단계이다.

성숙기의 특징은 다음과 같다.

첫째, 많은 시장참여자들과 과잉생산능력에 의하여 경쟁이 심화된다. 둘째, 과도한 가격인하경쟁과 유통망 확보 및 판매촉진비용의 증대로 이윤이 감소하며, 한계적인 경쟁자들이 시장에서 탈락하기 시작한다. 셋째, 다양한 제품을 공급하는 경쟁자가 많기 때문에 오히려 제품차별화의 기회가 제한받는다. 넷째, 제품 간의 사소한 차이를 강조하거나 심리적 차별화를 강조하며, 상표경쟁이 일어난다.

성숙기의 물류관리전략 방향은 다음과 같다.

첫째, 현재의 표적시장 범위에 속하는 비사용자(non-user)에게 가격인하나 할부판매제 등을 통하여 구매를 촉진한다. 둘째, 현재 경쟁자의 상표를 구매하고 있는 소비자로 하여금 상표대체를 구매하도록 유인한다. 셋째, 현재의 고객으로 하여금 보다 많은 양의 제품을 소비하도록 설득한다. 넷째, 제품에 대한 새로운 용도를 개발하고 소비자에게 구매하도록 설득한다. 다섯째, 새로운 지역시장, 인구통계적 시장, 기관시장 등으로 진출한다. 여섯째, 제품을 리포지셔닝(repositioning)[5]시킨다.

---

5) 리포지셔닝에는 제품 속성의 조합을 실제로 변경시키는 제품 수정(신제품 개발이 아님)의 방법과 제품에 대한 소비자의 지각만을 변경시키려는 심리적 포지셔닝 방법이 있다.

4) 쇠퇴기 전략

모든 제품은 여러 가지 환경 요인들의 변화에 따라 결국 수요가 지속적으로 감소하는 쇠퇴기에 직면하게 된다. 이러한 현상의 원인은 소비자의 기호변화, 성능이 우수하고 저렴한 대체품의 등장, 정치적 요인이나 법적 요인 등이 있다. 쇠퇴기의 특성은 다음과 같다. 첫째, 매출액이 지속적으로 감소한다. 둘째, 경쟁자들이 시장에서 철수하거나 마케팅 활동을 축소하기 시작한다.

이러한 쇠퇴기의 물류관리전략 방향은 다음과 같다.

첫째, 제품의 생산을 중단하여 제품계열에서 폐기시킨다(폐기전략). 둘째, 제품은 계속 생산하면서 현재의 경영활동을 그대로 유지한다(유지전략). 셋째, 표적시장의 범위를 축소하여 현재 수준의 판매노력을 유리한 세분시장에만 집중시킨다(집중전략).

제3절 공급사슬관리와 물류관리전략

1 공급사슬관리의 의의

공급사슬관리(SCM : Supply Chain Management)란 제품의 생산단계에서부터 소비자에게 최종적으로 판매될 때까지의 모든 과정을 연결시켜 관리하는 것을 의미한다. 구체적으로 제조업체는 원재료 공급업체에서 원료를 공급받아 제품을 생산하게 된다. 생산된 제품은 제조업체 총판을 통해 대형 도매상인들에게 물품이 배송되며, 또다시 중·소형 도매상인은 소매상인에게 제품을 제공하여, 마지막으로 소비자들은 이들 소매점에서 제품을 구매하게 된다. 많은 제조업체들은 원재료 공급업체로부터 납품을 받아 제품을 생산하는 것에 치중하여 이러한 제품을 도·소매업체에게 넘기는 것만으로 끝나는 경우가 많다. 도매업체는 제조업체로부터 받은 제품을 소매업체에게 전달하고, 소매업체는 이 제품을 소비자에게 판매하는 데에만 치중하여 제조업체나 도매업체와는 별도의 연관성을 갖지 않는 경우가 대부분이다. 그러나 이렇게 원재료 공급업체, 제조업체, 도매업

• 그림 1-8 공급사슬관리

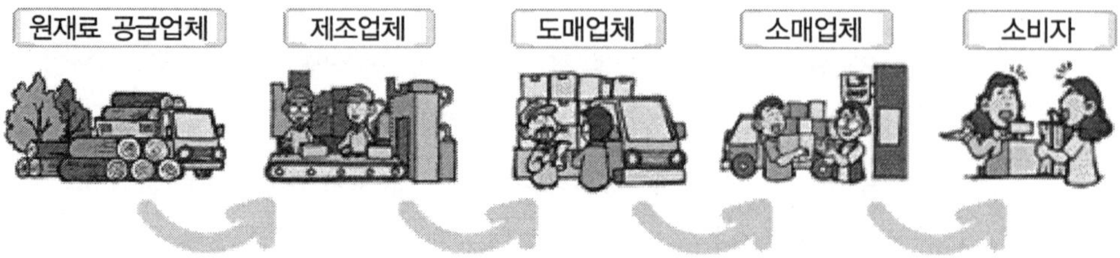

체, 소매업체가 별개로 분리되어 활동하게 되면 비효율적인 일들이 많이 발생하게 된다.

만약 제조업체와 도매업체 그리고 소매업체가 강력하고 신뢰성 있는 연계관계를 유지한다면 과거 개별적으로 활동하던 것과 달리 모든 구성요소(제조업체, 도매업체, 소매업체)에게 이익이 돌아가게 될 것이다. 이러한 과정을 거쳐 성립된 3자 간의 제품공급과 대금지급의 전체적인 관리를 '공급사슬관리'라고 부른다.

2 공급사슬관리의 목적

공급사슬관리의 목적은 공급사슬관리상의 총 가치(수익성)[6]를 극대화시키는 것이다. 공급사슬관리의 총 가치는 공급사슬수익성(supply chain profitability)과 같은 의미로 소비자로부터 벌어들이는 총 가격과 공급사슬관리에 투입된 전체 비용의 합계를 차감한 것을 말한다. 이 수익성은 관련 업체 모두가 공급망상의 총 가치를 극대화시키기 위해 노력해야만 달성할 수 있다.

따라서 공급사슬관리의 목적은 수익성을 극대화할 수 있도록 공급사슬에 포함된 모든 관련 업체들을 효과적으로 관리하는 데 있다.

3 공급사슬관리의 효과

1980년대 이후 미국의 대학교수들이 기업들의 실제 현장 자료를 분석하다가

6) 공급사슬관리의 총 가치는 공급사슬관리에 투입된 총 비용과 이로부터 생성된 총 수익과의 차이를 말한다.

공급사슬관리에 내재되어 있는 독특한 현상을 파악하게 되었다.

그 현상의 원인과 대책에 대한 각종 연구 결과, 유통경로상의 채찍효과(bullwhip effect)를 발견하게 되었다. 소비자들이 주문을 약간 늘리면 소매상들은 주문을 조금 더 많이 하고, 도매상들은 아주 많이 하며, 제조업체에서는 엄청난 양을 생산하게 된다. 다시 말하면 소비자로부터 시작된 변화가 소매상과 도매상을 거쳐 제조업체로 넘어오면서 상당히 부풀려진다는 것이다. 이러한 현상을 '채찍효과'라고 부른다.

채찍효과는 공급망상에서 수요정보를 왜곡시키는 결과를 야기하는데, 이것은 공급사슬관리의 조정활동과 전체 공급망상에서 수익성이 떨어지는 결과를 초래한다. 이 같은 채찍효과를 줄이는 것이 공급사슬관리의 핵심사항 중의 하나로 부각되고 있으며 효율적인 공급사슬관리는 채찍효과로 발생하는 문제들을 해결할 수 있는 효율적 전략으로 받아들여지고 있다.

다시 말해서 채찍효과(bullwhip effect)를 줄이면서 공급망의 수익성을 올리는 방법에는 공급망상의 목표와 인센티브 조정, 정보의 정확성 향상, 운용효율성의 증대, 가격전략 수립, 리드타임 단축방법 등을 효율적으로 관리할 수 있는 공급사슬관리전략이 필요한 것이다.

제4절 제3자 물류와 물류관리전략

1 물류 아웃소싱 전략

1) 물류 아웃소싱의 의의

물류 아웃소싱(logistics outsourcing)이란 기업이 고객서비스 향상, 물류비 절감 등 물류활동을 효율화할 수 있도록 물류기능 전체 혹은 일부를 외부의 전문업체에 위탁·내행하는 업무를 말한다. 즉, 외부사업자와 효율적인 관계를 구축하여 물류활동의 생산성을 향상시키는 기법이다.

제조업체가 물류 아웃소싱을 추구할 때 그 업체는 전문화의 이점을 살려 고객욕구의 변화에 대응하여 주력사업에 집중할 수 있게 된다. 또한 조직 간소화로 조직의 유연성을 확보할 수 있고 물류비도 절감할 수 있게 된다.

더 나아가 물류공동화와 물류표준화도 가능하게 된다. 이 밖에 물류시설 및 장비를 이중으로 투자하는 데 따르는 투자 위험도 피할 수 있다. 결과적으로 기업의 경쟁우위 확보는 물론 사회적 비용절감 및 국가경쟁력 강화에도 기여할 수 있는 효과를 얻을 수 있다.

물류 아웃소싱은 초기에는 단순한 운송, 창고, 자재관리에 국한되어 운영되어 왔으나 최근에는 EDI 정보교환, 주문접수, 운송업체 선정, 포장, 라벨링(labeling), 상품조립 등 직접적인 고객업무를 포함하는 방향으로 확대되고 있다. 구체적인 물류 아웃소싱의 대상 영역은 판매운송, 창고운송, 조달운송, 배송, 제조부문의 일부, 라벨링, 포장, 운임 지불 등에 활용도가 높으나 주문접수, 처리, 고객서비스 관리, 재고관리, 제품조립, 정보시스템 분야의 활용도는 낮은 실정이다.

2) 물류 아웃소싱의 효과

(1) 핵심 역량 강화

주력 업무에 경영자원을 집중하고 핵심역량을 강화할 수 있다. 아웃소싱으로 인력, 자금이라는 경영자원이 재분배되어 결과적으로는 보다 적절한 자원배분이 가능해진다. 즉 비효율·고비용 부문과 주변업무를 외부전문기관에 아웃소싱하고 핵심 역량에 내부의 경영자원을 집중함으로써 경쟁사와의 차별성을 더욱 부각시켜 주력업무의 전문성과 품질향상, 경영체질의 강화를 도모할 수 있다.

(2) 리스크 분산

아웃소싱을 활용하여 유연한 조직을 구축함으로써 시장, 경쟁 환경, 기술 등의 변화가 기업경영에 미치는 영향을 최소화할 수 있다. 예를 들어 특정 기업이 제품 개발능력만 보유하고 생산이나 영업을 아웃소싱한다면 고정비가 변동비화되기 때문에 리스크가 감소하고 기업의 유연성이 강화될 것이다.

(3) 유연성 확보

아웃소싱의 활용에 의해 단순하고 반복적인 업무 등이 외부화됨에 따라 기업

내 조직이 슬림화·유연화된다. 따라서 아웃소싱을 통해 유연성 있는 고용형태와 급여체제 실현도 가능해진다.

(4) 부가가치 창출

전문성을 지닌 물류서비스 공급업자를 활용한 아웃소싱을 통해 시너지 효과에 의한 새로운 부가가치를 창출할 수 있다. 단순한 외부자원 활용에 그치지 않고, 공급 측과 활용 측의 파트너십이 가져오는 시너지 효과에 의해 새로운 부가가치의 창출과 이의 사업화가 가능해진다.

(5) 비용절감

여러 기능이 비대화되고 전문능력이 부족한 기업 내부에서 행할 때보다 전문기업에 아웃소싱함으로써 적은 비용으로 업무추진이 가능하다. 또한 전문 역량을 기업이 스스로 구축하려면 많은 인적자원의 투입과 자금이 필요하기 때문에 경비절감 효과가 크다.

(6) 경기변동 대응

고정비가 변동비화되고 손익분기점(BEP : Break-Even Point)이 낮아져서 보다 적은 매출로도 이익을 창출할 수 있으므로 저성장기에 기업의 생존을 담보할 수 있게 된다.

(7) 혁신 가속화

아웃소싱은 비효율적인 부문의 재구축 등 구조조정과 기존의 비즈니스 프로세스를 수정하는 리엔지니어링의 수단이기 때문에 이를 통해 기업혁신, 변신을 가속화시킬 수 있다.

(8) 전문성 확보

정보시스템, 법무, 디자인 등 고도의 전문성을 요구하는 업무는 독자적 수행이 어렵기 때문에 아웃소싱이 활성화되고 있다.

(9) 정보네트워크 확대

외부의 보다 광범위한 기술 및 고객정보를 입수하기 위해서는 기업 혼자의 자원만으로는 한계가 있다. 따라서 아웃소싱을 활용하여 외부 전문기관이 보유하고 있는 다양한 정보네트워크와 기업 간 네트워크를 형성할 수 있다. 더 나아가 이러한 정보네트워크를 통해 기업경영에 유효한 외부정보(고객욕구, 기술정보, 해외정보)를 입수하여 자사제품을 고도화하여 더 큰 부가가치를 창출할 수 있다.

2 제3자 물류

1) 제3자 물류의 의의

제3자 물류(TPL, 3PL : the Third-Party Logistics)라는 용어는 1988년부터 미국물류관리협회(CLM)에서 처음 사용하기 시작하였다. 미국물류관리협회는 제3자란 물류경로 내의 다른 주체와 일시적이거나 장기적인 관계를 가지고 있는 물류경로 내의 대행자 또는 매개자를 의미하며, 화주와 단일 혹은 복수의 제3자 간의 일정기간 동안 일정비용으로 일정서비스를 상호합의하에 수행하는 과정을 제3자 물류 또는 계약물류라고 정의하고 있다.7)

국내에서는 1990년대 중반 이후 대기업을 중심으로 사내에서 직접 수행하던 물류업무를 분산시키거나 독립된 물류 자회사에게 아웃소싱하기 시작하였고, 이들 기업들이 제3자 물류를 표방하면서 제3자 물류는 '자사 물류 → 물류 자회사 → 제3자 물류'순의 부서·조직형태의 외형적인 변화특성에 의해 구분되고 있다.

2) 제3자 물류와 외주물류

외주물류와 제3자 물류는 서로 다른 개념으로 이해해야 하는데, 외주물류는 제3자 물류로의 이행과정에 있는 중간 단계로 볼 수 있다. 외주물류 및 제3자

---

7) La Londe, B. J, and M. C, Cooper, *Partenerships in Providing Customer Service : A Third Party Perspective* (Oak Brook, IL: Council of Logistics Management, 1989), pp. 6~9.

표 1-1 외주물류와 제3자 물류의 비교

구분	전략적 아웃소싱	통합적 아웃소싱	기능별 아웃소싱
운영기간	장기 위주	중기 위주	단기·일시적
관계내용	밀접·협력관계	협력관계	느슨·일시관계
신서비스 제공	능동적·적극적(제안형)		수동적(수주형)
개입범위	운영·관리·전략		주로 운영
계약방식	경쟁계약		수의계약
의사결정점	최고경영층		중간관리층
자산특성	무자산형 가능		자산소유 필수
관리형태	통합관리형		분산관리형
화주와의 관계	협력관계		상하계약관계
서비스범위	종합물류 지향		기능별 서비스(수송, 보관)

자료 : 윤일현·유창권, 「운송물류론」(두남, 2004), p. 64.

물류는 기업 물류활동이 외부에서 운영된다는 점에서 볼 때 별반 차이가 없다고도 할 수 있다. 그러나 기존 연구를 종합적으로 고려해 볼 때, 이들은 그 내용과 개념에서 엄격히 구분할 필요가 있는 사항이다.

외주물류는 주로 운영 측면에서 원가절감 효과를 확대하는 데 초점을 두고 있는 반면에 제3자 물류는 전략적인 관점에서 원가절감 그 이상의 성과(즉, 경쟁우위의 획득, 고객서비스의 향상)를 얻기 위한 것이다. 물론 외주물류 또한 운영 측면뿐만 아니라 물류관리 및 계획 부문까지 수행할 수 있지만, 사실상 이에 해당하는 경우는 거의 없다.

외주물류의 수행주체는 모기업과 특수 관계에 있는 물류 자회사 또는 외부의 물류전문업체가 될 수 있다. 현재까지의 사례에 근거해 볼 때, 자사 영업정보의 누출 등을 감수하면서까지 외부 물류업체를 자사 물류활동에 깊이 개입시키는 경우는 거의 없으며 외부 물류업체에 의한 외주물류보다는 자사의 물류조직을 별도 법인화한 물류 자회사에 의하여 외주물류(관리 부문까지 위탁하는 경우)를 수행하는 것이 일반적이다.

3 제4자 물류

1) 제4자 물류의 의의

제4자 물류(FPL, 4PL : the Fourth-Party Logistics)는 기본적으로 3PL 기능 외에 공급체인관리 및 해결책(solution) 제시, 변화관리능력(change management capacities), 부가가치 서비스를 제공할 수 있는 능력을 갖춘 전문물류공급자를 말한다. 특히 전자상거래가 발전되면서 공급체인을 효율적으로 지원할 수 있는 전문물류업체가 4PL이며 기존의 3PL 서비스에 IT, 기술, 전략적 컨설팅을 가미한 부가가치가 높은 물류업을 의미한다. 따라서 4PL은 아웃소싱(outsourcing)과 인소싱(insourcing)의 장점을 통합한 형태의 전문물류공급자로서 최대한의 경영성과를 높이기 위한 조직으로 발전하고 있다.

2) 제4자 물류와 제3자 물류

기존의 3PL은 지속적인 공급체인관리상 비용절감 및 물류효율성을 추구하는 데는 한계가 있는 반면 4PL은 물류 각 분야의 최적화를 도모할 수 있기 때문에 전체 공급체인관리상 다양한 물류서비스를 통합할 수 있는 이점이 있다.

4PL이 완전한 공급체인관리의 해결책을 제시하고 아울러 전체적인 공급체인에 영향을 미침으로써 부가가치를 창출한다는 점에서 3PL과 근본적인 차이가 있다. 최근의 급속한 기술발전 및 전자상거래의 확산으로 인해 SCM 통합자의 필요성이 증대됨에 따라 4PL이 등장하게 된 것이다. 4PL의 특징을 요약하면 다음과 같다.

- 다양한 기업이 파트너로서 참여하는 혼합조직 형태
- 합작투자 또는 장기간 제휴 상태
- 이익분배를 통해 공통의 목표 설정
- 공급체인상 전체의 관리와 운영
- 4PL 조직과의 계속적인 노하우 공유를 통한 막대한 잠재적 이익 추구

03 물류비와 물류원가관리

SMART Physical Distribution

제1절 물류비의 개요

1 물류비의 의의

물류비(logistics cost)란 원산지로부터 소비자까지의 조달, 사내 및 판매, 재고의 전 과정을 계획, 실행, 통제하는 데 소요되는 비용을 말한다.

물류는 고객의 니즈(needs)에 대응하기 위해 비용효과가 가장 높은 방식으로 원재료 및 제품의 효율적인 흐름을 제공할 수 있도록 구입, 운송 및 보관 기능을 통합한다.

2 물류비의 산정목적

물류비는 중점물류관리의 대상을 선정하고, 그 중점관리 대상별로 물류비를 파악하여 여러 가지 정보를 제공하고, 물류활동의 기본방향을 수립하는 데 필요한 기초자료를 제공해 주는 부분이다.

물류비의 산정목적은 첫째, 물류관리를 위한 물류비의 세부분석 둘째, 물류활동의 규모 파악 셋째, 예산편성 및 채산분석의 정보제공 넷째, 물류활동의 문제점 파악 다섯째, 물류활동의 계획과 통제, 업적평가의 정보제공 여섯째, 원가관리에 필요한 원가 자료의 제공 등을 들 수 있다.

3 물류비의 분류

일반 기준에 의한 물류비의 과목 분류는 영역별, 기능별, 자가·위탁별, 세목별, 관리항목별로 구분된다.

1) 영역별 분류

물류비 영역은 기업경영의 주요 영역 중 어느 영역에서 발생한 물류비인가를 식별하기 위해 구분하는 것으로 관리 주체를 명확히 하기 위해 구분하기도 한다. 이를 3가지로 나누면, 조달물류비, 사내물류비, 판매물류비로 분류된다.

(1) 조달물류비

물자가 조달지로부터 운송되어 매입자의 보관창고에 입고되고, 생산공정에 투입되기까지 발생되는 물류비를 말하며, 운송, 하역, 검수, 입고, 보관, 출고 등 물류과정에서 발생된 비용을 포함한다.

(2) 사내물류비

조달보관창고에서 원재료 등을 이동시켜 생산공정에 투입하는 시점부터 생산과정 중 공정과 공정 간에 원재료나, 반제품의 운송활동, 보관활동 및 생산된 제품을 창고에 보관하기까지의 물류활동에 따른 물류비를 말하며, 포장, 운송, 하역, 분류, 보관, 재고 등 사내에서 발생한 물류비를 포함한다. 이 과정의 비용 분류는 사내의 조직단위별, 물류경로별, 보관 장소나 보관 방식별 등과 같이 물류흐름을 보다 구체적으로 하면 사내물류비 범위가 명확해진다.

(3) 판매물류비

생산된 완제품 또는 매입한 상품을 창고에 보관하는 활동부터 그 이후의 모든 물류활동에 따른 물류비, 즉 반품 물류활동과 용기회수, 파손 물품비 등 물류비도 포함한다.

2) 기능별 분류

물류기능이란 기업이 가치를 창출하기 위해 꼭 필요한 부가가치가 높은 활동을 의미하는데, 물자를 이동, 보관하는 일련의 부대활동이 해당된다. 기능별 물류비는 운송비, 보관 및 재고관리비, 포장비, 하역비, 유통가공비, 물류정보관리비로 구분한다.

(1) 운송비

운송비는 물자를 물류거점 간 및 소비자에게 이동시키는 활동에서 소비된 비용을 말하며, 이 비용은 장소에 의한 제품의 효용을 창출하기 위한 목적에서 발생한다.

(2) 보관 및 재고관리비

물자를 창고 등 보관 시설에 보관하는 활동에서 소비되는 비용을 말한다. 이 비용은 시간에 의한 제품의 효용을 창출하는 목적에서 발생하며, 제품을 보관하는 비용뿐만 아니라, 재고 물품에서 발생하는 이자비용까지 포함한다.

(3) 포장비

물류포장활동에서 소비된 비용을 말하며, 최종소비자에게 인도되지 않고 이동과 보관을 용이하게 하기 위해 지출되는 물류포장에 소비된 비용을 의미한다.

(4) 하역비

물자의 운송과 보관활동에 수반되어, 동일시설 내에서 물자를 상하좌우로 이동시키는 활동에 소비된 비용을 말하며, 입하, 격납, 피킹, 분류, 출고 등과 같이 물류의 세부활동에서 발생하는 하역작업은 독자적으로 실시되는 경우가 드물기 때문에 주로 운송비나, 보관비에 포함시키는 것이 보편적이다.

(5) 유통가공비

물자의 유통과정에서 물류효율을 향상시키기 위하여, 이를 가공하는 데 소비된 비용을 말하며, 물류활동상의 효율 증대를 위해 발생하는 비용이다.

(6) 물류정보관리비

물류정보를 처리하고 전달하는 과정에서 소요되는 비용을 말한다.

3) 자가·위탁별 분류

자가·위탁별 분류는 개별 기업의 입장에서는 물류활동을 누가 수행하고 물류대금을 누가 지불한 것인가에 대한 상세한 정보를 알 수 있도록 하고, 정부 등 유관기관의 입장에서는 물류비를 종합적으로 집계할 때 중복(물류공급회사와 물류수요회사 간)집계를 방지하기 위해서 필요하다.

(1) 자가 물류비

자가 물류비는 자사의 설비나 인력을 사용하여 물류활동을 수행함으로써 소비된 비용을 말한다. 대부분의 기업에서는 자가 물류비를 산정하고 있지 않으므로 기업의 물류비 실태를 정확하게 파악하고 있지 못하는 경우가 많다. 즉, 물류 빙산의 전모를 파악하기 위해서는 얼마만큼 자가 물류비의 분류나 계산을 구체적으로 하는가가 필요하다.

이에 따라 사내에서 실시하는 물류활동에 관련된 비용을 조달, 사내, 판매 등의 영역으로 구분하여 재료비, 노무비, 경비, 이자의 세목별 계정과목을 통해 비용세분화를 하도록 한다.

(2) 위탁물류비

위탁물류비는 물류활동의 일부 또는 전부를 외부의 물류업자나 물류자회사인 타사에 위탁하여 수행함으로써 지불하는 비용 또는 요금을 말한다. 이 위탁물류비는 주로 포장, 운송 및 보관 등의 활동을 위탁하는 경우에 발생하게 되는데, 예를 들어 지불포장비, 지불운임, 지불창고료, 입·출고료, 수수료 등이 포함된다.

4) 세목별 분류

세목별 분류는 기본적으로 재료비, 노무비, 경비, 이자로 구분한다. 구체적으로는 해당 기업의 물류비 관리실무에 적절한 회계부문의 비용계정과목을 중심으로 구분하여 물류비를 상세화시키며, 계정과목의 분류 및 정의 등은 가능하면 기업회계기준 및 원가계산준칙의 계정과목과 동일한 체계를 준용하도록 한다.

(1) 재료비

재료비는 물류와 관련된 재료의 소비에 의해서 발생하는데, 주로 포장이나 운송기능에서 발생된다. 물류관련 재료의 종류는 매우 한정되어 있으며 그 구성비율도 낮다고 할 수 있는데, 재료비의 항목에는 포장 재료비, 연료비 이외에도 물류활동의 수행을 위한 소모용 공구비, 비품비 등을 포함한다.

(2) 노무비

노무비는 물류활동을 수행하기 위해 발생하는 노동력에 대한 비용으로서, 운송, 보관, 포장, 하역 및 관리 등의 전반적인 기능과 조달, 사내, 판매 등의 전 영역에서 발생된다. 노무비의 항목에는 임금, 급료, 잡급 이외에도 물류 관련 종사자에 대한 제수당, 퇴직금 및 복리후생비 등을 포함하는데, 기업에서는 공장별이나 사업장별, 지역별이나 고객별, 제품별 등의 관리단위에 따라서 노무비에 관련된 비용을 세분화시켜야 한다.

(3) 경비

경비는 재료비 이외에 물류활동과 관련하여 발생하는 제비용으로서 주로 물류관리의 기능에서 발생되며, 회계 및 관리부문 등에서 사용하는 계정과목이 전부 해당된다. 이 지침에서는 경비에 대한 세부적인 비목 구분이 없으나, 필요에 따라서는 다음과 같이 구분할 수 있다.

① 공공서비스비

공익사업체에서 제공하는 용역에 대해서 발생하는 비용으로서 전력료, 가스·수도료, 통신비 등이 포함된다.

② 관리유지비

물류관련 고정자산의 운용·가동·보전 등을 위해서 발생하는 비용으로서 수선비, 운반비, 세금과 공과, 지급임차료, 보험료 등이 포함된다.

③ 감가상각비

물류관련 고정자산의 시간경과에 따른 가치감소분의 비용으로서 건물감가상각비, 구축물감가상각비, 기계장치감가상각비, 차량감가상각비, 운반기기감가상각비 등이 포함된다.

④ 일반경비

물류관리목적을 위해서 지출하는 일반적인 물류비로서, 여비, 교통비, 접대비, 교육훈련비, 소모품비 등과 같은 비용항목 이외에도 물류과정에서 발생하는 변질이나 도난, 사고 등에 따른 손실 등이 포함된다.

(4) 이자

이자는 물류시설이나 재고자산에 대한 이자발생분을 의미하고 있는데, '금리' 또는 '투자보수비'라고도 한다. 이 지침에서 이자는 시설부담이자와 재고부담이자로 구분한다.

① 시설부담이자

시설부담이자는 물류시설에 투자되어 있는 자금에 대한 이자부담분만큼의 기회손실을 말한다. 시설부담이자를 포함시키는 이유는 해당 물류설비를 자가운영하는 것과 외부업체에 위탁하는 것의 경제성을 검토하여 의사결정을 하기 위한 목적으로 사용되기 때문이다.

② 재고부담이자

재고부담이자는 재고자산이 존재함으로써 발생하는 재고자산의 가치에 대한 이자부담분만큼의 기회손실을 말한다. 재고부담이자는 재고자산의 보유를 최소화시키는 것이 물류효율화의 중요한 관리 포인트가 된다는 점에서 물류재고를 어떻게 유지하고 있느냐를 금액적으로 표시하는 중요 지표에 해당하기 때문에 유용하다.

5) 관리항목별 분류

관리항목별 분류는 중점적으로 물류비 관리를 실시하기 위한 관리대상, 예를 들어 제품별, 지역별, 고객별 등과 같은 특정의 관리단위별로 물류비를 분류하는 것을 말하며, 관리목적별 분류라고도 부른다.

물류비를 관리항목별로 분류하는 주된 이유는 관리목적에 적합한 물류비 정보를 산출해내기 위함이며, 이를 통하여 물류활동의 업적평가는 물론 각 관리단위별 채산분석을 통한 원가절감의 실현을 가능하게 해주기 때문이다. 그리고 물류활동의 중점관리목표를 정책적 또는 전략적 차원에서 실시하게 되면 물류정책이나 물류전략의 실효성 등을 검토해 볼 기회를 제공해 주기도 한다.

관리항목별 구분을 하지 않고 물류비를 계산하여도 물류비 총액이 얼마인지, 기능별 물류비가 얼마인지 등의 정보는 충분히 산출할 수 있다. 그러나 물류비 절감에 관한 의사결정을 위해 유용한 물류비 정보의 산출목적을 달성하기 위한 기초자료로서 관리항목별 구분은 필수적이다. 관리항목별 분류는 회사의 관리목적에 따라 그 내용이 상이하며, 대표적인 사례는 다음과 같다.

① 부문별

물류비가 발생되는 부문이나 관리부문 등 조직계층단위에서 발생하는 물류비를 포함한다.

② 지역별

물류비가 발생되는 지역별 부문이나 조직단위로 선정하는 물류비 항목이다.

③ 운송수단별

철도운송, 해상운송, 육로운송, 항공운송 등의 운송수단별로 물류비를 산정한다.

④ 제품별

물류활동의 대상이 되는 원재료, 제품, 부품 등의 제품종류별로 물류비를 산정한다.

⑤ 물류거점별

물류활동이 발생하는 장소로서 물류센터, 창고, 집배송센터 등으로 구분하여 물류비를 산정한다.

• 표 1-2 물류비의 분류

과목분류	영역별	기능별	자가·위탁별	세목별	관리항목별
비목	• 조달물류비 • 사내물류비 • 판매물류비[1]	• 운송비 • 보관·재고관리비 • 포장/하역/유통가공비 • 물류정보·관리비	• 자가물류비 • 위탁물류비	• 재고비 • 노무비 • 경비 • 이자(시설부담이자+재고부담이자)	• 부문별 • 조직별 • 제품별 • 지역별 • 고객별 • 운송수단별 • 물류거점별

1) 판매물류비는 반품·회수·폐기 물류비를 포함한다.

이와 같이 상세하게 관리항목별로 구분하여 물류비를 집계, 계산하기 위해서는 많은 관리노력이 수반되므로 기업의 물류관리의 목표, 관리수준, 기대효과 등을 고려하여 적절한 관리항목을 선택해야 한다.

제2절 물류원가관리

1 물류원가관리의 의의와 목적

1) 물류원가의 의의

물류비에 대한 예산관리 및 채산분석을 통하여 원가절감을 달성하기 위해서는 영역별, 기능별 물류비의 정확한 파악이 가장 중요하다. 물류원가계산은 발생형태별, 영역별, 기능별로 물류활동을 수행하는데 소요되는 비용을 체계적으로 파악하여 계산하는 일련의 과정을 말한다.

2) 물류원가관리의 목적

물류원가는 중점물류관리의 대상을 선정하고, 그 중점관리대상별로 물류비를 파악하여 다양한 정보를 제공하고, 물류활동의 기본방향을 수립하는 데 필요한 기초자료를 제공해 주는 부분으로서 그 목적은 다음과 같이 정리된다.

- 물류관리를 위한 물류비의 세부분석
- 물류활동의 규모 파악
- 예산편성 및 채산분석의 정보 제공
- 물류활동의 문제점 파악
- 물류활동의 계획과 통제, 업적평가의 정보제공
- 원가관리에 필요한 원가 자료의 제공

2 물류원가 계산방법

물류원가 계산방법으로는 회계부서의 원가자료를 이용하여 물류비를 산정하는 형식의 일반모델인 관리회계방식이 있으며, 물류관련 원가자료로부터 영역별과 기능별로 물류활동에 직·간접적으로 소비된 물류비를 집계함으로써 물류비를 산정하는 재무회계방식이 있다. 영역별 물류비는 물류비의 발생 원천을 나타내 줄 수 있으며 기능별 물류비는 물류비 절감의 대상과 목표를 구체화시켜 줄 수 있다는 점에서 매우 유용하다. 그리고 전체 프로세스를 수행하는 데 소요되는 물류원가를 통합적으로 산정하는 활동기준원가방식 등이 있다.

1) 관리회계방식

원가계산제도에 의거하여 물류활동에 대한 비용을 산정하는 방식의 하나로 비교적 정확한 물류비 계산이 가능할 뿐만 아니라 이로부터 산출된 물류비 정보를 활용하여 원가절감의 달성여부 등을 파악하는 데 매우 용이하다.

정확한 물류비를 계산하기 위해서는 물류비의 정의와 분류, 물류비 계산단위의 결정, 물류비 자료의 입수 및 집계 방법, 물류간접비의 배분방법과 기준설정, 물류비 보고서 작성방법 등 물류관리의 목적에 부합하는 원가계산제도 개발이 필요하다.

2) 재무회계방식

재무회계방식은 주로 기업의 외부 이해관계자를 위해서 매 해마다 작성하여 보고하는 결산보고서에 해당하는 재무제표(손익계산서)에 나타난 계정과목 중 지불해야 할 운송료나 보관료 등의 물류관련 비용 항목을 중심적으로 계산하는 방식이다.

이 방식을 이용할 경우 총 물류비의 20% 정도만 파악되므로 물류의 흐름을 빙산의 일각에서만 보기 쉽다. 그러나 물류관리의 초기단계에 있는 기업, 물류원가 계산시스템이 확립되지 않은 기업, 물류비를 산출하기 위한 노력과 비용이 과다하게 드는 기업, 물류비의 상세한 정보보다 개략적인 총액정보만으로 만족하는 기업, 물류원가계산의 실시까지는 물류관리상 곤란한 중소기업 등에서 더욱 유용하게 활용할 수 있다.

• 표 1-3 관리회계방식과 재무회계방식의 비교

	관리회계방식(일반기준)	재무회계방식(간이기준)
계산의 기본적 관점	• 물류목표를 효과적으로 달성하기 위한 활동에 관여하는 인력 자금 시설 등의 계획 및 통제에 유용한 회계정보의 작성이 목표 • 기능별, 관리목적별 업적평가 계획 수립 가능	기업활동의 손익상태(손익계산서)와 재무상태(대차대조표)를 중심으로 회계제도의 범주에서 물류활동에 소비된 비용 항목을 대상으로 1회계기간의 물류총액을 추정
계산 방식	물류활동 관리 및 의사결정에 필요한 회계정보를 입수하기 위해 영역별, 기능별, 관리목적별로 구분하여 비용 집계	재무회계의 발생형태별 비용항목 중 물류활동에 소비된 내용을 항목별로 배부기준을 근거로 회계기간별로 물류비를 추산
계산 방식의 장점	• 영역별, 기능별, 관리목적별 물류비 계산을 필요한 시기 장소에 따라 실시 가능 • 물류활동의 개선안과 개선항목을 보다 명확하게 파악 가능	• 개략적인 물류비 총액계산에 있어서 별도의 물류비 분류, 계산절차 등 불필요 • 전담 조직이나 전문지식이 부족해도 계산이 가능
계산 방식의 단점	상세한 물류비의 분류 및 계산을 위한 사무절차와 작업량이 많기 때문에 정보시스템 구축이 전제되어야 함	• 상세한 물류비 파악이 곤란하기 때문에 구체적인 업무평가나 개선 목표의 달성의 한계 • 물류비 절감효과 측정의 한계

3) 활동기준원가방식

활동기준원가방식(ABC : Activity Based Costing)은 원재료, 자재, 부품이 공장 작업장에 도착한 시점에서부터 시작하여 완제품이 최종 소비자에게 전달되는 시점까지의 활동원가를 연속적이고 통합적으로 계산하는 방법이다. 따라서 활동기준원가방식은 제조 공정상의 일부기능이 아니라 전체 프로세스에 관심을 두고 있다. 제품의 설치나 A/S(애프터서비스) 등과 같이 소비자가 별도의 비용을 부담하는 항목까지도 전체 프로세스 원가의 일부분으로 간주한다.

전통적 관리회계방식과 재무회계방식에서는 무엇을 하는 데 소요되는 원가, 예를 들면 나사못에 홈을 한 줄 더 파는 데 원가가 얼마나 드는가를 측정한다. 그러나 활동기준원가방식에서는 거기에서 더 나아가 무엇을 하지 않는 데 따른 원가, 예를 들면 작동이 중지된 기계 가동 시간의 원가, 필요한 부품이나 도구를 기다리는 데 따른 원가, 선적을 기다리는 재고의 원가 그리고 재작업 또는 결함 부품의 처리에 드는 원가까지 측정한다. 무엇을 '하지 않는' 데 따른 원가는 전통적인 원가회계방식에서는 기록할 수도 없고 기록하지도 않았던 것이지만, 사실상 무엇을 '하는' 데 드는 원가와 거의 같거나 때에 따라서는 훨씬 많은 경우도 있다. 그러므로 활동기준원가방식은 원가회계방식에 비해 원가 통제를 더 잘할 수 있게 해주고, 또한 결과를 통제하는 것까지 가능하게 해준다.

3 물류원가 계산절차

물류원가계산의 목적을 달성하기 위하여 다음과 같은 5단계의 절차로서 물류원가계산을 실시하게 된다.

1) 제1단계(물류비 계산욕구의 명확화)

제1단계로 물류비 계산의 목표를 해당 기업의 물류비 관리 필요성이나 목표에 의거하여 명확하게 수립해야 한다. 왜 물류비 계산을 해야 하며, 물류비 계산을 통해 무엇을 요구하고 있으며 또한 산출된 정보는 어떻게 활용할 것인가와 같은 물류비 계산의 욕구(needs)를 명확히 설정한다.

2) 제2단계(물류비 자료의 식별과 입수)

제2단계에서는 물류비 계산을 위해 물류활동에 의해 발생한 기본적인 회계자료 및 관련 자료를 계산대상별로 식별하고 입수하여야 한다. 이 단계에서는 물류활동에 관련된 기초적인 회계자료는 회계부문으로부터 입수하게 되는데, 이 물류비 관련 자료는 해당 기업의 계정과목을 중심으로 제공되며 이 자료는 세목별 물류비의 기초 자료에 해당한다. 물류비 관련 물량자료로서 물류부문에서 발생하는 업무자료의 종류에는 다음과 같은 것들이 있다.

① 운송관련 : 영역별·제품별·지역별 운송거리, 운송량(ton·km) 등
② 보관관련 : 센터별·지역별·제품별 보관수량(개·일·m^2), 입출고회수 등

③ 하역관련 : 물류인원의 영역별·기능별·제품별 등의 작업시간, 상하차수량 등

④ 포장관련 : 센터별·지역별·제품별 포장수량(개·m^3)

또한, 물류비 계산에 있어서 중요한 시설이나 재고의 부담이자를 계산하기 위한 기회원가 관련 자료도 별도로 입수해야 한다. 이 자료는 기본적으로 회계부문의 자산명세서 및 재고부문의 재고명세서를 통해 입수할 수 있으며, 필요에 따라서는 물류부문에서 적절하게 관련 자료의 수정, 보완을 해야 한다.

3) 제3단계(물류비 배부기준의 선정)

제3단계로 회계부문으로부터 물류비 관련 회계자료가 입수되면, 계산대상별로 물류비를 계산하기 위해 물류비의 배부기준과 배부방법을 선정하여야 한다. 영역별, 기능별, 관리항목별로 물류비 계산을 실시하기 위해서는, 우선 물류비를 직접물류비와 간접물류비로 구분해야 한다. 직접물류비는 계산대상별로 직접 전액을 부과하며, 간접물류비는 적절한 배분기준과 배분방법에 의하여 물류비를 계산대상별로 일정액 또는 일정률을 배분한다.

4) 제4단계(물류비의 배부와 집계)

제4단계에서는, 제2단계에서 입수된 물류비 관련 자료를 사용하여 제3단계의 배분기준 및 배분방법에 의해 물류비를 배분하여 집계하는 단계이다. 이 중 직접물류비는 전액을 해당 계산대상에 직접 부과하고, 간접물류비는 선정된 배분기준과 배분방법에 의거해서 물류비의 일정액 또는 일정률을 계산대상별로 배분하고 집계하여 합산한다.

5) 제5단계(물류비 계산의 보고)

제5단계는 물류비 계산의 실시에 따른 보고서를 계산대상별로 작성함과 동시에 이 내용을 종합하여 물류활동에 관한 물류비 보고서를 제출하는 단계이다.

필요에 따라서는 영역별, 기능별, 자가·위탁별 보고서를 비롯하여 물류센터별, 제품별, 지역별 등의 관리항목별 물류비 보고서를 작성하게 되면 산출된 물류비 정보를 이용하여 물류의사결정이나 물류업적평가에도 매우 유용하게

표 1-4 물류원가계산 단계와 절차

[제1단계]	[제2단계]	[제3단계]	[제4단계]	[제5단계]
물류비 계산 욕구의 명확화	물류비 자료의 식별과 입수	물류비 배분 기준의 선정	물류비 배분과 집계	물류비 계산의 보고
• 물류비 계산 목표 확인 • 물류비 계산 대상 결정 • 물류비 계산 범위 설정	• 물류비 계산 대상별자료 식별 • 물류비관련 회계 자료수집 • 물류기회원가 관련자료 입수	• 물류비 배분 기준 결정 -영역별 배분 기준 -기능별 배분 기준 • 물류비 배분 방법	• 영역별 집계 • 기능별 집계 • 자가 · 위탁별 집계 • 관리항목별 집계	• 물류비 보고서 작성 • 문제점과 대책 제시 • 물류비 정보의 활용 및 피드백

활용할 수 있다. 그리고 월별이나 분기별로 기간별 물류비 자료를 구분하여 물류비 보고서를 작성하는 것도 필요하며, 이때 물류비 보고서에는 반드시 계산 결과에 따른 문제점의 지적이나 필요에 따라서는 이에 대한 대책의 제시 등도 필요하다.

이상과 같은 물류비 계산을 체계적이고 전사적으로 실시하기 위해서는 기업의 물류활동의 특성에 알맞은 '물류비 계산지침'이나 '물류비 계산기준'과 같은 물류비 산정기준을 제도화시키는 것이 바람직하며, 이를 위해 이 지침을 활용하면 유용하다.

제3절 물류채산성 분석

1 물류채산성 분석의 의의

물류채산성 분석은 현재 실시하고 있는 물류관리시스템에 대한 구조적 문제

표 1-5 물류채산성 분석과 물류원가계산의 비교

	물류채산 분석	물류원가계산
계산목적	물류활동의 의사결정	물류활동의 업적 평가
대상	특정의 개선안 투자안	물류업무의 전반
기간	개선안의전(특정)기간	예산기간(월, 분기, 연도)
시기	의사결정 시 실시	각 예산기별로 실시
방식	상황에 따라 상이	항상 일정
계속성	임시적으로 계산	반복적으로 계산
물류원가의 종류	미래원가, 실제원가	표준원가, 실제원가
할인계산의 유무	할인계산함	할인계산 안 함

점 또는 업무집행상의 문제와 관련해서 제시된 개선안에 대한 채산성 여부 또는 수익성의 여부를 파악하기 위해 실시하는 분석이다. 이와 같은 채산성 분석을 이용하면 물류비 절감은 물론 물류 효율성을 측정할 수 있다.

구체적으로 단기채산성 분석은 물류부문을 중심으로 현행 물류업무의 효율성이나 물류비 절감효과를 측정할 수 있으며, 장기채산성 분석은 기업의 물류전략이나 재무정책과 관련하여 투자효율성을 측정할 수 있도록 하여 합리적인 의사결정을 유도할 수 있다. 이러한 채산성 분석은 계산목적, 분석대상, 분석시기와 기간, 분석방식 등에서 물류원가계산과는 그 내용이 상당한 차이점이 있다.

2 물류채산성 분석방법

1) 비용트레이드오프 분석

비용트레이드오프 분석(cost trade-off analysis)은 상치분석 또는 상충분석이라고도 하며 물류업무의 추진에 있어서 이율배반적인 관계가 발생하는 경우로서 원가비교를 중심으로 분석하는 방법이다. 이는 하나의 목적달성을 위해서 공통된 자원이 경합을 하는 관계로 인하여 한쪽이 유리하면 한쪽이 희생되는 관계에 의한 원가분석이다.

예를 들면 고객의 서비스 향상을 위하여 1일 1회 운송을 2회로 늘리면 총보

● 그림 1-9 비용트레이드오프 분석

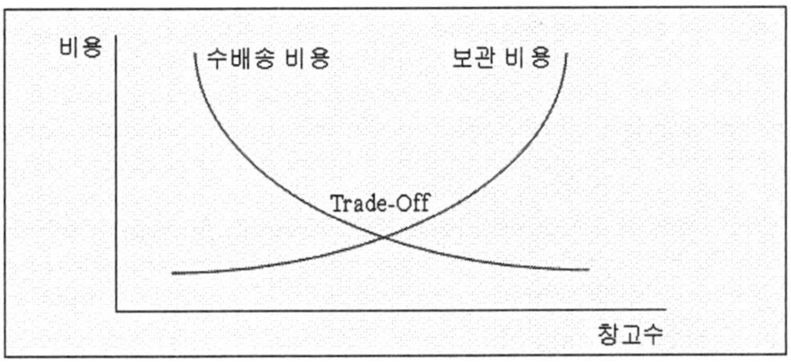

관비는 감소하나 다빈도 운송에 따른 총 운송비는 증가하는 Trade Off 관계로 서로의 상관성을 분석하여 적절한 방향을 선택하는 것이다.

2) 총비용 접근법

총비용 접근법(total cost approach)은 물류개선에 관해서 요구되는 모든 물류비 중에 각 비용의 부분적인 절감이 아닌 총액을 어떻게 절감할 것인가를 목적으로 하여 종합적으로 분석하는 방법이다. 비용트레이드오프 분석이 물류비의 부분적인 관점에서 절감을 꾀한다면 총비용 접근법은 전체적인 관점에서 물류비의 절감을 꾀하는 방법이다. 총비용 관점에서 채산성 분석을 실시하기 위해서는 반드시 대체안별로 상세한 원가정보를 입수하여야 하므로 이에 대한 노력과 비용이 많이 들기 때문에 총비용 접근법에 의한 물류채산성 분석 시 원가의 비교와 분석 과정에 있어서 비용트레이드오프 분석을 부분적으로 도입하여 상호 보완적으로 실시하여야 한다.

3 물류채산성 분석 절차

물류채산성 분석은 현황파악→개선안 작성→개선안별 물류비 측정→개선안별 물류비 비교→개선안 결정 등의 절차로 수행된다.

(1) 물류 현황의 파악

현행 물류업무에 대한 문제점을 명확하게 파악하는 단계이다. 어떤 물류활동을 실시할지와 지출수준, 사내 업무조사와 분석, 환경분석조사 등을 실시하는 단계이다.

(2) 물류 개선안의 작성

문제를 해결하기 위한 개선안의 탐색과 작성을 하는 단계이다.

(3) 물류비의 측정

물류 개선안이 각 개선방법에 따라서 작성되면, 개선안별로 필요한 물류비를 측정하여야 한다.

(4) 물류비의 비교

각 물류 개선안별로 물류비가 측정되면 물류비를 비교·검토하여 물류비가 가장 적게 드는 것을 선택한다.

(5) 물류개선안의 최종결정

물류비 절감액을 중심으로 선택된 최적안에 대하여 종합적으로 평가한다.

04 고객서비스관리

SMART Physical Distribution

제1절 고객서비스의 개요

1 고객서비스의 의의

고객서비스(customer service)는 고객으로부터 신용을 얻는 중요한 요소이다. 고객서비스란 고객의 요구를 만족시키는 것으로, 고객서비스는 고객의 요구에 대한 만족도를 나타내는 비율로 서비스 상태를 측정하고 관리하기 위한 지표로서 매우 중요하다. 이러한 고객서비스는 마케팅 서비스, 물류서비스, 경영 기술 서비스 등으로 구성되어 있다. 마케팅 서비스에서는 주로 가격 서비스가 주가 되며 물류서비스는 주로 납품 서비스, 시간 서비스, 품질 서비스, 재고 서비스 등이 계수 관리의 주체가 된다. 고객서비스 중 물류 서비스는 제품에 대한 시간 및 장소효용을 창출하는 데 있어서 물류 시스템의 유효성을 측정하는 수단이라 할 수 있다. 기업이 제공하는 물류서비스는 기존 고객뿐 아니라 잠재고객을 고객화하여 판매량을 증대시키는 중요한 수단이 된다. 따라서 고객서비스 정책은 고객의 필요에 기초를 두고 전체 마케팅 및 경영전략과 일치하며 장기적으로 기업이익에 공헌할 수 있는 정책이 선택되어야 한다. 먼저 고객서비스의 주요 요소의 정확한 파악과 이를 기초로 한 기준 설정이 필요하다.

한편 고객서비스 수준과 물류원가와는 상충관계(Trade-Off)가 성립한다. 일반적으로 고객서비스를 향상시키면 그에 따른 비용이 상승하고, 비용을 절감시키면 고객서비스의 질이 떨어질 여지가 있다. 예를 들어, 배송빈도가 높으면 항상 신선한 상품을 구비할 수 있지만 그 부분에 대한 비용도 역시 높아진다. 역으로 비용을 줄이기 위해서 배송빈도를 줄이면 신선도가 좋은 상품을 갖출 수가 없

●그림 1-10 비용과 서비스의 상충관계

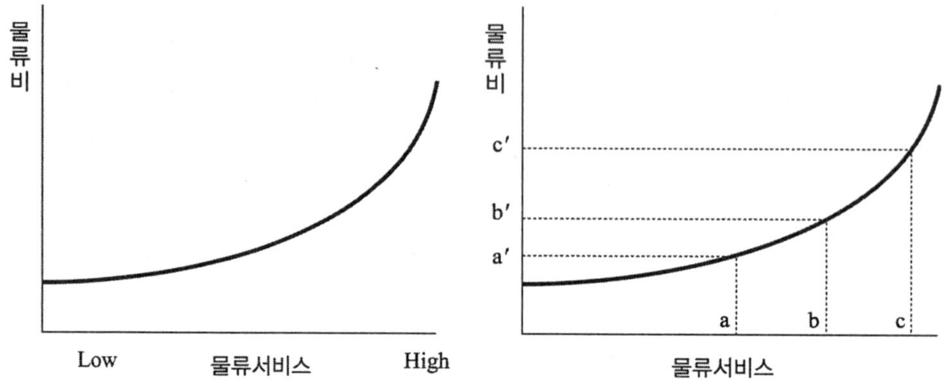

게 된다. 비용을 삭감하면서 소비자의 욕구에 상응하는 서비스를 제공하기는 힘들다. 따라서 최소한의 비용으로 최대한의 고객서비스를 실현할 수 있는 방안을 모색할 필요가 있다.

2 고객서비스의 요소

고객서비스의 요소에는 거래 전 요소, 거래시점 서비스 요소, 거래 발생 후 서비스 요소 등 3가지의 요소가 있다.

(1) 거래 전 요소

우수한 고객서비스를 제공할 수 있는 환경을 만드는 것으로 고객 자신이 받은 서비스의 수준을 미리 알 수 있게 한다.

●표 1-6 고객서비스의 요소

구분	내용
거래 전 서비스 요소	명시된 회사 정책, 회사 조직, 기술적인 서비스, 회사에 대한 고객의 평가, 시스템의 유연성
거래 시 서비스 요소	재고품절 수준, 백오더 이용 가능성, 주문주기요소, 시간, 주문의 편리성, 제품의 대체성
거래 후 서비스 요소	설비·보증·변경·수리·부품, 제품추적, 고객 클레임·불만, 제품보장, 수리 중 일시적인 제품 대체

(2) 거래시점 서비스 요소

고객에게 제품을 인도하는 데 직접적으로 관련된 서비스 요소이다.

(3) 거래 발생 후 요소

제품판매 후에 제품판매를 지원하는 서비스 요소이다.

3 고객서비스 평가방법

고객서비스 수준의 평가는 고객서비스를 제공하는 종업원들의 서비스 수준과 서비스를 제공받는 고객들의 만족 수준을 동시에 평가하여야 한다. 특히 종업원과 고객들이 만나는 고객접점서비스 수준이 매우 중요하다.

고객접점서비스(MOT : Moment of Truth)란 고객과 서비스요원 사이의 15초 동안의 짧은 순간에서 이루어지는 서비스로서 이 순간을 진실의 순간 또는 결정적 순간이라고 한다. 이 15초 동안에 고객접점에 있는 서비스 요원이 책임과 권한을 가지고 고객의 선택이 가장 좋은 선택이었다는 사실을 고객에게 입증시켜야 한다. 즉 '결정적 순간'이란 고객이 기업조직의 어떠한 측면과 접촉하는 순간이며, 그 서비스의 품질에 관하여 무언가 인상을 얻을 수 있는 순간이다. 따라서 고객이 서비스 상품을 구매하기 위해서는 들어올 때부터 나갈 때까지 여러 서비스 요원과 몇 번의 짧은 순간을 경험하게 되는데, 그때마다 서비스 요원은 모든 역량을 동원하여 고객을 만족시켜 주어야 하는 것이다. 이를 뒷받침하기 위해서는 고객접점에 있는 서비스 요원들에게 권한을 부여하고 강화된 교육이 필요하며, 고객과 상호작용에 의하여 서비스가 순발력 있게 제공될 수 있는 서비스 전달시스템을 갖추어야 한다. 또한 고객의 만족도는 덧셈의 법칙이 아니라 곱셈의 법칙이 적용되므로 순간순간 만족했다 하더라도 결정적 순간에 불만을 가진다면 그동안의 만족감은 상쇄되게 된다. 이러한 고객서비스 수준을 평가하기 위한 방법으로 고객만족지수법이 대표적으로 사용되고 있다. 고객만족지수법(CSI : Customer Satisfaction Index)은 고객의 요구가 다양화, 복잡화되면서 다품종 소량화가 보편화되고 있는 상황에서 다양한 고객의 욕구를 만족시키기 위해 고객의 입장에서 고객의 소리를 평가하는 방식이다. 이 기법은 고객서비스 수준을 평가하기 위해 종업원·중간고객·최종고객의 만족도를 다면적으로 평가하는 방식이다.

(1) 종업원 만족

기업에서 고객만족 경영을 이루기 위해서는 우선적으로 종업원을 만족시켜야 하는데 종업원의 만족도 성향을 파악하여 보상기준을 제시하지 않는다면 종업원들은 기업에 대한 불만감을 갖게 되어 불량서비스를 전하여 고객을 잃게 된다.

(2) 중간고객 만족

기업이 아무리 좋은 제품이나 서비스를 생산하여 고객에게 전달해도 중간고객이 불친절하다면 최종고객의 만족감이 떨어질 수밖에 없다. 중간고객은 단순한 유통업자를 넘어서 기업의 이념을 중간고객의 가치관이나 영업태도로 포장하여 가치를 부가하여 최종고객 만족에 영향을 미친다.

(3) 최종고객 만족

제품이나 서비스를 최종적으로 사용하거나 혜택을 입게 되는 최종소비자들에 대하여 품질뿐만 아니라 고객만족을 구성하는 여러 측면에서 최종고객 만족을 유도해야 한다.

제2절 고객서비스관리기법

1 CRM 기법

1) CRM의 의의

고객관계관리(CRM : Customer Relationship Management)란 선별된 고객으로부터 수익을 창출하고 장기적인 고객관계를 가능케 하는 솔루션(solution)을 말한다. 즉 고객관계관리는 고객과 관련된 기업의 내·외부 자료를 분석, 통합하여 고객특성에 기초한 마케팅 활동을 계획하고, 지원하며, 평가하는 기법이다.

기업의 입장에서 새로운 고객을 이끌어 유치하는 것은 기존 고객을 유지하는 것보다 몇 배나 더 많은 비용을 초래하기 때문에 항상 보다 높은 고객 만족도 및 보다 좋은 서비스를 제공해서 기존 고객을 붙잡아 두는 것이 기업 입장에서는 이익이다. 이러한 목적을 달성하기 위해 기업은 고객관계를 좀 더 효율적으로 관리·유지할 필요가 있다.

이러한 고객관계관리기법은 과거의 대중마케팅(mass marketing), 세분화 마케팅(segmentation marketing), 틈새마케팅(niche marketing)과는 확실하게 구분되는 마케팅의 방법론으로 최근에 등장한 데이터베이스 마케팅(DB marketing)의 individual marketing, one-to-one marketing, relationship marketing에서 진화한 요소들을 기반으로 등장하게 되었다.

고객관계관리는 고객수익성을 우선하여 콜센터, 캠페인 관리도구와의 결합을 통해 고객정보를 적극적으로 활용하며, 기업 내 사고를 바꾸자는 업무 재설계(BPR : Business Process Reengineering) 성격이 강하게 내포되어 있다. 기업의 고객과 관련된 내·외부 자료를 이용하자는 측면은 데이터베이스 마케팅과 성격이 같다고 할 수 있다. 그러나 고객관계관리기법의 경우 고객의 정보를 취할 수 있는 방법, 즉 고객접점이 데이터베이스 마케팅에 비해 훨씬 더 다양하고, 이 다양한 정보의 취득을 전사적으로 행한다는 점에서 차이가 있다.

고객관계관리는 고객데이터의 세분화를 실시하여 신규고객획득, 우수고객 유지, 고객가치 증진, 잠재고객 활성화, 평생고객화와 같은 사이클을 통하여 고객을 적극적으로 관리하고 유도하며 고객의 가치를 극대화시킬 수 있는 전략이다.

2) CRM의 효과

고객관계관리의 효과를 정리하면 다음과 같다.

첫째, 신규고객과 기존고객을 유지시켜 매출의 증가와 이익을 창출할 수 있다. 둘째, 신규고객 확보보다 기존고객 유지가 비용이 더 저렴하므로 비용을 절감할 수 있다. 셋째, 서비스를 직접 체험한 경험을 다른 고객에게 전달함으로써 구전효과(word effect)를 통한 무료 광고효과가 높다. 넷째, 최우량고객인 충성

고객(loyal customer)을 세분화하여 확보할 수 있다. 다섯째, 고객관계관리전략의 성공은 종업원들의 조직 몰입도를 향상시킬 수 있다.

3) CRM의 특성

고객관계관리기법은 다양한 고객접점을 통해 고객정보를 획득· 분석하고 그 결과를 고객수익성을 우선으로 하여 콜센터, 캠페인 관리도구 등과의 결합을 통해 적극 활용하며, 업무처리방식을 새롭게 바꾸는 경영혁신의 성격이 강하게 내포되어 있다.

다시 말해 고객관계관리기법은 고객 세분화를 통해 신규고객 유치, 기존고객 유지, 고객가치 증진, 잠재고객활성화, 평생고객화하는 등의 지속적인 순환과정을 통해 고객의 가치를 극대화시키는 전략적인 경영 패러다임이다. 이러한 고객관계관리기법의 특징은 다음과 같다.

(1) 시장점유율보다 고객점유율 중시

시장점유율보다 기존고객 및 잠재고객을 대상으로 고객유지 및 이탈방지, 다른 상품과의 교차판매 등 일대일 마케팅 전략을 통하여 고객점유율을 높이는 전략을 사용한다.

(2) 신규고객 유치보다 기존고객 유지 중시

신규고객의 확보보다는 고객유지에 중점을 두고 있다. 한 명의 우수한 고객을 통해 기업의 수익성을 높이며, 이러한 우수고객을 유지하는 것에 중점을 두고 있다.

(3) 단순한 상품 판매보다 고객관계 중시

기존의 마케팅 활동은 모든 고객을 대상으로 대량 생산한 상품을 대량 유통시키고 대량 촉진활동을 수행해 왔다. 이는 고객 중심이라기보다는 기업 중심의 마케팅 활동이라고 말할 수 있다. 그러나 고객관계관리기법은 고객과의 관계를 기반으로 고객의 입장에서 상품을 만들고 공급하며, 지속적으로 고객을 관리함으로써 평생고객화하는 데 중점을 두고 있다.

(4) 전사적인 고객정보 획득

기업의 내부 및 외부의 자료를 활용하는 측면에서는 데이터베이스 마케팅과 유사하지만, 고객정보를 획득하는 방법, 즉 고객접점이 데이터베이스 마케팅에 비해 훨씬 더 다양하다. 또한 이 다양한 고객정보의 획득을 전사적으로 수행한다는 점에서 차이가 있다.

(5) 고객 분석을 위한 데이터수집기법

다양한 채널을 통해 획득된 고객 정보를 데이터웨어하우스(data warehouse)에 축적하고, 고객정보를 체계적으로 분석하여 가치 있는 정보를 찾고 지식을 발견한다. 그리고 이를 이용하여 차별화된 캠페인을 실시하고 지속적으로 관리함으로써 데이터베이스마케팅을 보다 효과적으로 수행한다.

4) e-CRM기법

최근 인터넷 이용의 보편화와 함께 더욱 다양한 채널을 통해 고객정보를 수집·분석하고 전통적인 우편 발송, 전화 마케팅 대신 이메일, 웹사이트 등을 활용하여 인터넷상에서 보다 효율적으로 마케팅 및 고객관리를 할 수 있게 되면서 e-CRM이라는 새로운 개념이 탄생하였다.

e-CRM은 기존의 CRM의 문제점을 극복하기 위하여 등장한 것이다. 인터넷 기반의 정보시스템을 활용하여 고객과의 관계관리를 강화함으로써 고객의 충성도를 높이고 궁극적으로 기업의 수익 극대화 및 성장을 도모하는 것을 말한다.

기업들은 e-CRM을 통해 인적 접촉, 전화, 우편물 발송 등 기존의 고객접촉수단을 전자우편(e-mail), 음성서비스, 동영상 등 인터넷을 매개로 하는 새로운 고객접촉수단으로 전환시킴으로써 고객관리의 효율성을 높일 수 있다.

현재 인터넷상의 웹사이트(web site)는 단순한 홍보 차원이 아닌 본격적인 대고객 접촉수단으로 사용되고 있으며, 웹사이트를 통해 다양한 고객 관련 정보를 실시간으로 획득·분석하여 이를 효과적으로 마케팅에 활용하고 있다.

전통적인 CRM과 e-CRM의 차이점을 비교하면 다음과 같다.

첫째, 자료수집 측면에서 전통적인 CRM은 자료수집 채널이 다양하고 분산된 반면 e-CRM은 인터넷의 웹을 기반으로 통합 채널을 지향한다. 둘째, 자료분석 측면에서 e-CRM은 실시간으로 고객성향 및 행동을 분석하기 때문에 웹로그 분석(web log analysis)이 가능하다. 셋째, 자료활용 측면에서 전통적인 CRM은 주로 영업력 강화 및 관리 등 일방향적인 성격이 강한 반면 e-CRM은 1대 1 마케팅, 실시간 추천 시스템 등 고객과의 상호작용이 가능한 방향으로 활용이 가능하다. 넷째, 비용 측면에서 전통적인 CRM은 데이터웨어하우스 구축, TV 등 매체광고, 우편물 발송, 텔레마케팅 등 많은 비용이 소요되는 반면 e-CRM은 비교적 저렴한 비용으로 시스템 구축, 이메일 마케팅 등이 가능하다. 다섯째, e-CRM은 전통적인 CRM에 비하여 지역과 시간적 제약에서 비교적 자유롭다. 여섯째, 고객요청 처리에 있어 전통적인 CRM과는 달리 인터넷상에서 간단한 절차에 의해 신속하게 실시간 처리할 수 있다.

2 QR 기법

1) QR의 의의

신속대응(QR : Quick Response)기법은 1980년대 미국 의류업계를 중심으로 시작되었으며, 고객과 생산자 경로 사이에 걸쳐 있는 많은 재고를 줄임으로써 제품 공급체인의 효율을 극대화하려는 경영전략을 말하며 공급사슬관리의 효시가 되었다. 소매업과 메이커가 협력해서 상점에서 발생하는 판매 정보를 재빨리 생산에 반영시켜 재고 삭감과 히트 상품의 개발 및 추가 생산을 가능케 하는 경영 전략을 말한다. 월마트 등의 디스카운터나 GAP사 등의 의료품 체인점, 리바이스트라우스 등 의류업자가 도입하여 커다란 효과를 보고 있다. QR의 실현에는 소매업과 제조업의 정보 공유가 필요하다. 소매업은 판매시점(POS : Point Of Sales)의 정보 관리 데이터를 제조사에 공개하고 제조사는 상품 재고, 현재 일어나고 있는 상황 등의 데이터를 실시간으로 관리해서 소매업과 공유한다.

이러한 신속대응시스템은 기업의 원자재 조달에서부터 상품이 소매점에 진열되기까지의 리드타임을 단축, 재고를 감소시킬 수 있다. 그리고 EDI로 처리하여 정확한 생산계획에 의한 생산관리로 비용을 절감하고 결품 없이 시장의 환경변화에 유연하게 대응할 수 있으며 바코드를 통해 소비자정보와 시장정보를 즉시 파악하고 공유하여 마케팅 전략을 효율적으로 운용할 수 있는 장점이 있다.

2) QR의 추진단계

(1) 제1단계

기본 QR정보기술의 사용단계이다. 공통상품코드를 제품에 표시(소스마킹)하고, 표준EDI메시지 등을 이용하여 수·발주하며, 재고관리 등의 물류관리에 공통상품코드를 적극 활용하는 단계이다.

(2) 제2단계

재고보충 등을 자동으로 하는 단계이다. 출하상품 포장에 물류용 바코드를 붙이고, 관련데이터를 EDI 전자문서를 이용하여 상대방에게 사전통지할 수 있으며 검품작업의 감소, 재고삭감의 실현, 소매점은 POS를 이용하여 일별·주별 판매예측이 가능하고, 매장재고를 자동보충할 수 있는 자동보충발주시스템의 운용이 가능하다.

(3) 제3단계

파트너십(Partnership) 형성으로 재고의 자동보충이 이루어지는 단계이다. POS데이터를 공유함으로써 공동상품계획과 판매예측기능이 강화되어 더 짧은 사이클로 제조업자 주도형 매장재고의 자동보충을 실현한다.

(4) 제4단계

공동상품 개발단계이다. 3단계까지의 성과로 얻은 확실성이 높은 상품의 기획능력, POS정보의 즉각적인 입수와 예측 가능한 분석능력을 구사하여 판매결과를 근거로 상품의 디자인을 개량하고, 소매점과 제조업자가 공동으로 상품을 개발하는 것이 가능하며 회전이 빠른 상품을 개발할 수 있어 가격이 높은 하이패션상품에서 큰 효과를 얻을 수 있다.

(5) 제5단계

제조업자가 가지고 있는 고도의 판매정보를 이용하여 소매점의 상품진열, 영업 등의 소매지원을 하는 단계이다. QR을 이용하여 상품 유행변화에의 대응이나 소량생산제품의 대응을 효율적으로 수행할 수 있으며, 판매의 무대가 점포로부터 가정으로 이동하여 가계의 소비활동이나 요구를 즉시 파악하여 소비자가 필요로 하는 상품을 적시에 가정으로 배송한다.

3 ECR 기법

1) ECR의 의의

효율적인 고객 대응(ECR : Efficient Consumer Response)은 고객의 만족에 초점을 두고, 공급사슬의 효율을 극대화하기 위한 모델로서, 고객에게 보다 나은 가치를 제공하기 위해 유통업체와 공급업체들이 밀접하게 협력하는 식료품 산업계에서 주로 사용하는 전략이다. ECR은 최종 소비자의 만족도를 증대시키기 위해 공급자와 소매업자가 공동으로 협력하는 전략의 일종이다. 그 목적은 공급자와 소매업자는 서로 적대적이 아닌 협동의 자세로 공급망에 상존해 있는 비효율적인 요소들을 제거하여 생산성을 높임과 동시에 소비자에게는 양질의 제품과 서비스를 제공하는 것이다.

2) ECR의 효과

유통체인의 비용감소, 재고의 감소와 생산성의 향상으로 인한 재무 부담의 감소 등 전체 유통망 측면에서 볼 때 상당한 이점이 있다. 상품의 경쟁력이 있을수록, 최종소비자에게 돌아가는 이점은 더 증가한다.

ECR은 단순히 비용의 감소 측면에서가 아니라 공급자와 소매업자 사이의 협력을 통한 거래관행의 개선 측면에서도 그 중요성을 가진다. 즉, 재고의 감소(무재고), 촉진활동 측면에서의 효율성 제고, 소비자와 소비자 니즈에 대한 지식의 확대, 그리고 브랜드 혹은 점포에 대한 소비자 충성도의 증대 등의 효과를 거둘 수 있다.

이러한 ECR의 효과는 전체적인 측면에서 평가해야 한다. 예를 들어, 재고가 가지는 의미는 반드시 모든 이에게 같은 의미를 지닌다고는 할 수 없다. 전체적인 효율성이라는 측면에서 본다면, 대소비자 전략에 따라 반드시 재고를 두어야

표 1-7 ECR의 활용분야와 방법

ECR의 효과와 활용분야	
활용분야	방법
매장의 상품구색 최적화	판매 및 평당 마진의 증대, 상품회전율의 증대
제품보충 최적화	창고 및 점포주문의 자동화, 재고의 감소(무재고), 분산창고에 의한 물류 파손율의 감소, 재고감소
판촉활동 최적화	제조·재고·수송의 최적화, 반송(회차)·공급자 재고·과다 저장의 감소
신제품 평가 최적화	신제품 출시 실패율 감소, 제품 평가의 신뢰성 증대

하는 경우도 있다. 이러한 직접적인 이익뿐만 아니라, 많은 간접적인 이익들이 공급자, 소매업자, 소비자들에게 돌아간다.

이를 정량화하기는 힘들지만 ECR에 참여하는 거래당사자들에게는 매우 중요하다. 왜냐하면 이러한 이점들이 ECR 참여업체와 그렇지 않은 업체들 간 경쟁에 있어 중요한 요소로서 작용하기 때문이다.

05 물류의 표준화·공동화·국제화

SMART Physical Distribution

제1절 물류의 표준화

1 물류표준화의 의의

물류표준화란 "물류 관련 포장의 규격·구조, 물류기기 및 장비의 규격·구조 등을 통일하고 단순화하는 것"으로 정의할 수 있다. 물류표준화는 물류의 일관성과 경제성을 확보하여 과다한 물류비를 줄이고, 보관 및 하역의 기계화, 자동화, 수배송의 합리화 등을 통하여 물류활동의 효율성을 제고시킨다는 점에서 의의가 있다.

특히 물류표준화를 통해 유닛로드 시스템을 도입할 수 있다. 유닛로드 시스템을 구축하는 물류시설이나 장비들을 표준화하여 유닛로드 물동량을 처리하는 정합성을 갖추고 이들을 연결할 수 있는 표준화된 물류정보시스템을 구축하는 것이 물류비 절감을 위한 최우선 과제가 될 것이다.

2 물류표준화의 필요성

1) 국가 경제적 측면

우리나라는 GDP의 16.5%인 국가물류비를 물류 선진국과 같은 10% 수준으로 절감한다는 목표를 수립하고 있어 물류표준화를 통한 물류비용을 절감하여 국제경쟁력을 제고하는 것이 시급하다.

우리나라는 유가 및 인건비의 상승, 교통체증의 심화 등에 따라 물류시설 및 장비의 이용효율 향상을 위해 기계화·자동화·공동화가 필수적이며 이를 위해 물류시설 및 장비 간 호환성을 확보하는 국가차원의 물류표준화의 추진이 필요하다.

2) 개별 기업적 측면

90년대 이전에는 소비자가 다소 불편해도 질보다 가격이 싸고 양이 많은 것을 선호함에 따라 각 기업들은 비교적 적은 품목을 다량으로 생산공급하고, 경제규모도 크지 않아 물류관리에 커다란 애로사항이 없었으나, 90년대 이후 소비자의 소득수준이 향상됨에 따라 삶의 질이 높아져 좋은 것을 선호하고 욕구가 다양해지면서 각 기업에도 다품종, 소량, 다빈도 납품시대가 도래하였다.

이에 따라 물류수요가 증대된 반면 사회간접자본의 부족으로, 수·배송 차량의 회전율 둔화, 공차 발생, 적재효율 저하, 상하차 대기시간과다, 창고보관시설 및 작업 환경열악, 물류시설의 자동화, 성력화 부진 등으로 물류 코스트 상승이 문제되고 있다. 그동안 각 개별 기업을 중심으로 물류비 절감에 많은 노력을 해온 것은 사실이나 물류주변 환경 특히, 유통환경의 급속한 변화에 따라 공동보관, 공동 수·배송, 일관파렛트시스템 등 각 개별 기업이 아닌 관련된 기업 전체의 공동물류시스템을 구축해야 할 필요성이 증대되고 있다. 또한, 물동량의 크기, 중량, 형상이 서로 다르고 다양하며 시간적으로나 공간적으로 이동하거나 변화가 많으므로 물류효율을 높여 물류 코스트 상승을 억제하기 위해 물류표준화가 필요하며 이런 표준화는 개별기업차원이 아닌 관련기업전체의 공동차원, 더 나아가 국가단위 차원의 표준화가 추진되어야 한다.

3 물류표준화의 효과

물류표준화는 물류 관련 포장의 규격·구조, 물류기기 및 장비의 규격·구조 등을 통일하고 단순화함으로써 다음과 같은 효과를 얻을 수 있다.

첫째, 재료의 경량화, 적재효율의 향상, 작업의 기계화·자동화·표준화를 통해 물류 코스트를 절감할 수 있다. 또한, 자원 및 에너지 절약을 통해 물류채산성을 향상시킬 수 있다.

둘째, 물류장비 및 시설의 호환성 증대, 물류 전문업체 및 공동 유통시설의 정보화 진전 등에 따른 물류공동화의 실현이 가능하다.

셋째, 각종 공정의 단순화에 따른 인건비 절감, 제품파손의 감소 및 보관효율 증가 등으로 인한 물류 생산성을 향상시킬 수 있다

넷째, 포장, 운송, 배송, 보관 등의 물류분야에서 표준화를 추구함으로써 물류 코스트 절감은 물론 고객서비스 수준을 향상시킬 수 있다.

다섯째, 부족한 사회간접자본을 개별 기업들이 공동으로 활용함으로써 국가 차원의 물류비 수준을 절감하고 더 나아가 국제 경쟁력 강화를 도모할 수 있다.

4 물류표준화의 분야

1) 소프트웨어 부문

물동량의 거래단위 표준화이다. 거래방식의 표준화로서 전표, 코드 등의 표준화가 필요하고, 거래단위의 표준화를 위하여 포장단위, 치수의 표준화가 필요하다. 그러나 물품의 크기에 따라 포장규격을 결정하는 한 물류표준화의 발전은 어렵다.

2) 하드웨어 부문

물류분야에서 사용하는 시설이나 장비의 연계비용을 위한 규격의 통일성 확보가 시급한 과제이다. 물류기능들인 하역, 보관, 운송 과정의 파렛트와 지게차, 파렛트타이저 등의 하역장비 그리고 보관시설인 자동창고의 랙 규격, 전상높이, 기둥간격 등의 정합화를 추진할 필요가 있다. 또한 운송장비로서는 화물트럭의 적재함과 컨테이너의 적재함, 철도화차 적재함의 규격통일이 반드시 필요하다.

5 물류표준화의 대상

운송, 보관, 포장, 하역, 기반시설 등과 같이 모든 물류영역이 물류표준화의

표 1-8 물류표준화의 주요대상

구분	영역	표준화대상
운송	트럭, 철도화차, 선박, 항공기	트럭적재함, 화차, 파렛트
보관	창고, 물류센터	보관 랙, 하역시설
포장	운송용 외포장	포장단위 및 치수
하역	하역기기	파렛트, 컨테이너, 화차, 지게차, 컨베이어, 파렛트타이저, 무인반송차 등
물류 인프라	도로, 철도, 항만, 화물터미널, 기차화물역	하역시설 및 장비

자료원 : 추창엽·홍영준, 「물류의 이해」 (두남, 2005), p. 253.

대상이 되고 있다. 구체적으로 운송 물류에서는 트럭, 철도화차, 선박, 항공기 등과 같은 운송수단의 표준화, 보관 물류에서는 창고, 물류센터 등과 같은 보관시설의 표준화, 포장 물류에서는 포장재료 및 포장기기의 표준화, 하역 물류에서는 하역기기의 표준화, 마지막으로 물류 인프라 분야에서는 표준화가 운송링크를 중심으로 이루어지고 있다. 이러한 물류표준화의 주요대상을 정리하면 <표 1-8>과 같다.

6 물류표준화의 운영형태

(1) 파렛트 표준화

우리나라의 표준 파렛트는 KS규격의 운송용 표준파렛트(KS A2155)인 1,100mm×1,100mm(T11형)와 1,100mm×800mm(T8형)의 두 종류가 있고 그 중에서 1995년에 제정된 유닛로드 시스템 통칙에서는 T11형 표준 파렛트로 지정하고 있으나 아직도 수많은 종류의 파렛트가 사용되고 있어서 엄청난 물류비의 추가적인 손실을 발생시키고 있는 실정이다. 따라서 업종 및 업태는 물론 개별기업차원에의 파렛트의 표준화가 절실히 요구된다.

(2) 컨테이너의 표준화

물류표준화는 우리나라 산업 전부분에 물류 시스템을 구축하게 하고 물류비 절감과 물류 효율화를 통한 국가 경쟁력을 강화시키는 데 큰 역할을 담당하고 있다. 특히 우리나라 총 운송량의 80%를 점하고 있는 자가용 도로화물의 컨테이너화를 통한 철도운송으로의 전환과 날로 증가하는 수출입화물의 컨테이너화를 통한 일관수송체계의 구축은 시급한 과제 중에 하나이다. 이 과제를 효율적으로 달성하기 위한 하나의 방편으로 고려해야 할 부문이 컨테이너의 표준화이다. 세계 컨테이너의 규격은 전반적으로 대형화하는 추세이다. 하지만 효율적 물류관리 시스템 구축을 위해서는 세계표준기구(ISO)에서 제정한 높이 8피트 6인치 규격으로 맞추어야 할 필요가 있다.

(3) 물류시설 및 장비의 표준화

물류표준화를 추진하기 위한 방안으로서 물류와 관련된 시설과 장비들을 유닛로드 시스템에 적합하도록 표준화할 필요성이 있다. 즉, 표준파렛트의 규격인 1,100mm×1,100mm를 기본치수로 설정하고, 이의 배수나 분할치수의 조합인 물류모듈의 치수들이 활용되도록 물류시설이나 장비의 규격을 정합화하여야 한다.

(4) 포장의 표준화

포장의 표준화는 포장재료, 포장기법, 포장치수 및 포장강도의 네 가지 요소의 표준화를 의미한다. 이러한 포장의 표준화는 하역능력의 향상을 통한 유통비의 절감, 업계로 하여금 발주·가공의 신속화를 가능하게 하여 생산원가 절감, 종합 유통원가를 절감하는 동시에 상품의 품위 향상을 도모할 수 있다.

(5) 물류거점의 표준화

물류의 표준화에 있어서 효율화가 가장 중요한 문제가 되는 것은 물류상의 여러 과정들이 연결되기 때문이다. 즉 물류 시스템은 물류경로와 물류거점이 연계되어 성립되는 것이다. 여기서 물류경로는 주요 운송모드인 도로·철도·선박·항공운송 등을 의미하고 물류거점은 물류경로와 물류경로가 연결되는 물류기능으로서 화물역·항만·공항·트럭터미널·물류센터·배송센터 등의 물류연결점(node)을 의미한다.

최소의 비용으로 최고의 화물회전을 수행하기 위해서는 취급하는 화물을 가능한 한 단위화된 상태로 취급할 수 있는 환경을 조성하는 것이 대단히 중요하다. 이러한 물류거점에서의 효율적 작업을 위해서는 물류거점의 표준화가 최우선 과제이다.

(6) 물류정보의 표준화

물류표준화를 구축하기 위해서는 소프트웨어 부문에서 물류정보 분야의 표준화가 시급하다.

최근에는 통신기술과 컴퓨터기술의 눈부신 발전으로 물류정보 분야의 기술도 상당히 발전되어 전체적인 물류발전에 크게 이바지하고 있다.

물류정보의 표준화에 의하여 물류거래상에서 상호 자료의 교환, 자동화에 의한 사무처리의 효율화, 원재료의 조달 및 생산판매에 이르기까지 물류업무의 일관화를 통한 JIT 물류 등 고도의 서비스 실현, 기업 및 국제 간 정보 연계의 용이화에 따른 사업의 확대, 중복 정보시스템에 대한 투자절약 등의 효과가 기대된다.

제2절 물류의 공동화

1 물류공동화의 의의

물류비를 절감하기 위한 물류합리화 방안에는 국가에서 국책사업으로 수행해야 할 사회간접자본의 투자확대를 통한 시설의 확충과 기업들이 스스로 수행해야 할 새로운 물류관리기법의 도입 및 각종 물류시설의 건설과 확보 방안을 들 수 있다. 이중에서 기업이 주체가 되어 최소의 비용으로 물류비를 절감할 수 있는 물류관리기법에는 물류공동화의 도입이 있다. 개별기업이 할 수 없는 물류사업은 각 기업이 공동화 조직을 편성하여 공동화 노력에 의하여 기업이익을 모색해야 할 것이다.

물류공동화는 물류 시스템의 일환으로서 동일지역과 동일업종을 중심으로 하는 것이 원칙으로, 수배송의 효율을 높이고 비용을 절감하기 위해 2인 이상 공동으로 수행하는 물류활동을 말한다. 물류공동화 정책의 수단으로는 공동 수배송의 도입, 물류자회사와 공동물류회사의 설립, 공동 집배송단지의 건립(물류센터와 물류단지), 제품공동화 등을 들 수 있다.

2 물류공동화의 필요성

물류합리화의 방안으로 거시적 측면에서는 사회간접시설의 확충이 있으며 미시적 측면에서는 기업들이 스스로 수행하여야 할 물류관리기법과 각종 물류관련 시설의 도입과 확보 방안을 들 수 있다. 사회간접시설의 경우 개별기업 차원에서 수행하기에 한계가 있어, 기업들이 스스로 행할 수 있는 물류관리기법으로 물류공동화의 도입과 활용을 들 수 있다. 물류공동화는 단독기업으로는 한계가 있는 처리물량을 증대시키기 때문에 대량화를 유도하기 위한 유효한 시책이며 처리량의 기복은 참여업체에 의해 평균화로 인한 효율화를 도모할 수 있다. 물류활동을 위한 경영자원은 '노동력, 토지, energy' 3가지로 대별될 수 있다. 이 3가지 자원 중 하나라도 조달이 어렵거나 불가능할 경우 물류활동이 위기에 빠질 수 있다. 물류를 지탱하고 있는 이들 자원이 언제까지나 지금처럼 손쉽게 조달할 수 없다는 것을 인식하는 것이야말로 물류공동화를 활성화시키는 중요한 요소가 될 것이다.

3 물류공동화의 효과

공동물류의 구축을 통한 구조조정전략은 업종에 관계없이 또는 적대적 기업까지 포함하여 "영업은 경쟁하되 물류는 공동으로"의 캠페인과 같이 공동 수·배송, 공동하역 등을 통하여 이룩할 수 있다. 이러한 물류공동화는 물류비의 절감, 물류서비스의 안정공급, 물류서비스 수준의 유지, 향상을 가져올 수 있다. 구체적으로 물류공동화는 물류비 절감에 기여할 뿐만 아니라 화물자동차 적재율 향상, 공차율 감소와 불필요한 차량보유로 인한 수송비용의 과다발생방지를 통해 물류생산성이 향상된다. 또한 배달 소요기간, 차량수행거리, 근무인원 감소, 출하작업의 시스템화 기능, 하역작업, 검품 등의 간소화, 차량 및 설비의 유지,

검품사고 등의 처리 불필요, 설비투자 감소 등에 있어 큰 효과가 있다.

이외에도 운전기사의 직접고용 불필요, 요금체계의 명확화 및 요금계산 간편, 중복교차 배송배제로 교통난 완화에 기여, 복잡한 도심을 매일 운행하는 데서 오는 시간과 손실과 위험부담의 완화, 사무처리의 합리화, 환경에 대한 악영향 감소 등에서 오는 유형, 무형의 효과를 기대할 수 있다.

4 물류공동화의 대상

물류공동화 대상을 기능별 형태에 따라 분류하면 수·배송공동화, 물류센터공동화, 물류정보공동화 등으로 구분할 수 있다.

1) 수·배송공동화

수·배송공동화는 각각의 하주가 개별적으로 수·배송하는 방식에서 벗어나, 하주 또는 트럭업자가 공동으로 통합 적재 운송하는 방식이다. 수·배송공동화를 통해 한정된 물류자원을 최대한 활용함으로써 비용을 절감하고, 고객 서비스 수준을 향상시키고, 대기오염, 소음, 교통체증 등의 환경문제를 최소화할 수 있다.

최근 고객의 욕구가 다양화되고, 재고압축의 부담이 가중됨에 따라 소량·다빈도 수·배송 요구가 증가하고 있다. 그러나 이러한 경향은 납품업자 측의 물류비 증가를 가져와 이에 대한 대책마련이 주요한 과제가 되고 있으며, 더욱이 최근에는 3D산업이라는 사회적인 인식 때문에 물류 인력을 채용하는 것 자체가 어려운 실정이다. 이와 같은 물류서비스 요구의 고도화와 노동력 확보문제를 동시에 극복할 수 있는 접근방법 가운데 하나가 공동 수·배송 시스템이다.

2) 물류센터공동화

창고 및 물류센터 등과 같은 보관시설을 공동으로 활용하는 형태이다. 현재 우리나라에서는 물류공동화시설과 관련하여 유통단지개발촉진법상의 "유통단지", 유통산업발전법상의 "공동집배송단지", 화물유통촉진법상의 "화물터미널"이 각각

표 1-9 물류공동화시설의 개념 비교

	개념	근거법률
유통단지	• 상품의 수송, 보관, 포장, 하역, 가공, 도소매, 정보처리 등을 위한 유통시설과 지원시설을 집단적으로 설치하고 육성하기 위해 개발된 일단의 단지 • 상품이 공급자로부터 수요자에게 전달되기 위해 경유하는 모든 물류시설을 갖춘 가장 포괄적인 개념	유통단지개발촉진법
공동집배송단지	• 도시의 소매점에 상품을 공급하기 위해 유통업자 또는 제조업자가 상품을 생산지로부터 집하하여 보관, 가공, 포장, 배송하고 관련 유통정보를 종합, 분석, 처리하는 유통업무설비 단지	유통산업발전법
복합화물터미널	• 화물의 보관, 집하, 하역, 분류, 외부포장 등에 필요한 시설을 갖춘 창고로 두 종류 이상의 운송수단 간 연계수송이 가능한 규모 및 시설을 갖춘 화물터미널 • 수송기능 중심의 물류시설로 화물취급장, 철송취급장, 주차장, 배송센터시설을 보유	화물유통촉진법

자료원 : 전준수, 「종합물류의 이해」, 박영사, 2004, p. 106.

따로 규정되어 있어 개념상의 중복과 법령 간의 연계성이 부족한 실정이다. 관련시설 간의 개념을 정리하면 <표 1-9>와 같다.

3) 물류정보공동화

화물을 생산자로부터 소비자까지 이동시키는 것과 관련된 물류활동은 운송, 보관, 하역, 포장, 유통가공 등과 같은 제반물류활동을 통해 이루어진다. 이러한 물류활동을 수행하는 과정에서 필수불가결하게 발생하는 화물정보를 신속·정확하게 처리하는 것은 기업의 판매성과를 결정짓는 매우 중요한 요인이다. 그러나 물류정보를 처리하는 데에는 상당한 시간과 비용이 소요되며 시스템 구축비용도 비싼 편이다. 이러한 맥락에서 물류정보를 생산자, 유통업자, 판매자 등이 공동으로 처리하거나 전달하는 물류정보의 공동화가 요구된다. 대표적인 물류정보의 공동화 시스템으로는 ERP시스템의 상호연결을 통한 ERP시스템을 들 수 있다. ERP시스템은 통합적인 컴퓨터 데이터베이스를 구축해 회사의 자금, 회계, 구매, 생산, 판매 등 모든 업무의 흐름을 효율적으로 자동 조절해 주는 전산시스템을 의미한다. 이러한 ERP시스템을 외부 기업과 연계함으로써 화물정보의 공동처리 및 전달이 가능하다.

5 물류공동화의 유형

(1) 경쟁회사 간 공동화

자동차, 대형 가전사 및 기계류 등 대형 제조회사들이 상호 공동화 시스템을 구축하여 공장과 물류센터 간에 물동량을 공동으로 수·배송하는 형태이다.

(2) 수직적 공동화

제조회사-판매회사-도매점과의 물류공동화를 형성한 형태로서 제조회사가 계획적으로 광역물류센터를 구축하고 여기에 생산된 상품을 구비하고 도매점은 재고 없이 판매회사와 도매점의 배송상품을 공동으로 배송하는 형태이다.

(3) 대형 소매업체에 의한 계열적 공동화

대형 소매체인이 물류센터를 건립하여 도매점과 제조회사에서 납품물류를 통합하여 납품자와 수령자의 상호 이익을 도모하는 공동화 형태이다. 한편으로는 제조회사가 원재료나 부품을 공급하는 공급자나 협력업체에 대해 공동 납품센터를 운영하거나 특정 운송업자에게 모아서 공동 배송하는 형태도 존재한다.

(4) 수평적 계열화

다수의 동종 제조회사가 거래 도매점과 공동으로 정보와 물류를 공동화하는 것으로 업계 간 공동화가 대표적이다. 또한 도매 상업단지에 있는 도매점들이 창고운영, 재고관리, 수·배송 및 정보망을 공동화하는 형태도 있다.

(5) 화주와 물류전문업자의 파트너십에 의한 공동화

물류전문업자가 특정 화주에 전속하여 하청 기업화하거나 파트너십으로 협력

관계를 형성하는 형태로서, 납품대행서비스, 계약창고서비스(contract warehouse service) 등을 들 수 있다.

(6) 물류기업의 동업자 공동화

노선화물이나 택배의 수송제휴 형태로서 우리나라나 일본에서는 보기 힘들지만 구미의 경우에는 ferry이용, 피드백(feedback)에 의한 무운전자운송, 철도 및 내항컨테이너에 의한 복합운송 등이 있다.

(7) 지역적 집약화와 광역화

개별기업이 물류센터를 독자적으로 건립하는 것보다 지역적인 수요에 적합한 개발계획을 수립하여 물류거점을 집약하여 입주시키도록 하며, 집중적이고 효율적인 환경대책을 수립하여 집약거점과 도로사정이 일체화되도록 고속도로 인근의 인터체인지와 연결되어 운영되는 형태이다.

(8) 물류와 판매의 제휴공동화

물류공동화는 영업전략과 제휴를 통해 물류와 영업이 일체화되는 방향으로 공동화가 진행되어야 한다. 종래의 공동화는 주로 동업자 조합이 주류를 이루었으나 이종업체와도 제휴하여 공동화를 시도하는 공격적인 공동화 계획이 실시되어야 한다. 공동화는 단순한 물류비 절감만으로는 경쟁력을 강화하기는 어렵다. 따라서 참가기업이 장점을 도출하여 경쟁력 강화 위주의 공동배송과 수송경로의 단축에 의한 유통재편으로 수·발주와 영업의 공동화까지 진전되어야 목적달성이 가능하다.

(9) 국제복합운송의 공동화

다국적 기업과 무국적 기업이 글로벌 경영을 시도하고 있는 현대에는 물류도 국제로지스틱화로 이행되어야 한다. 많은 기업이 해외로 진출하면서 현지에 공장을 설치하고 아웃소싱이 일반화되고 있는 현실을 감안하여 국제적으로 이동하는 물동량을 처리할 수 있는 국제 로지스틱스의 입지와 운영이 필요하게 된 것이다. 이러한 맥락에서 다국적 기업의 물류수요를 충족시키기 위한 국제복합운송의 공동화가 추진되고 있다.

제3절 물류의 국제화

1 물류국제화의 의의

국제물류(international physical distribution)는 생산과 소비가 2개국 이상에 걸쳐 이루어지는 경우 그 생산과 소비의 시간적, 공간적 차이를 극복하기 위한 유형, 무형의 재화에 대한 물리적인 국제활동이라 할 수 있다.

이러한 국제물류는 국내물류보다 확대된 영역으로 원료조달, 생산가공, 제조 판매활동 등이 생산지와 소비자가 동일국내가 아닌 국경을 초월하여 이루어지고 물품의 이동과 관련하여 수출입 수속 및 통관절차, 운송방법의 다양화로 인하여 물류관리가 국내물류보다 훨씬 복잡하며, 운송영역이 넓고 대량화물을 운송해야 하기 때문에 환경적 제약을 많이 받게 된다.

국제물류의 개념에 대해서 미국의 물류관리협의회(NCPDM)에서는 완성된 제품을 생산원료에서 시작하여 소비자에게 가장 효율적으로 이전시키기 위하여 직간접으로 관련되는 제 활동으로 정의하고 있다.

국제물류의 합리화를 위해서는 운송, 재고, 포장, 하역, 정보 등 다양한 물류 기능들을 적절히 통합하여 각 기능들의 상호작용이 효율적으로 이루어질 수 있는 최적 물류시스템의 구축이 필요하다. 국제물류는 물자의 시간적, 공간적인 효용의 창조가 중요하므로 각 기능들 중에서 특히 운송 부문이 차지하는 비중이 크다.

따라서 각종 운송 수단의 효율적인 연결과 각 운송 수단의 효율적인 항만, 공항, 내륙 터미널에서 시간과 비용을 줄일 수 있도록 운송 효율의 제고가 도모되어야 한다. 이러한 점에서 항구에서 항구까지(port to port)의 해상운송과 항공운송의 합리화에서 나아가 문전에서 문전(door to door)까지의 복합 일괄운송이 국제물류의 주도적 역할을 수행하고 있다.

2 물류국제화의 배경

1) 기업경영활동의 세계화

WTO체제의 출범과 무한경쟁시대 돌입, 세계시장의 글로벌화 진전, 생산부문 합리화·제품차별화의 한계, 다품종 소량생산시대의 도래 및 전자무역의 활성화, 수요의 고급화, 다양화, 개성화의 충족을 위한 고객선호도에 따른 다품종 소량생산과 적기공급의 중요성이 증대됨으로써 기업경영활동의 세계화 활동이 진전되었다.

2) 기술적 환경의 발달

적기공급 시스템(JIT), 공급사슬관리 시스템(SCM), 효율적 소비적응(ECR), 신속대응(QR) 등의 통합적 운영 관리체제를 구축함으로써, 생산자와 소비자 사이의 시간적 공간적 거리가 축소됨에 따라 국제 물류의 발전이 촉진되었다. 이에 따라 기업들은 국제물류체계의 고도화, 조달, 생산, 판매 활동의 전 세계화, 직접적인 통제보다 정보에 의한 통제 가능, 정보시스템과 선진화된 물류관리기법의 구축이 가능하게 되었다.

3) 국제 운송업의 변화

컨테이너 선사와 항공사 복합운송업체의 환경 급변, 운송수단의 대형화, 공항과 항만의 대형화·거점화, 하역장비의 현대화·대형화 추세, 정보시스템을 바탕으로 화물추적 정보의 제공, 물류업체 간의 전략적 제휴와 인수합병의 확산, 주요거점 공항·항만을 중심으로 Hub&Spoke 등과 같은 운송시장의 변화는 국제물류의 발전을 촉진하는 획기적인 정기를 마련하였다.

3 물류국제화의 단계

글로벌 기업의 글로벌한 경영 관점에서 시장규모와 생산비 격차를 이용하여 편재되어 있는 자원의 최적활용에 따른 국제분업화를 촉진하고, 제품의 시간적,

표 1-10 국제물류의 발전단계

구분	연대	특징	생산거점	물류체계
1단계 수출입 중심 물류체계	1970~ 1980년대 초	수출 중심의 일련의 물류활동을 관리하는 단계	자국	수출입체계
2단계 현지국 물류체계	1980년대 중반	국가별 현지자회사를 중심으로 물류, 생산활동을 수행하는 단계	현지국	현지국물류시스템이용(자체·현지물류)
3단계 Hub&Spoke 기반 물류체계	1980년대 후반 ~1990년대 중반	지역물류, 생산거점을 중심으로 지역경제권 전체를 담당하는 물류체계	지역거점	거점중심 물류체계(물류전문업자 이용)
4단계 SCM기반 글로벌 네트워크체계	1990년대 말~	SCM기반 글로벌 네트워크구축 : 조달, 생산, 물류, 판매 등 전 경영체계의 글로벌화 실현, 전문화된 물류관리 체계 수요증대 (3PL, 4PL)	글로벌 네크워크	아시아·미주경제권 및 EU경제의 글로벌 네트워크 물류체계

공간적 이동을 통해 가치창출을 극대화하기 위하여 국제 무역이 발전해 왔다. 이러한 무역의 발전 과정에 힘입어 국제 물류의 단계도 점진적으로 고도화되고 있다.

국제물류의 발전단계는 다양한 기준에 의해 구분할 수 있으나 물류관리의 범위와 통합 정도에 따라 구분하면 <표 1-10>과 같이 4단계로 분류할 수 있다.

4 물류국제화의 구조

국제물류에서의 기업 활동은 정보와 상품의 흐름으로 크게 나눠지는 데 일반적으로 <그림 1-11>과 같이 도식화할 수 있다.

이 그림은 국제물류의 흐름을 간략하게 도식화한 것이며 내륙수송을 거쳐 항만에서 출항하는 과정에서는 보세운송과 세관이 포함된다. 이러한 국제물류과정에서 관련된 기반들을 세분화하면 다음과 같다.

• 그림 1-11 국제물류의 구조와 경로

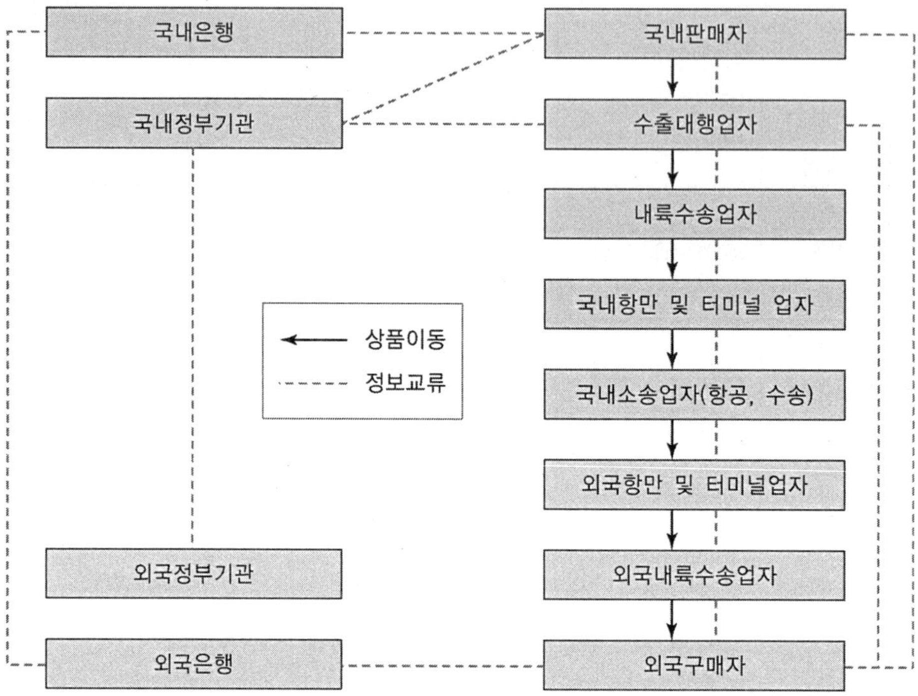

첫째, 수송수단 제공자로서는 자가용 또는 영업용 화물자동차 및 컨테이너 운영업자가 있으며, 둘째, 보세창고업자에는 자가 장치장, 국유부두 장치장, 컨테이너전용 장치장, 세관구내 창고 등이 있다. 셋째, 보세운송업자로는 일관보세운송업자와 특별간이 보세운송업자가 있으며, 넷째, 하역관련 업체로는 항만하역업, 통신중개업, 도선관련업자 등이 있다. 다섯째, 해상운송업자로는 해상화물운송사업자, 해상화물 운송주선업자, 해운중개업자, 해운대리점업, 선박대여업, 선박관리업자 등이 있으며, 여섯째, 이 밖에 관세사, 통관법인, 보세업, 검수업, 검향업, 감정업자 등이 수출입 화물유통에 관여하고 있다.

제2부

화물운송론

06 운송관리

SMART Physical Distribution

제1절 운송의 개요

1 운송의 의의

운송물류(transportation logistics)는 장소적 효용(space utility)을 창출하기 위해 인간과 물자를 한 장소에서 다른 장소까지 공간적으로 이동시키는 물리적 행위를 말한다.

이와 유사한 개념으로 운반, 배송, 운수 등의 용어가 사용되고 있는데, 운반활동은 창고 내부와 같이 한정된 장소에서의 화물 이동을 의미하며, 배송활동은 매매계약이 체결된 후에 구매자가 지정하는 지점까지 화물을 배달하는 활동을 말한다. 반면에, 운수활동은 법률적 및 행정적 의미에서의 운송활동을 의미하는 개념으로 사용되고 있다.

일반적으로, 운송물류활동을 구성하는 요소로는 운송모드(mode), 운송노드(node) 및 운송링크(link) 등을 들 수 있다.

운송모드는 운송방식(해상, 항공, 육상, 복합운송 등)을 의미하는 것이며, 운송노드는 운송활동을 수행하는 물류의 거점(항만, 공항, 화물터미널, 철도역 등)을 말한다. 또한, 운송링크는 운송활동이 실제로 이루어지는 운송경로(해로, 항공로, 도로, 철로 등)를 의미한다. 따라서 이와 같은 다양한 구성요소들의 유기적이고 합리적인 운영과 적합한 운송수단의 선택을 통해 운송물류활동의 효율성을 극대화할 수 있는 것이다.

2 운송의 형태

1) 운송수단에 따른 유형

(1) 자동차운송

화물자동차 및 트레일러에 운송하고자 하는 화물을 적재한 후 공로(road)를 이용하여 운송하는 형태이다. 이와 같은 자동차운송은 거의 모든 운송활동의 시발점이자 종결점의 역할을 담당함으로써 여타 운송수단의 효율성을 제고하고 문전서비스를 가능하도록 하는 기동성이 매우 높은 운송방식이다.

(2) 철도운송

철도화차에 화물을 적재한 후 철로(rail road)를 통해 화물을 운송하는 형태이다. 일반적으로, 철도운송은 운송경로가 탄력적이지 못하기 때문에 자동차운송에 비해 경쟁력이 떨어지는 것으로 알려져 있으나, 운송서비스의 안정성, 정확성 및 대량수송성 등을 앞세워 지속적인 성장을 거듭하고 있다.

(3) 항공운송

항공운송은 화물기에 화물을 적재하여 항공로(airway)를 통해 물품을 운송하는 형태이다. 일반적으로, 항공운송은 운임이 비싼 편이므로 그 운임을 부담할 수 있는 고가화물의 운송에 적합한 운송특성으로 인해 전체 물동량에서 차지하고 있는 비중은 그다지 높지 않은 실정이다. 그러나 최근 화물의 가치가 높아지고 신속을 요하는 물품이 급증하면서 항공운송에 대한 수요가 지속적으로 증가하고 있는 추세이다.

(4) 해상운송

해상운송은 선박에 화물을 적재하여 해로(seaway)를 통해 물품을 운송하는 형태이다. 특히, 운임이 매우 저렴하고 한 번에 대량으로 화물을 수송할 수 있기 때문에 대부분의 수출입 화물을 운송하고 있으며, 운송선박의 고속화 및 대형화와 다른 운송수단과의 연계운송을 통한 해운서비스의 질적 향상을 도모하고 있기 때문에 지속적인 발전이 기대되고 있는 운송방식이다.

(5) 복합운송

복합운송은 서로 다른 운송수단을 결합하여 화물을 생산자로부터 소비자에게 운송하는 형태를 말한다. 복합운송이 성립되기 위해서는 첫째, 서로 다른 형태의 운송수단을 이용한 연계운송, 둘째, 전 운송 구간에 걸친 복합운송인의 단일책임, 셋째, 전 운송 구간을 담보하는 복합운송증권의 발행 등을 요건으로 하고 있다. 이와 같은 복합운송은 각 운송수단이 가지고 있는 장점을 결합하여 운송서비스를 제공함으로써 고객서비스 수준의 향상과 물류비용 절감을 가능하게 하는 획기적인 운송시스템으로 발돋움하고 있다.

이와 같은 복합운송의 형태로는 철도운송과 자동차운송을 결합한 피기백 시스템(piggy-back system), 해상운송과 자동차운송을 결합한 방식인 피쉬백 시스템(fishy-back system), 자동차운송과 항공운송을 연계한 방식인 트럭에어 서비스(truck-air service), 철도운송과 해상운송을 결합한 형태인 레일워터 서비스(rail-water service), 해상운송과 항공운송을 연계하여 화물을 운송하는 씨에어 서비스(sea-air service) 및 해상운송, 철도운송, 해상운송을 순차적으로 결합한 형태인 랜드브리지 시스템(land bridge system) 등이 대표적으로 이용되고 있다.

2) 단위화 여부에 따른 유형

(1) 단위적재운송

일반적으로 교역화물은 크게 일반잡화물(general cargo)[1]과 무포장 산화물(bulky cargo)로 구분되는데, 단위적재운송이란 파렛트(pallet)나 컨테이너(container) 등과 같은 단위적재용기(unit load device)에 일반잡화물을 적재하여 운송하는 형태로 정형운송이라고도 한다. 특히, 파렛트에 의한 단위적재운송은 공장 내에서의 화물이동과 같은 근거리운송에 주로 사용되고 있으며, 컨테이너에 의한 단위적재운송은 수출입 화물을 생산자의 문전에서 소비자의 문전까지 일관운송하는 데 이용되고 있다. 이러한 단위적재운송은 운송, 보관, 포장, 하역활동의 효율화와 물류작업의 기계화를 통한 물류비 절감 효과가 매우 큰 것으로 알려져 있다.

1) 일반잡화물(general cargo)은 화물의 적재를 위한 특별한 주의나 특별한 취급방법이 필요 없는 화물로서, 다른 화물과 혼재하여도 손상되거나 파손이 거의 없는 정량화물(clean cargo)이 주종을 이루고 있다.

(2) 비정형운송

곡물, 철광석 등과 같이 포장이 곤란한 산화물을 포장하지 않고 운송하는 방식으로 벌크운송 또는 산화물운송으로 불리고 있으며, 주로 대량의 저가화물을 운송하고 있다.

3) 소유형태에 따른 유형

(1) 자가운송

자가운송은 자기의 화물을 자기가 보유한 운송수단으로 화주가 직접 운송하는 형태이다. 예컨대, 대량의 화물을 반복적으로 운송하는 정유회사, 가스회사 등이 유송선 또는 LNG·LPG 운반선을 보유하고 화물을 직접 운송[2]하는 경우가 이에 해당된다.

이와 같은 자가운송의 경우에는 화주가 운송하고자 하는 화물의 특성, 운송경로 및 운송범위에 적합한 운송수단을 보유함으로써 효율적으로 화물을 관리하고 운송할 수 있는 장점을 가지고 있다. 하지만, 운송수단의 직접 보유로 인한 제반비용의 지출문제와 화물의 수급량 변동에 탄력적으로 대응하기가 곤란한 단점을 지니고 있는 운송형태이다.

(2) 영업운송

영업운송은 운송수단을 보유한 운송업자가 불특정 다수의 화주를 대상으로 운송서비스를 제공하는 방식으로, 공중운송 또는 대중운송(public or common transportation)이라 불리는 운송형태이다. 이와 같은 영업운송을 이용하는 경우에 화주는 운송수단의 구입과 같은 특별한 비용의 지출 없이 고품질의 운송서비스를 이용할 수 있으며, 운송량의 증가에도 탄력적으로 대응할 수 있는 장점이 있다. 그러나 자가운송을 하는 경우에 비해 효율적인 화물관리와 적기배송이 곤란한 경우가 있을 수 있다.

---

2) 특히, 개인이 본인을 위해 운송업무를 수행하는 자를 사적 운송인(private carrier)이라 하고, 특정 기업이 생산 및 유통전략의 일환으로 스스로를 위해 운송업무를 수행하는 자를 산업운송인(industrial carrier)이라 부르고 있다.

4) 운송범위에 따른 유형

(1) 국내운송

국내운송은 특정 국가에서 한정적으로 이루어지는 화물의 이동을 말한다. 예컨대, 우리나라의 경우에는 자동차운송과 철도운송 등이 대표적인 국내운송 수단이라 할 수 있다. 하지만, 이러한 국내운송 수단은 갈수록 심각해지고 있는 교통체증과 철도운송의 한계성으로 인해 커다란 위기를 맞고 있다. 특히, 국내운송의 특성상 수출입 화물의 국제운송을 위한 보조운송 수단으로서의 역할을 수행하고 있기 때문에 수출기업의 물류비 부담을 가중시키는 매우 심각한 문제를 야기하고 있다. 따라서, 물동량이 집중되어 있는 경부축을 연결하는 도로망 및 철도망의 확충과 물동량의 효율적 분산을 통해 국내운송의 활로를 모색해야 하는 과제를 안고 있다.

(2) 국제운송

국제운송은 수출입 화물의 국가 간 이동을 말하는 것으로, 우리나라의 경우에는 해상운송과 항공운송이 국제운송을 담당하고 있다. 특히, 해상운송은 저렴한 비용으로 대량의 화물을 운송할 수 있는 특성을 가지고 있어 수출입 화물의 대부분이 해상운송을 통해 처리되고 있는 실정이다. 따라서 국제운송경로의 다각화가 절실히 요구되는데 최근 진행되고 있는 남북철도의 복원은 이러한 맥락에서 전략적인 대안이 될 수 있을 것이다.

제2절 운송모드의 특성

1 자동차운송의 특성

자동차운송은 소량 및 중량화물의 근거리 운송에 매우 적합한 운송형태이다. 특히, 송하인의 문전에서 수하인의 문전까지 운송할 수 있는 가장 대표적인 육

표 2-1 자동차운송의 장단점

장점	단점
• 운임의 탄력성 • 소량화물 운송에 적합 • door to door 서비스 가능 • 하역비 및 포장비 저렴	• 대량운송에 부적합 • 원거리 운송 시 운임과다 • 공해문제 유발 • 중량 및 용적의 제한

상운송 수단이며 매우 높은 기동성과 탄력성을 가지고 있는 운송모드이다.

그러나 자동차운송은 화물자동차와 도로의 특성상 적재할 수 있는 화물의 중량과 용적에 많은 제한을 받고 있으며, 운송거리가 길어질수록 운임이 급격히 증가하기 때문에 장거리 운송에는 부적합하다. 또한, 갈수록 심각해지고 있는 교통체증과 환경오염 등의 문제는 자동차운송의 경쟁력을 약화시키는 주된 원인이 되고 있다.

2 철도운송의 특성

철도운송은 대량 및 중량화물의 중·장거리 운송에 적합한 운송형태이다. 또한, 기후 및 일기변화에 거의 영향을 받지 않는 전천후 운송수단이며, 매우 높은 안정성과 운송시간의 정시성을 확보하고 있어 높은 경쟁력을 보유하고 있다.

반면에, 철도망의 부족과 화차의 적기배차 문제 등과 같은 운송 인프라의 취약성과 반드시 자동차운송과 해상운송 등과 같은 여타의 운송수단과의 연계가 필요하기 때문에, 환적비용을 포함한 추가비용을 부담해야 하는 문제를 안고

표 2-2 철도운송의 장단점

장점	단점
• 대량·중량물 운송에 적합 • 중·장거리 운송에 유리 • 매우 높은 안정성 • 전천후 운송수단 • 정시운송	• 근거리 운송 시 높은 운임 • 하역작업에 많은 시간 소요 • 적기배차 곤란 • 문전 서비스 곤란 • 환적작업이 필요

있다. 게다가, 철도운송은 문전서비스를 제공하기가 곤란하며 운송거리가 짧은 경우에는 부적합한 운송방식이다.

3 해상운송의 특성

해상운송은 대량 및 중량화물의 장거리 운송에 적합하고 운임이 매우 저렴하기 때문에 수출입 화물의 운송에 가장 많이 이용되고 있는 방식이다. 그러나 해상운송은 기후변화에 매우 민감하게 반응하고, 운송기간이 너무 길기 때문에 화물의 적기운송이나 안정성에 부정적인 영향을 미칠 수 있다. 또한, 해상운송을 이행하기 위해 항만까지 화물을 이동시키고 적재하는 데 많은 비용이 소요된다는 한계를 안고 있다.

•표 2-3 해상운송의 장단점

장점	단점
• 대량물의 장거리 운송 • 중량제한이 없음 • 저렴한 운송비용	• 운송시간이 과다 • 기후변화에 민감 • 항만비 및 하역비 과다

4 항공운송의 특성

항공운송은 소량 및 경량화물의 장거리 운송에 가장 적합한 운송수단으로서 높은 안정성과 운송의 신속성으로 인해 고품질의 운송서비스를 제공하고 있는

•표 2-4 항공운송의 장단점

장점	단점
• 신속성 • 경량화물 운송에 적합 • 포장비 및 보험료 저렴 • 높은 안정성	• 높은 운송비 • 기후변화에 매우 민감 • 중량 및 용적 제한 • 일관운송체제의 어려움

운송방식이다.

반면에, 기후에 상당한 영향을 받을 수 있으며 운송비 부담이 커서 운송할 수 있는 화물에 많은 제약을 받고 있다. 하지만, 최근 들어 고부가가치 화물의 증가와 초경량 화물의 등장, 고객서비스 수준의 향상, 긴급수요 물품의 급증, 물류의 다품종·소량화 현상의 진전 등으로 인해 항공운송의 수요가 지속적으로 증가하고 있다. 또한, 새로운 시장의 개척 및 기회의 활용 등과 같은 물류전략적 차원에서도 그 중요성이 증대되고 있는 운송방식이다.

07 운송모드

SMART Physical Distribution

제1절 자동차운송

1 자동차운송의 의의

자동차운송은 기동성과 신속한 배송은 물론 고객요구에 대응하여 문전운송을 실현할 수 있고, 운송단위가 소량이며 운송거리가 단거리인 화물에 적합한 운송수단이다.

이와 같은 자동차운송 업무는 노선화물 자동차운송사업과 구역화물 자동차운송사업 및 자동차운송 알선사업 등에 의해 수행되고 있다. 구체적으로, 노선화물 자동차운송사업은 일정한 노선에 위치해 있는 영업소를 통해 수집된 소화물을 수탁받아, 1대의 운행차량에 다수 화주의 화물을 혼적하여 정기적으로 운송하는 사업을 말하며, 구역화물 자동차운송사업은 일정한 지역 내에서 전세계약에 의해 화물운송을 담당하는 사업으로서, 용달업, 개별화물업, 전국화물업 등이 이에 해당한다. 마지막으로, 자동차운송 알선사업은 화물과 차량을 알선 및 중개하여 주고, 알선수수료를 획득하는 사업형태로서 이삿짐센터 등이 포함된다.

2 자동차운송의 유형

일반적으로, 자동차운송은 운송수단인 화물자동차를 화주가 직접 소유하여 운송하는 자사차량 운송과 운송업자가 보유한 화물트럭을 이용하는 타사차량 운송 또는 영업차량 운송의 형태로 구분된다.

1) 자사차량 운송방식

자사차량을 이용한 운송방식은 운송차량을 직접 소유하고 있기 때문에, 오지나 벽지까지의 배송이 가능하여 높은 사회성을 확보할 수 있고, 화물추적서비스의 가동이 가능하다. 또한, 화물의 파손이나 도난에 효과적으로 대응할 수 있을 뿐만 아니라, 귀로 시 공차률을 감소시켜 운송비용을 절감할 수 있는 장점을 갖고 있다.

한편, 자사차량 운송방식의 단점으로는 운송량의 급격한 변동에 신속하게 대응하기가 곤란하다는 점과 운송설비 및 인력의 확보에 과다한 고정자본(fixed cost) 투입이 필요하다는 점을 들 수 있다.

2) 타사차량 운송방식

타사차량을 이용한 운송방식은 화주가 직접 운송수단을 보유하지 않고도 고품질의 운송서비스를 활용할 수 있을 뿐만 아니라, 운송차량 및 인력확보를 위한 투자가 필요없으며, 돌발적인 수요증가에 탄력적인 대응이 가능한 운송방식이다.

반면에, 이 운송방식은 특정 화주에 적합한 일관운송시스템을 구축하는 것이 불가능하며, 운송업자의 일방적인 운임인상에 대처하기가 곤란하다. 또한, 자사차량을 이용하는 경우에 비해서 기동성이 저하될 수 있고, 화물의 파손이나 도난에 따른 책임소재가 불분명하다는 단점도 있다.

3 자동차운송의 운임형태

자동차운송의 운임체계는 그 사업형태에 따라 노선화물 운임과 구역화물 운임, 용달화물 운임 등으로 구분된다. 구체적으로, 노선화물 운임은 운송거리에 비례해서 운임이 체증되는 단순거리비례제를 채택하고 있으며, 구역화물 운임은 화물의 톤수에 거리를 곱한 거리별 운임제를 적용하고 있으나, 노선화물 운임과는 달리 원거리체감제를 도입하고 있다. 끝으로, 용달화물 운임은 화물 운임을 일정구간으로 분류하여 구간이 멀어질수록 운임이 증가되는 구간거리비례제를 채택하여 운임을 산정하고 있다. 하지만 이와 같은 자동차 운임의 형태를 불문하고, 운송화물의 중량과 거리를 기준으로 하여 산정하는 것이 일반적이며, 특수한 화물의 취급에는 할증료를 추가하여 산정하고 있다.

4 자동차운송업무

일반적으로, 자동차운송은 수출화물을 송하인의 공장에서 선적항까지 운송하거나 수입화물을 도착항에서 반출하여 수하인의 공장까지 운송하는 데 이용되고 있다. 특히, 수출입 컨테이너화물의 대부분은 이러한 자동차운송을 통해 생산자의 문전에서 소비자의 문전까지 일관하여 운송되는 시스템을 구축하고 있기 때문에, 더욱 중요한 역할을 담당하고 있다. 따라서 컨테이너 자동차운송은 대부분의 수출입화물을 처리하고 있는 해상운송을 전후방에서 지원하고, 해상운송이 안고 있는 문제점을 보완해 주는 매우 중요한 역할을 수행하고 있는 것이다. 다시 말하면, 컨테이너 자동차운송의 합리화는 운송물류 전체의 효율성을 제고시킬 수 있는 핵심인 것이다.

일반적으로, 컨테이너화물은 한 화주의 화물이 하나의 컨테이너를 완전히 채울 수 있는 FCL화물(Full Container Load cargo)과 한 화주의 화물로는 컨테이너를 완전히 채울 수 없는 소량의 화물인 LCL화물(Less than Container Load cargo)로 구분된다. 따라서 FCL화물은 생산자의 공장에서 소비자의 공장까지 직접 운송되고, LCL화물의 경우에는, 혼재작업을 통해 FCL화물로 변환하여 운송이 이루어지게 된다.

먼저, 수출 FCL컨테이너화물의 자동차운송을 위해서는 화주가 자동차운송업자에게 운송신청을 하고, 이러한 운송신청을 받은 자동차운송업자는 선박회사에 화물을 적입할 컨테이너를 신청한다.[1)]

자동차운송업자로부터 컨테이너 신청을 받은 선박회사는 기기수도지시서(EDO :

---

1) 우리나라의 경우에는 화주가 자동차운송업자를 자유롭게 선택할 수 없는 실정이다. 수출의 경우 화주가 선사에 빈 컨테이너를 요청하면 선사는 계약 자동차운송업체(부두 밖 CY업체)를 통해 선사소유의 컨테이너를 화주에게 제공하여 적입된 수출 컨테이너를 선박 출항시간 전까지 부두에 도착할 수 있도록 지정 부두 밖 CY에 운송하여 장치토록 하고 있다. 수입의 경우에도 선사계약 부두 밖 CY를 통해 화물을 인수하게 되므로 화주 임의로 자동차운송업자를 선택하기 어려운 독과점적 운송형태를 이루고 있다.[오세영·한창희, "터미널 화물 처리비 산출기준에 관한 연구", 로지스틱스 연구 제5권 제2호(한국 로지스틱스학회, 1997. 12), p. 89.]

Equipment Dispatch Order)를 자동차운송업자에게 교부하게 되는데, EDO를 교부받은 자동차운송업자는 컨테이너 터미널(container terminal)에 EDO를 제출하고, 기기수령증(equipment receipt)[2]을 수령한 후, CY에 제출하여 컨테이너를 수령한다.

컨테이너를 수령한 자동차운송업자는 컨테이너를 화주의 공장까지 운송하여 화물을 적입하고 봉인(seal)한 후, 컨테이너 내 적부표(CLP : Container Load Plan)[3]를 작성하고, 화물이 적입된 컨테이너를 운송하게 된다.

다음으로, 운송하고자 하는 화물의 수량이 한 컨테이너를 완전히 채울 수 없는 LCL 화물의 경우에는, 이러한 화물을 혼재하여 FCL 컨테이너 화물로 만들어서 운송하는 것이 일반적이다. 이 경우 화주가 직접 혼재장소까지 화물을 운송하거나, 자동차운송업자를 통해 혼재장소까지 운송할 수도 있다.

자동차운송업자를 통해 운송하는 경우에는 화주는 자동차운송업자에게 LCL 화물의 혼재작업이 이루어지는 컨테이너 프레이트 스테이션(container freight station)이나 내륙 컨테이너 데포(inland container depot)[4]까지의 운송을 신청한다.

운송의뢰를 받은 자동차운송업자는 일반트럭을 이용하여 화주의 공장에서 혼재장소까지 운송을 이행하게 되며, 혼재장소에서는 운송된 소량의 화물을 발송지 및 고객별로 혼재하여 FCL 컨테이너 화물로 변환하여 화물을 적입한 후, 컨테이너 내 적부표(CLP)를 작성하고 운송을 이행하게 된다.

2) Equipment Interchange Receipt(EIR)라고도 하며, 컨테이너, 샤시 등 기기류를 CY 또는 ICD에서 반출입 시 인계 및 인수를 증명하는 서류로 터미널 또는 ICD Operator에 의해 작성된다.

3) 컨테이너에 적입된 화물의 명세나 주의사항을 기재한 서류로서, 화주(포워더), 검수인, CFS Operator 등 화물을 적입한 자가 작성한다. 이것은 매 컨테이너마다 화물의 명세를 나타내 주는 유일한 서류이다. 특히, CLP는 세관에 대한 반출입신고서, CFS/CY 간 화물인수도 증거, 본선 내 법정 보고서류, 양륙지에서의 보세운송신고서 및 적출작업(devanning) 자료로 사용된다.

4) 내륙데포 즉, 내륙의 컨테이너 터미널은 내륙에서 소량화물(LCL cargo)을 모아 목적지별로 혼재작업을 하는 장소를 말한다.

제2절 철도운송

1 철도운송의 의의

철도운송은 최근 자동차운송이 심각한 교통체증으로 인해 어려움을 겪고 있는 틈새를 파고들어 자동차운송의 새로운 대안으로 부상하고 있는 육상운송의 형태이다. 특히, 철도망이 발달한 유럽에서는 철도화차를 이용한 화물운송이 일찍부터 발전하였다. 그 까닭은, 철도운송의 경우 자동차운송에 비해 안정성, 정확성, 대량수송성을 가지고 있기 때문이다.

그러나 이와 같은 철도운송의 효용에도 불구하고, 우리나라의 철도운송은 철도망의 절대적 부족과 지나치게 경부축에 집중되어 있는 운송수요로 인해 그 한계를 드러내고 있는 상황이다. 이러한 문제를 해결하기 위해서는 철도망 확충을 위한 과감한 투자증대와 수출입 물동량의 운송경로를 다양화할 필요가 있다. 이를 위해 우리나라에서는 경부고속철도의 건설과 남북철도망의 연결 등과 같은 대규모 사업을 추진하고 있다. 이와 같은 인프라 시설의 확충은 부산항을 경유한 해상운송에 의해 대부분의 수출입 화물이 운송되던 구조에서 탈피하여, 운송경로의 다양화와 분산화를 실현함으로써 철도운송의 발전은 물론이고 물류시스템의 효율화를 촉진할 것으로 기대된다.

2 철도운송의 형태

철도운송 방식에는 화차취급과 컨테이너취급, 혼재취급 등의 형태가 있다. 화차취급 방식은 화물의 수량이 많은 경우, 철도화차를 1대 단위로 용차하여 운송하는 형태를 말하며, 컨테이너취급 방식은 화물의 수량이 한 컨테이너를 채울 수 있는 경우(carload lot)[5], 컨테이너 단위로 용차하여 운송하는 방식이다. 끝으로, 혼재취급 방식은 컨테이너를 채울 수 없을 정도의 소량의 화물(Less than

5) 미국에서는 이를 "wagon load lot"이라고 한다.

Carload Lot)을 운송하기 위해 목적지별 또는 고객별로 화물을 혼재한 후, 컨테이너에 적입하여 운송하는 방식이다. 이와 같은 철도운송의 형태를 보다 구체적으로 살펴보면 다음과 같다.

(1) 대량화물 운송방식

① 화차취급

대량의 화물을 화차단위로 운송하는 형태로서, 주로 원유, 시멘트, 철광석 등과 같은 대량의 살적화물 운송에 이용되고 있는 형태이다.

② 컨테이너취급

컨테이너취급은 대량의 화물을 컨테이너 단위로 운송하는 형태로서, 대부분의 일반잡화물(general cargo)을 운송하고 있는 방식이다.

(2) 소량화물 운송방식

① 혼재취급

한 컨테이너를 완전히 채울 수 없는 화물의 경우, 이들 화물을 목적지나 고객별로 한데 모아서 한 컨테이너에 적입한 후, 컨테이너취급 방식과 같이 운송하는 방식이다.

② 화물취급

수량 및 용적이 매우 적은 화물을 운송하는 방식으로, 이에는 수화물취급과 소화물취급 방식이 있다.

3 철도운송의 운임형태

철도운송 운임은 철도화차를 이용하는 경우의 화차취급 운임과 컨테이너에 화물을 적입하여 운송하는 경우의 컨테이너취급 운임 및 화물을 혼재한 후, 컨테이너에 적입하여 운송하는 방식에 적용되는 혼재 운임 등이 사용되고 있다.

(1) 화차취급 운임

화차 단위로 화물을 운송할 경우의 화차취급 운임은 철도레일 운임(거리대별

톤당 운임×톤수)+통운요금(발송료, 도착료 등)+할증료(특대화물, 위험물, 귀중품 취급할증료)+부대요금(화차유치료, 인도증명료) 등으로 구성되어 있다.

(2) 컨테이너취급 운임

일반적으로, 컨테이너취급 운임은 화차취급 운임과 거의 동일하게 적용되고 있으나, 냉동 컨테이너와 같이 특수한 컨테이너를 이용하는 경우에는 이에 대한 할증료가 추가된다.

(3) 혼재 운임

혼재 운임은 소량의 화물을 혼재장소로 이동시켜 혼재작업을 수행하기 때문에, 혼재기지 간 고객 운임+집하료+할증료 등을 합한 요금으로 산정한다. 물론 혼재한 후의 컨테이너취급 운임도 화주가 부담한다.

4 철도운송업무

컨테이너 철도운송은 철도의 특성상 대량의 화물을 안전하고도 정확하게 중·장거리까지 운송할 수 있는 방식이다. 특히, 대륙철도를 이용하여 컨테이너를 운송하는 경우 해상운송을 경유하지 않고 목적지까지 화물을 운송할 수 있기 때문에, 해상운송의 고질적인 문제점을 극복할 수 있는 대체수단으로의 이용이 가능하고 자동차운송과의 긴밀한 연계운송을 통한 문전서비스를 제공할 수 있는 운송방식이다.

이와 같은 철도운송을 통해 화물을 운송하고자 하는 화주는 철도운송업자나 운송주선업자와 운송계약을 체결하게 된다.

운송신청을 접수한 운송업자는 철도회사를 통해 화차를 예약하고, 선박회사에는 빈 컨테이너를 신청한다.

운송회사는 신청한 컨테이너를 수령하여 예약한 전용화차에 적재하여 화주의 공상(인접철도역 및 복합화물 터미널)까지 이동한다.

도착된 빈 컨테이너에 화물을 적입하고 봉인한 후, 컨테이너 내 적부표를 작성하고 화물을 목적지까지 운송한다.

제3절 해상운송

1 해상운송의 의의

해상운송은 선박을 수단으로 하여 해상의 외항항로와 연안항로를 따라 사람과 화물을 운송하는 형태이다. 특히, 해상운송은 운임이 저렴하고 대량화물의 장거리 운송에 매우 적합한 운송수단이어서, 대부분의 수출입 화물을 운송하고 있는 가장 대표적인 운송방식이라 할 수 있다. 따라서 해상운송은 세계 무역의 진흥에 크게 기여하고 있으며, 국가적으로도 매우 중요한 산업으로 자리 잡고 있다. 이러한 해상운송의 중요성과 경제적 효용을 구체적으로 설명하면 다음과 같다.

1) 효율적인 자원배분 효과

해상운송은 대량의 화물을 매우 저렴한 운임수준으로 운송할 수 있기 때문에 원유, 가스, 철광석 등과 같은 화물의 운송에 매우 효과적이다. 만약 이러한 화물을 해상운송이 아닌 다른 방식으로 운송한다면 지나친 운임부담으로 인해 경제적 손실이 불가피할 뿐만 아니라, 효율적인 자원의 배분도 어려울 것이다.

2) 국민소득 증대 효과

해상운송은 현재 대부분의 물동량을 처리하고 있기 때문에 국민경제에 미치는 영향력이 매우 크다. 특히, 해상운송은 운송서비스 제공에 따른 운임수입뿐만 아니라, 항만사용료, 보관료, 하역료, 포장비, 선용품 공급비, 급유료 등과 같은 상당한 부대수입을 가져다주기 때문에 국민소득의 증대에 크게 기여하고 있다. 실제로, 자유무역항으로 유명한 홍콩과 대만 등과 같은 국가들은 해상운송의 육성을 통해 급성장을 거듭하고 있다.

3) 국제수지 개선 효과

해상운송은 해운서비스를 제공하고, 그 대가로 운임을 취득하는 사업이다. 따라서, 자국 화주가 외국의 선박회사를 이용하는 경우에는 외화가 유출되고, 자국의 선박회사가 외국 화주의 화물을 운송하는 경우에는 외화가 유입되기 때문에 해상운송은 국제수지(balance of payment)에 영향을 미치게 된다.

이와 같은 해상운송의 국제수지 개선 효과는 크게 소득 효과(earning effect)와 절약 효과(saving effect)로 구분된다. 소득 효과는 자국의 선박회사가 외국의 화물을 운송함으로써 획득하게 되는 외환소득에 의한 개선 효과를 나타내며, 절약 효과는 자국의 화주들이 자국의 선박회사를 이용함으로써, 외국 선박회사를 이용하는 경우 유출되어야 할 외화를 절약할 수 있게 되어 국제수지를 개선하는 효과를 말한다.

4) 산업연관 효과

해상운송은 조선업, 보험업, 선박수리업, 하역업, 포장업 등과 같은 다양한 산업분야와 유기적으로 연계되어 있기 때문에, 해상운송의 발전은 이러한 관련 산업의 발전에 커다란 영향을 미치게 된다. 따라서 해상운송의 중요성은 해상운송 자체의 기대 효과뿐만 아니라, 관련 산업의 고용창출, 소득증대 등과 같은 요인들도 고려하여 설명되어야만 한다.

2 해상운송의 형태

1) 정기선운송

정기선운송(liner)은 정해진 항로를 정해진 시간에 공표된 운임에 따라, 규칙적이고 반복적으로 화물을 운송하는 방식이다. 이러한 정기선운송은 불특정 다수의 화주와 개별적으로 독립된 계약을 체결하기 때문에 개품운송계약이라 불리고 있으며, 해상운송인은 운송계약의 증거로서 선하증권(bill of lading)을 발급한다.

일반적으로, 운송대상화물은 주로 공산품 등의 일반화물(general cargo) 또는 포장화물(packaged cargo)이다. 정기선운송의 운임은 해당 항로에 취항하고 있는 선박회사들의 모임인 해운동맹(shipping conference) 또는 협의협정(discussion agreement)에 의해 공표되기 때문에 부정기선 운임에 비해 높은 편이지만, 고품질의 운송서비스를 필요한 시기에 이용할 수 있기 때문에, 대부분의 화주들이 이용하고 있는 운송방식이다.

2) 부정기선운송

부정기선운송(tramper)은 필요에 따라 불규칙적으로 운항하는 운송방식이다. 이와 같은 부정기선운송은 일반적으로 화주가 선주로부터 선박을 용선하여 운송하기 때문에 용선운송이라 불리고 있으며, 선주와 화주 사이에는 용선계약서(charter party)가 작성된다. 운송대상 화물은 곡물, 철광석 등과 같이 포장 없이 운송되는 산화물이 주종을 이루고 있다.

3) 전용선운송

전용선운송은 원유, 자동차 등과 같은 특정 화물의 운송에 적합하도록 설계된 전용선(specialized ship)을 이용하여 화물을 운송하는 방식으로, 화물에 적합한 선박을 이용하기 때문에 화물의 품질유지와 파손방지에 매우 적합한 운송수단이다. 이러한 전용선운송은 화물의 종류가 많아지고 이질화되면서 이용이 크게 증대되고 있는 상황이다.

표 2-5 정기선운송과 부정기선운송의 특성

	정기선운송	부정기선운송
형태	불특정 화주의 화물운송	용선계약에 의한 화물운송
화물	일반잡화물(고가화물)	대량의 산화물(저가화물)
운송계약	선하증권(B/L)	용선계약서(C/P)
운임조건	Berth Term	FIO, FI, FO Term
운임결정	공표요율(tariff)	수요 공급에 의한 시장운임

3 해상운송의 운임형태

해상 운임은 해상운송 방식에 따라 정기선 운임과 부정기선 운임으로 나누어 진다. 일반적으로, 정기선 운임은 운송화물의 중량과 용적(고가화물의 경우에는 가격)을 기준으로 하여 항로와 지역에 따라 운임이 결정된다. 이러한 정기선 운임의 구조와 형태를 보다 구체적으로 설명하면 다음과 같다.

1) 정기선 운임

정기선 운임은 화물의 중량과 용적을 기준으로 산정한 기본 운임에 할증료와 부가료를 합산하여 산정하는 것이 보통이다.

먼저, 기본 운임(basic rate)은 운임률표에 표기된 품목별 운임을 말하며, 용적 또는 중량 단위로 표기된다. 그리고 기본 운임 이외에 운송 중의 상황변동에 따라 추가적으로 발생되는 비용을 할증료(surcharge)라 하는데, 할증료(surcharge)에는 유가할증료(BAF : Bunker Adjustment Factor)[6], 통화할증료(CAF : Currency Adjustment Factor)[7], 중량할증료(heavy lift surcharge), 용적 및 장척할증료(bulky or lengthy surcharge), 양륙항 선택할증료(optional charge), 체선할증료(congestion surcharge), 환적할증료(transhipment arbitrary), 외항추가료(outport arbitrary)[8] 등이 있다. 이러한 할증료 중에서 유가할증료와 통화할증료는 통상적인 할증료로서 기본요금에 가산되며, 나머지 할증료는 적하의 내용이나 선적시의 외부적 사정에 따라 가산되고 그러한 명세가 운송서류상의 운임란에 명기된다.

한편, 부가료에는 부두사용료(wharfage), 지체료(detention charge)[9], 체선료

---

6) 선박의 주원료인 벙커유의 가격변동에 따른 손실을 보전하기 위해 부과하는 할증료로서 기본 운임에 대하여 일정 비율 또는 일정액을 징수하고 있다.

7) 운임의 환율변동으로 인해 선박회사가 입을 수 있는 손해를 최소화하기 위해 부과되는 할증료로서 기본 운임에 대하여 일정비율 또는 일정액을 징수하고 있다.

8) 해운동맹에서는 동맹이 관할하는 항구를 물동량, 항만설비 등을 감안하여 main port(주요항구, base port)와 outport(비주요항구, minor port)로 구분하고 있는데, outport surcharge라 함은 outport에 본선이 직접 기항하여 선적 및 양하하는 경우에 그 화물에 부과되는 할증료이다. 이들 여러 항구는 물동량이 적어서 정기적인 기항이 이루어지지 않으며, 따라서 임시 기항에 따르는 항만경비 등을 보전하기 위하여 할증료가 필요한 것이다.

9) 화주가 컨테이너 또는 트레일러를 대여받았을 경우 규정된 시간(free time) 내에 반환을 못할 때에 벌과금으로 지급해야 하는 비용이며 free time은 해운동맹 또는 선사에 따라 상이하다.

(demurrage), 터미널 화물처리비(termanal handling charge)[10] 등이 있다.

이와 같은 정기선 운임은 여러 가지 요인에 의해 다양한 형태로 나누어 볼 수 있는데, 구체적인 내용을 살펴보면 다음과 같이 정리할 수 있다.

(1) 운임지급 시기에 따른 유형

정기선 운임은 운송서비스에 대한 대가를 언제 지급하느냐에 따라, 운임선불(prepaid) 방식과 운임후불(collect) 방식으로 나누어진다. 일반적으로, 정형거래조건(Incoterms 2000) 중의 하나인 CFR, CIF, CPT, CIP, DES, DEQ, DDU 등의 경우에는 운임이 선불로 지급되고, EXW, FOB, FCA, FAS 등의 경우에는 운임이 후불로 지급되고 있다.

(2) 운송의 완성도에 따른 유형

운송의 완성 여부에 관계없이 운임전액을 지불하는 전액 운임(full rate)과 운송 중단 시 운송의 완성비율에 따라 운임을 지불하는 비율 운임(pro rate)의 형태가 있다.

(3) 하역비 부담에 따른 유형

정기선 운임은 운송에 따른 화물의 하역비(선적비 및 양하비)를 선박회사와 화주 중에서 누가 부담하느냐에 따라 Berth Term, FIO Term, FI Term, FO Term 등으로 나누어진다. 구체적으로, Liner Term이라고도 불리는 Berth Term

표 2-6 하역비 부담에 따른 운임형태

	Berth Term	FIO Term	FI Term	FO Term
선적비	선주	화주	화주	선주
양하비	선주	화주	선주	화주

10) 화물이 off-dock CY(부두 밖 CY)에 입고된 순간부터 본선의 선측에서 CY Gate를 통과하기까지의 화물 이동에 따른 모든 비용을 말한다. 유럽운임동맹(FEFC)이 종래 해상 운임에 포함되어 있던 터미널 화물처리비를 1990년부터 분리하여 부과하기 시작하였으며, 현재 우리나라는 전 항로에서 이 터미널 화물처리비를 부과하고 있다.

은 선박회사가 선적비와 양하비 모두를 부담하는 형태이고, Free In/Out Term은 화주가 선적비와 양하비를 모두 부담하는 방식이다. 또한, Free In Term은 선박회사는 양하비를, 화주는 선적비만을 부담하는 방식이고, Free Out Term은 이와 반대로 선박회사가 선적비를 부담하고 양하비는 화주가 부담하는 형태이다.

2) 부정기선 운임

정기선 운임과는 달리, 부정기선 운임은 용선시장에서의 선박에 대한 공급량과 수요량에 의해 결정되는데, 선박에 대한 공급량은 운송에 이용될 수 있는 선복량에 의해 결정되고, 수요량은 운송하고자 하는 화물의 수량에 의해 결정된다. 이처럼 용선시장에서 결정되는 용선 운임은 어떠한 형태의 용선계약을 체결하는가에 따라 달라진다. 예를 들어, 항해용선계약의 경우에는 항해를 기준으로 한 항해용선 운임이 적용되고, 기간용선계약의 경우에는 용선일자나 기간을 기준으로 산정한 기간용선 운임이 적용된다. 특히, 항해용선계약의 경우에는 화물의 선적과 양륙을 위한 선박의 정박기간을 정하여 두는 것이 원칙인데, 용선계약서에 명시한 정박기간을 초과하는 경우에는 용선자가 선주에게 체선료를 지불하고, 정해진 정박기간보다 일찍 하역작업을 완료하고 선박이 출항한 경우에는 선주가 용선자에게 조출료를 지불하는 것이 보통이다.

그림 2-1 용선 운임의 구조

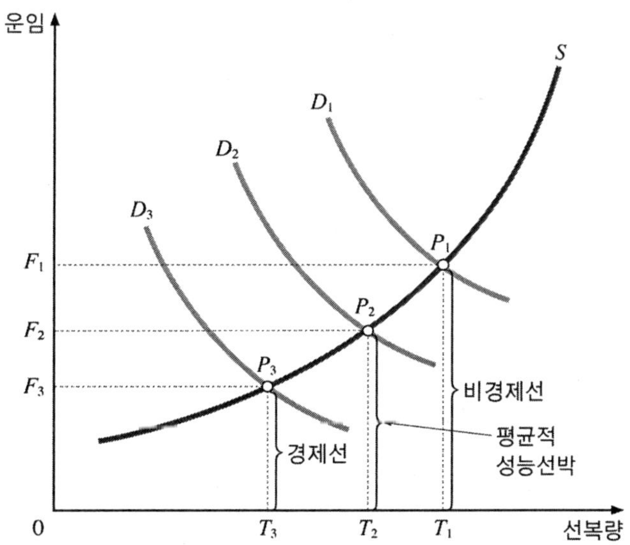

4 해상운송업무

화주의 해상운송업무를 재래선과 컨테이너선으로 나누어서 살펴보면 다음과 같다.

(1) 재래선운송

① 화물을 해상운송을 통해 운송하고자 하는 송하인은 우선 선박회사나 대리점에 선복신청서(S/R : Shipping Request)를 제출하고, 해상운송계약을 체결해야 한다.

② 해상운송계약이 체결되면, 선박회사는 예정 적하목록을 작성하여 송하인과 화물을 적재할 본선에 통지하여 운송업무를 이행하기 위한 준비작업을 하도록 조치를 취한다. 한편, 송하인은 운송할 화물에 대한 검사를 의뢰하고 세관에 수출신고서를 제출하여 수출허가서를 획득해야 하며, 해상적하보험에 부보하여 보험증권을 확보한 뒤에 선박회사의 선적지시를 받아 본선에 화물을 적재하게 된다. 정기선에 의한 개품운송일 때는 송하인이 화물적재 시 직접 입회하지 않고, 부두창고에서 화물을 선박회사에 인도하면 선박회사가 지정한 하역업자가 일괄 선적하는 것이 관례로 되어 있다. 하역업자는 선박회사로부터 본선의 선장 앞으로 당해화물의 선적을 지시한 선적지시서(S/O : Shipping Order), 선박회사의 화물인수목록(booking note) 등을 교부받아 이것을 본선의 승선세관원에게 제시하고 적재허가를 받아야 한다.

③ 선적이 완료되면 본선의 일등항해사(chief mate)는 본선수취증(M/R : Mate's Receipt)을 작성하여 선박회사에 넘겨주고, 선박회사는 이 본선수취증을 기초로 하여 선하증권(Bill of Lading)을 발급하여 송하인에게 교부한다.

④ 본선에 선적이 완료되면, 송하인은 수하인에게 지체 없이 선적통지(shipping advice)를 한다. 또한, 화물을 적재한 본선이 목적항에 도착하기 전에, 선박회사 또는 그 대리점은 B/L상의 수하인에게 화물도착통지(arrival notice)를 한다. 화물이 도착하면 수하인은 B/L 또는 L/G를 선박회사에 제출하고, 화물인도지시서(D/O : Delivery Order)를 교부받아 화물인도창고(또는 본선)에 이를 제출하고 화물을 인수한다.

(2) 컨테이너선운송

① 송하인(shipper)은 선박회사 또는 대리점에 선적예약(booking)을 한다.

② 선적예약을 받은 지점 또는 대리점은 송하인이 주는 데이터(data)를 근거로 하여 화물인수예약서(booking note)를 작성하여, on-line으로 본사 컴퓨터센터에 데이터를 입력한다.

③ 입력된 데이터는 컴퓨터에 집계되며, 화물인수목록(booking list)을 CY, CFS 등에 송부한다.

④ booking list 및 선사의 지시에 따라, CY operator는 송하인 및 CFS operator에게 필요한 빈 컨테이너를 대여해 준다. 컨테이너 대여 시에는 물론 CY operator(대여해 주는 측)와 송하인(대여받는 측) 간에 기기수령증(E/R)이 교환된다.

⑤ FCL화물의 송하인은 대여받은 빈 컨테이너에 화물을 적입(stuffing, vanning)하여 CY에 반입한다. 이때, 송하인은 컨테이너 적입화물을 표시하는 컨테이너 내 적부표(CLP)를 컨테이너별로 작성하고, 또 부두수취증(D/R : Dock Receipt)은 나중에 발행되는 선하증권별로 작성한다. 위의 서류에 세관에서 교부받은 수출허가서(E/P : Export Permit)[11]를 첨부하여, 컨테이너 적입화물과 함께 CY operator에게 제출한다.

한편, LCL화물의 송하인은 D/R과 E/P를 첨부하여 화물을 그대로 CFS에 반입하면, CFS operator가 이것을 다른 LCL화물과 함께 컨테이너에 적입, CLP를 작성하여 화물과 함께 CY operator에게 인도한다.

⑥ CY operator와 CFS operator는 FCL화물 또는 LCL화물을 인수받은 시점에 D/R에 서명하여 송하인에게 돌려준다.[12]

⑦ 본선이 입항하면, CY operator는 집하된 컨테이너에 갠트리 크레인을 사용하여 선적한다.

⑧ 선박회사 직원의 화물입고 작업완료 확인 후, 송하인이 관계서류(S/R,

11) E/P란 수출신고서(E/D : Export Declaration)에 세관의 허가인이 찍힌 것을 말한다. 관습적으로 E/P를 E/D라고 하는 곳도 많다.

12) D/R은 선박회사가 화주로부터 dock에서 화물을 수취하였다는 사실을 확인하는 서류로서, 재래선의 경우에 발행되는 M/R과 그 기능이 같다. 이 D/R은 이론적으로는 화물의 수취증으로 화주에게 돌려주어야 하지만, 실무에서는 CY/CFS operator가 해당 D/R을 CLP, ED 등의 다른 서류와 상호 체크하여 서명한 후, 서류의 흐름을 간략히 하기 위하여 직접 화주에게 돌려주지 않고 회수하여 선사에 송부하고 있다. 따라서 B/L 발행에 있어서 화주가 D/R을 제출하는 일은 없다.

그림 2-2 컨테이너 해상운송절차

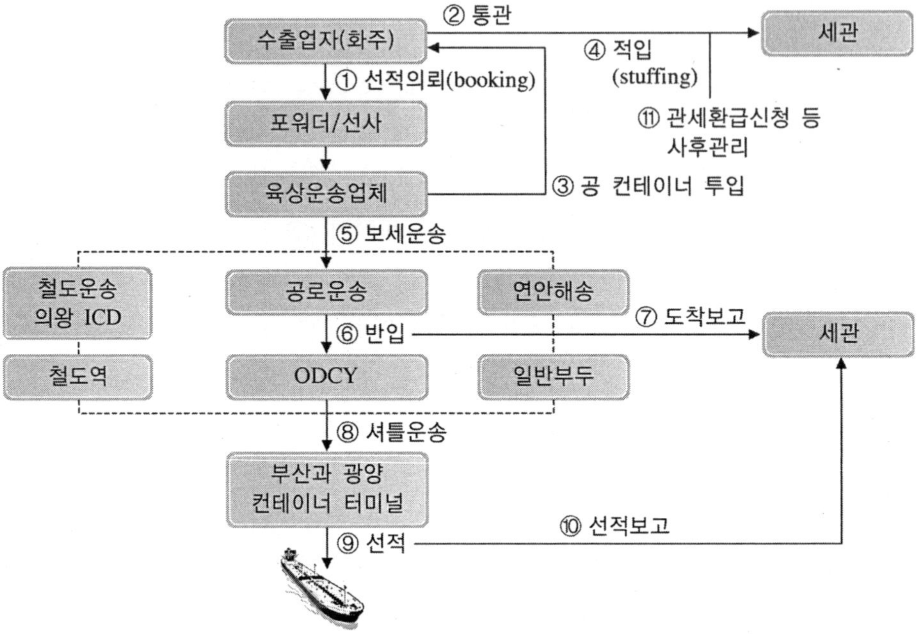

FCL 수출화물운송

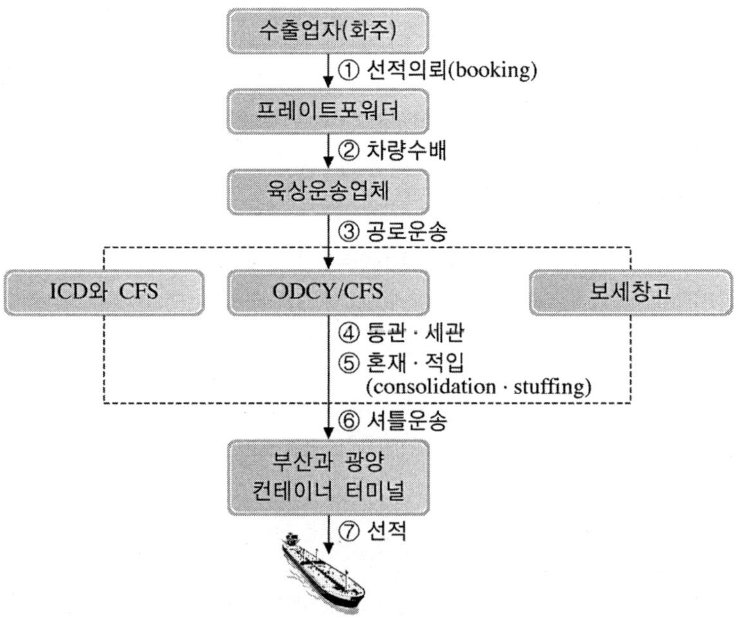

LCL 수출화물운송

commercial invoice, packing list 등)를 제출하면 B/L을 발급받는다. 한편, 운임 선지급의 경우에는 B/L 발행 전에 운임을 지불한다.

⑨ 본선이 목적항에 입항하면, FCL화물은 CY에, LCL화물은 CFS에 이송된다. 따라서, 수하인은 선박회사에 B/L 또는 L/G를 제출하고 D/O를 교부받아, FCL화물인 경우에는 CY operator에, LCL화물인 경우에는 CFS operator에 제시하고 화물을 인수한다. 그리고 FCL화물의 경우 화물이 컨테이너째로 인도되기 때문에, 자가창고나 공장 등의 보세구역에서 화물을 인수한 후 빈 컨테이너를 선박회사가 지정하는 CY에 반환하여야 한다. 이때, 기기대출증으로서 E/R을 작성한다. 만약 컨테이너의 반환이 지체되면 지체료(detention charge)를 지급해야 하는 경우가 생기므로 신속하게 반환하여야 한다.

제4절 정기선운송

1 정기선운송의 의의

정기선운송은 정해진 운항 스케줄에 의해 정해진 항로를 규칙적으로 반복 운항하면서, 화물의 많고 적음에 관계없이 공표된 운임률에 따라 운송서비스를 제공하는 가장 대표적인 해상운송 방식이다.

이와 같은 정기선운송은 적정 선복(ship's space)을 유지하여 장기적으로 안정적인 운임수준으로 고품질의 운송서비스를 제공할 수 있을 뿐만 아니라, 선박을 정기적으로 배정함으로써 수출 화물의 적기운송에 많은 도움을 주고 있다. 또한, 정기선운송은 국가 간의 교역증대는 물론 저렴한 운임수준으로 대량의 화물을 운송함으로써 자원의 효율적 배분에도 크게 기여하고 있다. 특히, 대부분의 수출입 화물이 해상 컨테이너에 적입되어 운송되는 상황이 전개되면서, 정기선운송의 효용과 중요성이 더욱 증대되고 있다.

2 정기선운송의 특성

(1) 항해의 반복성

정기선운송은 정해진 항구와 항구 사이에서 규칙적이고 반복적인 해운서비스를 제공하는 운송방식이다. 따라서 화주들은 화물의 선적과 운송계획을 사전에 설계하고 예측함으로써 원활한 수출입 업무를 추진할 수 있는 것이다.

(2) 공공서비스의 제공

정기선운송은 불특정 다수의 화주에게 해운서비스를 제공하기 때문에 공공서비스적 성격을 띠고 있다. 특히, 운송화물의 수량이 적다고 해서 대량화주와 차별대우를 하지 않기 때문에, 소량화주들이 고품질의 운송서비스를 이용할 수 있는 기반을 제공하고 있다.

(3) 고가 운송서비스

정기선운송은 그 운임이 특정 항로에 취항하고 있는 선사들의 결합체인 해운동맹에 의해 정해지기 때문에 시장에서 운임이 결정되는 부정기선 운임에 비해 높은 편이다. 왜냐하면 해운동맹은 회원선사들 중에서 가장 영세한 선사를 기준으로 하여 운임을 산정하기 때문이다.

(4) 개품운송계약의 체결

정기선운송은 표준화된 운송계약서에 따라 화물을 운송하고자 하는 모든 화주들과 개별적으로 운송계약을 체결한다. 이와 같은 특성을 고려하여 정기선운송을 이른바 개품운송계약(individual consignment of cargo)이라고 부르기도 하는 것이다.

(5) 공표운임의 존재

정기선운송은 해운동맹에 의해 정해진 운임기준과 요율을 공표하고 있다. 따라서 화주들은 공표된 운임률표(tariff)를 참조하여 화물의 운송원가를 산정할 수 있게 된다. 이 운임률표에는 화물의 요율과 그 화물의 운송과 관련된 규정을 명시하고 있다.

3 해운동맹

1) 해운동맹의 의의

해운동맹(shipping conference/rings/cartel)은 특정항로에 취항하고 있는 2개 이상의 선박회사들이 모여 기업자체의 독립성을 유지하면서, 과당경쟁을 피하고 상호간의 이익을 유지하기 위하여 운임, 해상화물, 배선, 기타 운송조건에 관하여 협정 또는 계약을 체결한 일종의 가격 카르텔을 형성하는 것을 말한다. 특히, 해운동맹은 거의 모든 정기선항로에 존재하고 있기 때문에, 이른바 정기선 동맹으로 부르고 있다.

이와 같은 해운동맹은 운임이 부정기선에 비해 높은 편이긴 하지만, 장기적 관점에서 매우 안정적인 운임수준으로 고품질의 운송서비스를 제공하고 있으며, 선박회사들 간에 과당경쟁의 가능성을 사전에 배제시킴으로써, 화주에 대한 서비스 증대에 주력할 수 있다는 장점을 지니고 있다. 따라서 화주들은 예측 가능한 고품질의 운송서비스를 안정적으로 공급받을 수 있기 때문에, 화물운송에 따른 위험과 부담에서 벗어날 수 있는 것이다.

그러나 해운동맹은 일종의 가격 카르텔로서 해운기업의 공정한 경쟁을 제한하고, 동맹에 가입하지 않은 비동맹선사(outsider)에 대해 차별대우를 하는 등의 폐해로 인해 많은 비판을 받고 있는 것도 사실이다.

2) 해운동맹의 형태

(1) 개방형 해운동맹

개방형 해운동맹(open conference)은 해운동맹에의 가입 및 탈퇴가 자유로워 강력한 구속력이나 비동맹선사에 대한 결집된 대응력이 결여된 동맹의 형태이다. 이와 같은 개방형 동맹의 형태는 북미해운동맹의 경우처럼, 독점을 강력히 규제하고 있는 미국에 취항하고 있는 항로에서 주로 나타나고 있다.

(2) 폐쇄형 해운동맹

폐쇄형 해운동맹(closed conference)은 유럽항로에서 발전한 동맹의 형태로서, 동맹 가입의 조건이 매우 엄격하여 선사의 신뢰성, 선주의 운송능력과 과거실적 등에 따라 신규선사의 동맹가입 여부를 결정하고, 탈퇴 시에도 여러 가지 제제조치를 동원하여 회원선사들의 탈퇴를 억제하는 보다 엄격한 동맹의 형태이다.

3) 해운동맹의 유지수단

해운동맹을 지속적으로 유지하고 안정적으로 운영하기 위해서는 동맹에 가입한 회원선사들 간의 결속력을 강화하고, 많은 화주들이 동맹을 계속해서 이용하도록 유인해야 할 뿐만 아니라, 비동맹선사가 동맹선사가 취항하는 항로에서 영업활동을 수행하지 못하도록 견제하여야 한다. 이를 위해, 해운동맹에서는 공동계산협정, 항로협정, 운임협정 등을 체결하여 동맹선사 간의 결속을 강화하고 있으며, 화주들이 동맹선사를 이용하도록 유인하기 위한 수단으로 운임환급제, 충실보상제, 이중 및 삼중 운임제 등과 같은 제도적 장치를 운영하고 있다. 또한, 비동맹선사들의 시장진입을 견제하고 억제하기 위한 방안으로서 경쟁선(fighting ship)제도를 이용하고 있다. 이와 같은 해운동맹의 정책수단을 구체적으로 살펴보면 다음과 같다.

(1) 동맹선사 유지수단

① 공동계산협정

공동계산협정(pooling agreement)은 동맹선사의 경쟁 제한수단으로, 선박회사가 일정기간(보통 6개월)에 걸쳐 획득한 운임수입을 선박회사의 경력, 운송실적 등에 의거하여 미리 설정한 배분비율에 따라 조정, 배분하는 협정이다. 이와 같이 협정에 의해 배분비율을 정해놓음으로써, 회원선사들 간에 일어날 수도 있는 과당경쟁의 가능성을 사전에 억제할 수 있는 것이다.

② 항로협정

항로협정(sailing agreement)은 선박회사별로 기항지, 항차수 등을 미리 조정하는 협정이다. 이러한 협정을 통해 선박회사가 독자적인 항해로 인한 운임수입을 획득하지 못하도록 하는 것이다.

③ 운임협정

운임협정(rate agreement)은 동맹 내의 운임수준을 동일하게 정하는 것으로, 해운동맹의 가장 기본적인 협정이라 할 수 있다. 이와 같은 협정은 선박회사가 서로 상이한 운임을 화주에게 제공함으로써 야기될 수 있는 과열경쟁을 사전에 방지하기 위해 체결하는 것이다.

(2) 화주 유인수단

① 운임거치환급제

운임거치환급제(deferred rebate system)는 일정기간(보통 6개월) 동맹선사만을 이용한 비계약화주에 대해 운임의 일정비율(약 10%)을 환급해 주는 제도로서, 운임의 환급조건으로 그 다음의 일정기간(거치기간 : deferred period, 보통 6개월)도 동맹선을 이용할 것을 의무화시켜 이 거치기간이 경과한 후에 환급금이 지급된다.

따라서, 이 제도는 화주를 구속하는 힘이 무척 강하다. 미국은 1916년 해운법 이래 금지하고 있으며, 영국계 해운동맹에서도 사무관리 비용이 막대하여 현재는 거의 이용하지 않고 있다.

② 이중 운임제

이중 운임제(dual rate system)는 동맹선사만을 이용하는 계약화주와 그렇지 않은 비계약화주에게 적용하는 운임률을 차별적으로 부과하는 제도이다. 일반적으로 운임률의 차이는 보통 15% 이내이다. 이와 같이 본 제도는 화주에게 적용하는 운임률을 계약 운임률(contract rate)과 비계약 운임률(non-contract rate)로 구분하고 있기 때문에 계약 운임제(contract rate system)라고도 한다.

③ 성실 또는 충실보상제

성실보상제(fidelity rebate system)는 계약 운임의 적용을 받아 온 화주가 일정기간(보통 4개월) 동맹선사만을 이용한 것이 확인되면 해당기간 동안의 운임의 일부분(보통 9.5%)을 환급해 주는 제도이다. 이 제도는 운임거치환급제와 달리 거치기간이 없다. 최근에는 영국에서도 이 제도와 같이 거치기간 없이 곧바로 환급해 주는 운임환급제(immediate rebate system)를 채택하고 있는 추세이다.

④ 삼중 운임제

삼중 운임제(three tier rate system)는 이중 운임제를 확대한 제도로서, 화주에 따라 계약 운임률, 비계약 운임률, 특별계약 운임률의 3가지 운임률을 차별적으로 적용하는 제도이다. 예컨대, FOB 조건일 경우 송하인이 동맹선을 이용하면 계약 운임률에다 약 2~3%의 추가할인을 해주는 것이다. 이러한 특성을 고려하여, 본 제도는 일명 three decker system이라고도 부르고 있다.

(3) 비동맹선사 규제수단

동맹선사가 취항하고 있는 항로에 맹외선이 출현하게 되면 동맹의 운임수입이 감소함은 물론 불필요한 경쟁이 촉발된다. 따라서 동맹선사의 입장에서는 비동맹선사의 시장진입을 견제하고, 억제할 수 있는 제도적 장치를 마련하는 것이 필요하다.

이에 동맹에서는 시장에 맹외선이 출현하면, 경쟁선(fighting ship)을 파견하여 비동맹선사의 영업을 방해하는 매우 공격적이고 배타적인 제도를 운영하고 있다. 해운동맹은 이와 같은 경쟁선을 운영함으로써 맹외선이 시장에 진입하지 못하게 하거나, 진입한 맹외선이 있더라도 더 이상 영업활동을 수행하지 못하도록 하여 동맹의 수익을 유지하고자 하는 것이다. 한편, 동맹에서 파견한 경쟁선에 의해 영업활동에 커다란 지장을 받게 되는 비동맹선사들의 대부분은 시장에서 퇴출되거나 동맹의 가입을 고려하게 된다.

4 해운동맹의 약화와 협의협정제도

1) 해운동맹의 약화

1970년대까지 막강한 힘을 발휘하던 해운동맹도 70년대 후반부터 대만, 한국 등 아시아의 개발도상국들과 소련을 비롯한 동구권의 비동맹선사들이 적극적인 공세를 취하면서 힘을 잃기 시작하였고, 1984년 6월에 미국의 신해운법(Shipping Act, 1984)이 발휘되는 것을 계기로 동맹의 기능은 뚜렷이 약화되었다.

뿐만 아니라, 컨테이너화(containerization)의 급진전으로 복합운송이 활성화되면서 대부분의 선박회사들이 door to door 서비스를 제공함에 따라, port to port 서비스를 위주로 한 해운동맹은 경쟁력을 잃게 되었다. 또한, 1980년대 중반부터 태평양, 유럽, 대서양 항로와 같은 간선항로(trunk route)에서는 대형 선사를 중심으로 세계일주서비스(round the world service)가 늘어나면서, 항로마다 특성을 달리하는 동맹에 가입하는 것이 어렵게 된 점도 동맹약화의 한 원인이 되었다.

2) 협의협정제도

최근, 주요 컨테이너 정기선 항로에서 동맹선사와 비동맹선사 간에는 항로의 안정화 등을 위해 다양한 정보를 교환할 수 있는 협의협정(discussion agreement)의 체결이 증가하고 있다. 이러한 협의협정은 선복과잉, 운임하락 등으로 공멸의 위험에 처한 동맹·비동맹 선사들이 항로질서 안정화를 위해 긴밀히 협조하는 기구이다.

특히, 동맹과 달리 공통 운임(collective pricing)을 책정하지 않고, 선사 간의 협정에 의한 선복량의 조절을 통해 운임안정을 모색하며, 각종 할증료 및 부대비의 신규도입 내지는 인상 등에 대해 상호 보조를 맞추고 있기 때문에 이를 안정화협정(stabilization agreement) 또는 조화동맹(harmonization conference)이라고도 한다. 대표적인 협의협정의 형태에는 북미태평양항로의 TSA(Transpacific Stabilization Agreement), 대서양항로의 TAA(Trans Atlantic Agreement), 아시아지역의 역내협의협정인 IADA(Intra Asia Discussion Agreement) 등이 있다.

제5절 부정기선운송

1 부정기선운송의 의의

부정기선운송은 정기선운송과는 달리 운항일자나 항로가 일정하지 않고, 화물의 수요에 따라 화주가 요구하는 시기와 항로에 해운서비스나 선복(ship's space)을 제공하여 화물을 운송하는 방식이다. 부정기선운송의 대상화물은 광석, 곡물류, 목재, 비료 등과 같이 비교적 운송량이 많고, 운임부담능력이 적은 산화물(bulky cargo)이 주종을 이루고 있다. 따라서 부정기선운송은 비교적 저렴한 운임으로 대량의 화물을 화주가 원하는 시기에 화주가 원하는 장소까지 운송할 수 있기 때문에, 정기선이 취항하지 않는 항로를 운행하거나 원재료 및 연료 등을 운송하는 데 매우 적합한 운송방식이라 할 수 있다.

2 부정기선운송의 특성

(1) 항로선택의 자유성

부정기선운송은 정기선운송과 같이 정해진 항로를 운항하는 것이 아니라 화주의 요구와 필요에 따라 가장 적합한 항로를 선택하여 운항하는 것이기 때문에, 선박이 운항할 수 있는 곳이면 어디든지 화물을 운송할 수 있다.

(2) 저부가가치 화물의 대량수송성

일반적으로 부정기선운송은 운임이 비교적 저렴하기 때문에 운임부담 능력이 작거나 부가가치가 낮은 화물을 대량으로 운송할 수 있다. 따라서 운임수준이 높은 정기선운송으로 운송하기가 곤란한 화물의 대량운송을 통해, 자원의 효율적 배분은 물론이고 기업의 경쟁력 강화에도 도움을 주고 있다.

(3) 용선 운임의 변동성

부정기선운송의 운임은 선박의 용선계약이 체결되는 용선시장에서 운송의 수요와 공급에 의해 결정된다. 일반적으로 운송수요량은 운송을 필요로 하는 화물량에 의해 결정되고 운송공급량은 운송에 이용될 수 있는 선복량에 의해 결정되기 때문에, 부정기선운송의 운임수준은 시장환경의 변동에 따라 계절적, 시간적, 지역적으로 상이하게 설정된다.

3 용선계약

1) 용선계약의 형태

부정기선운송은 화물을 운송하고자 하는 화주(용선자)와 일정액의 대가를 받고 운송수단이나 운송서비스를 제공하고자 하는 선박소유주가 용선계약을 체결함으로써 이루어지게 된다. 이와 같은 용선계약의 유형에는, 운송행위는 선박회사가 수행하고 용선자는 이러한 운송서비스를 이용하는 형태인 항해용선계약과 기간용선계약, 용선자가 운송수단 자체를 용선하고 운송업무 또한 직접 수행하는 나용선 계약의 형태로 나누어 볼 수 있다.

(1) 항해용선계약

항해용선계약(voyage charter)은 한 항구에서 다른 항구까지 한 번의 항해를 위해서 체결되는 용선계약의 형태이다. 따라서 항해용선계약은 항해일자와는 무관하며, 항차를 기준으로 하여 용선 운임이 산정되는 것이 보통이다. 그러나 변형된 계약형태로, 한 항해를 기준으로 항해용선계약을 체결하지만 항해가 이루어지는 항해일자를 기준으로 하여 운임을 산출하는 일대용선계약(daily charter)이나, 화물의 선적량에 관계없이 일정 선복(선박의 전체 또는 일부)을 기준으로 하여 운임을 정하는 선복용선계약(lump sum charter) 등과 같은 형태도 이용되고 있다.

(2) 기간용선계약

기간용선계약(time charter)[13]은 항해용선과는 달리, 일정 기간을 단위로 선박을 용선하는 형태이다. 따라서 용선 운임은 항차에 관계없이 용선 기간을 기준으로 하여 산정된다.

그러나, 항해용선계약과 기간용선계약을 불문하고 선박회사는 운송행위를 수행하고, 용선자는 선박회사가 제공하는 운송서비스만을 이용한다는 공통점이 있다.

(3) 나용선계약

나용선계약 또는 선박 임대차계약(bare boat charter or demise charter)은 선박회사로부터 운송에 이용되는 선박 자체를 용선하여, 항해에 필요한 물적·인적 요소 일체를 용선자가 직접 부담하고 선박의 운항과 관련된 제반사항을 관리하

13) "time charter"를 정기용선계약이라고 번역하기도 한다.

는 형태이다. 따라서 나용선계약은 선박회사가 제공하는 운송서비스를 용선하는 항해용선이나 기간용선과는 달리, 운송수단인 선박 자체를 용선하는 형태이다.

2) 용선계약의 특성

(1) 항해용선계약의 특성

항해용선계약은 선박회사가 자기의 책임하에 선장과 해원을 고용하고, 화물 운송에 필요한 모든 업무와 비용을 직접 부담한다. 이때의 용선 운임은 화물의 수량과 항로에 따라 정해지며, 일대용선의 경우에는 항해일자를, 선복용선의 경우에는 용선한 선복을 기준으로 하여 용선 운임이 산정된다.

•표 2-7 용선계약의 특성

	항해용선계약	기간용선계약	나용선계약
선장고용책임	선주가 임명·감독	좌동	용선자가 임명
책임한계	• 선 주 : 운송행위 • 용선자 : 선복이용	좌동	용선자 : 운송행위
운임결정	화물의 수량	용선 기간	용선 기간
선주 부담	• 선원급료 • 식대 및 음료비 • 윤활유 • 유지 및 수선료 • 보험료 • 하역비 • 예선료 및 항비 • 도선료 • 제수수료 • 감가상각비 • 연료비	• 선원급료 • 식대 및 음료비 • 윤활유 • 유지 및 수선료 • 보험료 • 감가상각비	• 보험료 • 감가상각비
용선자 부담	없음	• 연료비 • 하역비 • 예선료 • 도선료 • 항비 • 제수수료	모든 비용

(2) 기간용선계약의 특성

기간용선계약은 항해용선계약과 마찬가지로 선박회사가 직접 선장과 해원을 임명하고 선원급료, 식음료비, 윤활유, 선박유지비, 보험료, 감가상각비 등과 같이 선박의 운항과 관련된 비용을 부담하고, 화주는 화물의 취급과 관련된 하역비와 선박의 입항과 관련된 항비, 도선료, 예선료 등을 부담하게 된다.

(3) 나용선계약의 특성

나용선계약은 용선자가 선박만을 용선하는 형태이기 때문에 선장과 해원 등을 용선자가 직접 임명하게 되며, 또한 선박의 운영과 화물 취급에 따른 모든 비용을 선주가 아닌 용선자가 부담하게 된다.

제6절 항공운송

1 항공운송의 의의

항공운송은 항공기에 승객, 우편 및 화물을 탑재하여 국내외 공항에서 다른 공항까지 운송하는 방식이다. 최근 들어 항공기의 대형화에 따른 운임의 인하, 화물전용기(freighter)의 정기적인 운항, 항공화물 전용터미널의 확충, 다품종 소량생산에 따른 고부가가치 화물 및 긴급운송 물품의 증대 등과 같은 현상에 힘입어 항공운송 수요가 급증하고 있다. 또한, 높은 운임수준에도 불구하고 화주기업들이 항공운송의 장점을 이용하려는 마케팅 전략의 고도화를 추구하면서, 이러한 추세가 계속될 것으로 전망된다.

항공운송은 주로 긴급수요 화물, 납기임박 화물, 계절유행 상품과 식품, 동물, 신문, 잡지, 필름 등과 같이 장기운송 시 가치가 하락하는 상품 및 전자기기, 통신기기, 모피, 미술품, 귀금속 등과 같은 고가화물의 운송에 가장 적합한 운송수단이다. 또한, 무역을 위한 견본품, 상업서류 등의 운송에도 크게 기여하고 있다.

2 항공운송의 특성

(1) 신속성

항공운송은 여러 운송방식 가운데 가장 신속한 운송수단을 이용하여 화물을 운송하고 있다. 따라서, 긴급을 요하는 품목이나 계절상품, 장기운송 시 가치가 하락하는 물품의 운송에 가장 적합한 운송방식이다.

(2) 경제성

일반적으로, 항공운송은 높은 운임수준으로 인해 경제성이 떨어지는 것으로 알려져 있다. 그러나 화물의 특성과 시장 상황에 따라서는 상당한 비용절감 효과를 기대할 수 있다. 예를 들어, 항공운송의 경우 높은 안정성으로 인해 보험료 및 포장비 등이 여타의 운송수단에 비해 낮은 편이며, 마케팅 목적의 달성과 적기운송에 따른 고객서비스 수준의 향상 등과 같은 '보이지 않는 비용(invisible cost)' 등을 고려해 본다면 가장 경제적인 운송수단이 될 수도 있다. 따라서 항공운송의 경제성은 단순히 운임수준만이 아닌, 종합적인 관점에서의 비용 및 편익분석에 기초하여 평가하는 것이 합리적이라 할 수 있다.

표 2-8 항공운송의 경제성

물류상의 경제성	비용상의 경제성	서비스상의 경제성
• 긴급화물운송 • 소량화물운송 • 화물파손의 감소 • 포장의 편리성 • 통관의 편의성	• 포장비의 경감 • 보험료의 절감 • 투하자본의 절감	• 고객서비스의 향상 • 긴급수요에 대응 • 시장확대

(3) 안정성

항공운송은 육상운송 및 해상운송에 비해, 운송환경이 쾌적하고 화물의 파손 및 도난과 같은 화물사고 발생 비율이 가장 낮은 운송방식이다. 예컨대, 항공운송의 경우 다른 운송방식에 비해 보험료 수준이 가장 낮은 것으로 나타나고 있는데, 이는 항공운송의 높은 안정성을 반증하고 있는 것이다.

3 항공운송의 운임형태

항공운송 운임은 국제항공운송협회(IATA)의 각 운송지구에서 협의하여, 각국 정부의 인가를 얻어 결정된다. 이에 따라 국제항공운송협회는, 북미 및 중앙아메리카를 중심으로 한 제1운송지구, 유럽, 중동 및 아프리카를 중심으로 한 제2운송지구, 아시아 및 오세아니아 지역을 중심으로 한 제3운송지구 등으로 운송지역을 분류하여 항공운임을 결정하고 있다.

일반적으로, 항공운임은 공항에서 공항(airport to airport)까지의 운임을 의미하는 것이며, 운임요율·요금 및 이와 관련된 규정은 항공화물운송장 발행일을 기준일로 하여 적용하는 것을 원칙으로 하고 있다. 또한, 화물의 요금은 출발지에서의 화물중량(kg)이나 화물의 용적을 중량으로 환산한 용적중량에, 정해진 운임률을 곱하여 산정한 운임을 출발지국의 현지통화로 선불(prepaid) 또는 후불(collect)의 형태로 지급한다.

1) 항공 운임의 산정방식

(1) 실제중량에 의한 방법

실제 화물의 중량을 기준으로 운임을 산출하는 방법으로, kg이나 파운드(pound) 모두 소수점 첫째 자리까지 측정하며, 실측한 중량이 소수점이 있는 경우 0.5kg 미만일 때는 0.5kg으로, 0.5kg에서 1kg이하일 때는 1kg으로 환산하여 적용하고, 파운드의 경우에는 소수점 이하의 값을 무조건 절상한 값에 운임률을 곱하여 운임을 산정한다.

(2) 용적중량에 의한 방법

용적중량은 중량에 비해 용적이 큰 화물의 경우에 그 용적을 중량으로 변환하여 적용하는 방식이다. 먼저, 용적을 구하고자 하는 화물의 각 단위치수를 반올림하여 정수로 만든 후, 가로, 세로, 높이를 곱하는 방식으로 산출하고, 직육면체나 정육면체가 아닌 화물의 경우에는 최대가로×최대세로×최대높이로 계산한다. 이때, 부피를 운임 부과중량으로 환산하는 기준은 1kg＝6,000cm^{3}이며, 1Ib＝166inch^{3}로 한다.

예를 들어, 화물의 용적이 1CBM(cubic meter)인 경우, 총 용적은 100cm×100cm×100cm=1,000,000cm^3이며, 이 용적을 중량으로 환산하면, 1,000,000cm^3÷6,000cm^3=166.666kg이고 반올림하면 167kg이 된다. 즉, 1CBM의 용적을 지닌 화물의 운임 적용중량은 167kg이 되는 것이다.

(3) 낮은 운임을 적용하는 방법

화물의 실제중량을 적용하는 것보다 운송회사에서 정해놓은 기본중량을 적용하는 것이 운임이 더 낮은 경우 실제중량이 아닌 기본중량을 운임의 산정기준으로 적용하는 방법이다. 이와 같은 경우가 발생하는 것은 항공운송 화물의 중량이 대부분 경량이기 때문에, 항공회사에서 운임구조를 기본중량 이하의 화물에는 높은 요율을 적용하고, 기본중량을 초과하는 화물에는 낮은 운임요율을 적용하고 있기 때문이다.

예를 들어, 기본중량(45kg)을 초과하는 경우의 적용운임이 10$/kg이고, 초과하지 않는 경우에는 15$/kg을 적용할 때, 실제 화물의 중량이 35kg이라면, 화물운임은 35kg×15$=525$가 되지만, 기본중량을 적용하면 45kg×10$=450$가 된다. 이 경우 화물의 실제중량(35kg)이 아닌, 기본중량(45kg)을 기준으로 운임을 산정하는 것이다.

2) 항공 운임요율의 유형

(1) 일반품목요율

일반품목요율(GCR : General Cargo Rate)은 특정품목할인요율(SCR)의 적용을 받지 않는 모든 화물에 적용되는 가장 기본적인 운임요율로서, 최저 운임, 기본요율, 중량단계별 할인요율 등이 있다. 구체적으로, 최저운임은 화물 운임 중 가장 낮은 운임으로 중량 및 용적 운임이 최저 운임보다 낮은 경우에 일률적으로 적용되는 운임을 말하며, 기본요율은 모든 화물의 기준이 되는 것으로, 일반적으로 45kg 미만의 화물에 적용되는 운임요율이다. 중량단계별 할인요율은 중량이 높아짐에 따라, kg당 요율을 낮게 적용하는 운임요율을 의미한다.

(2) 특정품목할인요율

특정품목할인요율(SCR : Specific Commodity Rate)은 특정구간에서 반복적으로 운송하는 동일품목에 대하여 일반품목에 적용되는 요율보다 낮은 운임을 적용하는 것으로, 항공운송의 이용을 유도하기 위한 것이다.

(3) 품목분류요율

품목분류요율(CGR : Class Grade Rate)은 특정품목에 적용되는 할인 및 할증요율로서, 일반적으로 손수 운반할 수 없는 수화물, 신문, 잡지 등은 할인된 요율을 적용하고, 생동물, 귀중품, 시체 등은 할증된 요율을 적용하는 운임요율의 형태이다.

3) 항공 운임의 형태

(1) 종가 운임

항공운송의 운임산정 기준은 실제중량 및 용적중량이지만, 가치가 매우 높은 화물의 경우에는 중량이 아닌 가격을 운임산정의 기준으로 적용할 수 있는데, 이처럼 가격을 기준으로 산정된 운임을 종가 운임이라고 한다. 이와 같은 종가 운임은 화주가 부담해야 하는 운임이 높아져서 부담이 되지만, 사고 발생 시의 손해배상 한도가 중량이 아닌 가격을 기준으로 산정되기 때문에, 주로 고가화물에 적용하는 운임형태이다.

(2) 단위적재 운임

화물의 종류에 관계없이 항공용 컨테이너나 파렛트와 같은 단위적재용기를 기준으로 운임을 산정하는 것으로, 이에는 기본요금과 초과중량 할증요금이 있다.

(3) 추가 운임

추가 운임은 기본 운임 이외에 추가적으로 부담하여야 하는 운임을 말하며, 입체지불수수료, 위험물취급수수료 및 착지불수수료 등이 있다. 구체적으로, 입체지불수수료는 송하인의 요청에 따라 항공사, 대리인, 수하인이 대신 지불한 금액에 대해 추가적으로 부담하는 금액을 말하며, 이에는 트럭킹수수료(trucking charge), 피킹수수료(picking charge), 화물취급수수료, 항공화물운송장 작성수수료 등이 있다. 또한, 위험물취급수수료는 위험품 규정집에 위험물로 규정되어 있는 화물 취급 시에 추가적으로 부담하여야 하는 수수료를 말한다. 착지불수수료는 항공운임이 후불되는 경우, 즉 송하인이 아닌 수하인이 운임을 지불하도록 되어 있는 경우에 운송업자가 요구하는 수수료를 말한다.

4 항공운송업무

항공운송업무는 해상운송의 경우와 마찬가지로, 화물의 수량에 따라 FCL화물과 LCL화물로 나누어 볼 수 있으며, 대부분이 운송주선업자인 포워더를 통해 화물이 운송되고 있다.

구체적으로, 항공운송을 통해 화물을 수출하고자 하는 화주는 세관에 수출신고서를 접수하여 수출허가서를 취득한 후, 운송주선업자, 항공운송대리점 또는 항공회사와 항공운송계약을 체결한다. 운송계약을 체결한 화주는 항공회사에 운송장 및 화물을 인계하고, 화물을 인계받은 항공회사는 항공기의 특성에 적합한 항공용 단위적재용기에 화물을 적입한 후, 항공기에 탑재하여 운송업무를 수행한다.

한편, 목적지에 화물을 탑재한 항공기가 도착하면, 항공회사는 항공화물운송장 등을 인수하여 세관에 제출하고 입항허가를 취득한 후, 세관원의 감독하에 운송장상의 목적지별로 화물을 분류하여 창고에 반입한다. 화물반입을 완료한 항공회사는 수하인 및 대리인에게 운송장을 인도하여, 반출허가를 취득하고 화물을 인수하도록 한다.

그림 2-3 컨테이너 항공운송절차

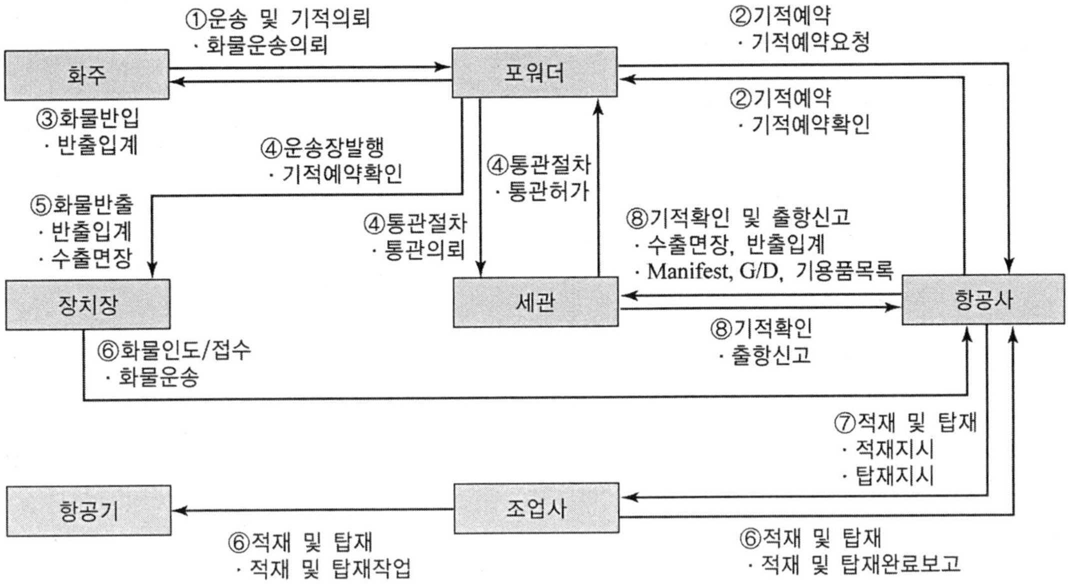

FCL 수출화물운송

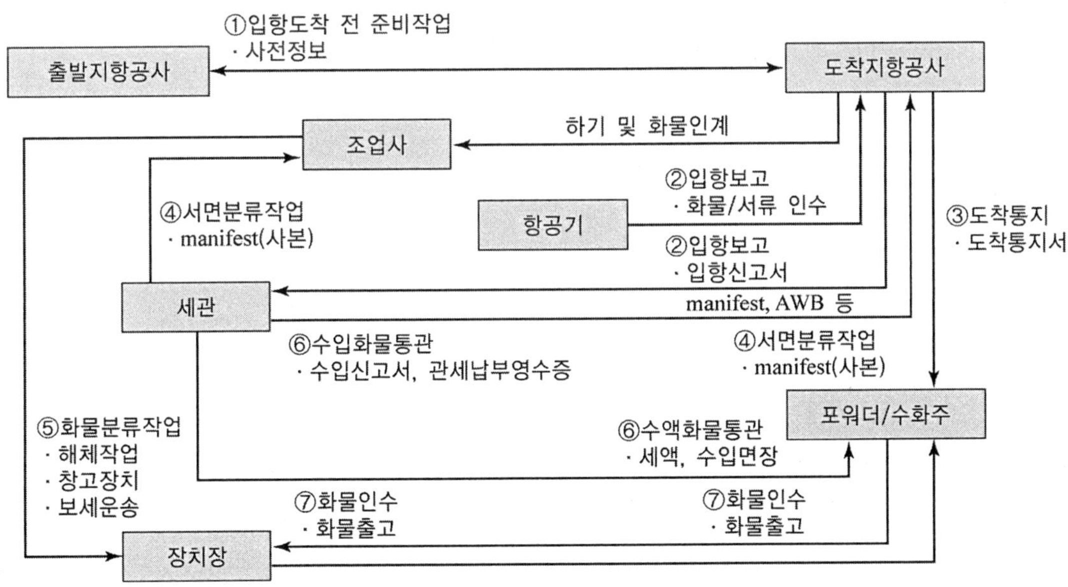

제7절 복합운송

1 복합운송의 의의

일반적으로, 동종 또는 이종의 운송수단을 복수로 연계하여 화물을 운송하는 것을 통운송(through transport)이라고 부르는데, 이러한 통운송 중에서, 서로 다른 이종의 운송수단을 2개 이상 결합하여 운송하는 형태를 복합운송(multimodal transport)[14)]이라고 부른다. 다시 말해서, 복합운송은 철도, 도로, 해상, 항공운송 중에서 두 가지 이상의 운송수단을 순차적으로 연결하여 송하인의 문전에서 수하인의 문전까지 화물을 운송하는 것을 말하며, 이와 같은 운송의 일관성을 강조하여 복합일관운송이라 부르기도 한다.

최근 들어 복합운송은 규격화된 컨테이너를 이용함으로써 화물의 신속한 통관과 운송비용의 절감, 높은 안정성과 경제성, 신속성 등으로 인해 매우 유용한 운송방식으로 부상하고 있다.

2 복합운송의 특성

1) 단일운송책임

복합운송이 되기 위한 제1조건은 화주와 복합운송계약을 체결한 복합운송업자가 전 운송구간에 걸쳐 모든 책임을 지는 것이다. 일반적으로 복합운송의 경우 여러 운송업자에 의해 화물의 운송이 이루어지게 되는데, 이에 관계없이 복합운송계약에서는 복합운송인이 전 운송구간에 걸쳐 모든 책임을 부담하게 되는 것이다.

14) 복합운송의 용어는 combined transport, intermodal transport, multimodal transport 등이 혼용되어 사용되고 있는데, 이 책에서는 유엔복합운송조약상의 용어인 multimodal transport로 사용하기로 하였다.

2) 단일 운임의 적용

복합운송이 되기 위한 제2조건으로 복합운송에 따른 운임은 각 운송구간에 따라 별도로 설정하는 것이 아니라, 전 운송구간에 걸친 통운임을 산정하여 결정하는 것을 들 수 있다. 화주는 복합운송계약을 체결한 운송인에게 운송구간 전체에 대한 운임을 지불하고, 복합운송인은 그 대가로 복합운송 업무를 수행하는 것이다.

3) 운송방식의 다양성

복합운송이 되기 위한 제3조건으로 화물의 운송업무를 완료하는 데 서로 다른 이종의 운송수단이 2개 이상 결합되어 운송행위가 이행되어야 한다는 점을 들 수 있다.

4) 복합운송증권의 발행

복합운송에서는 최초의 내륙운송인에게 화물을 인도하는 시점에서 운송인에게 모든 위험이 이전되는데, 이때 복합운송계약의 증거서류로서 복합운송증권(multimodal transport document)을 발행하게 된다. 이러한 복합운송증권은 전 운송구간에 걸쳐 복합운송계약을 구속하게 된다.

3 복합운송의 형태

1) 운송주체에 따른 유형

(1) 계약운송인형 복합운송

운송수단을 직접 소유하지 않고서도 실제운송인처럼 운송계약의 주체로서의 기능과 역할을 수행하는 자에 의해 복합운송계약을 체결하여 화물을 운송하는 형태이다. 계약운송인(contracting carrier)은 화주와 복합운송 계약을 체결할 때 운송인으로서의 역할을 하게 되며, 운송을 이행하기 위해 실제운송인과 다시 운송계약을 체결할 때는 화주로서의 역할을 하게 된다. 이와 같은 역할을 수행하는 계약운송인으로는 무선박운송인(NVOCC : Non-Vessel Operating Common Carrier)[15], 국제운송주선업자(international freight forwarder), 해상운송주선업자(ocean freight forwarder), 항공운송주선업자(air freight forwarder), 통관업자 등을 들 수 있다.

(2) 실제운송인형 복합운송

실제 운송수단을 소유하고 있는 실제운송인(actual carrier)이 복합운송계약을 체결하고 운송활동을 수행하는 형태로, 이에는 해상운송인형, 항공운송인형, 철도운송인형, 자동차운송인형 복합운송 등이 있다. 따라서 실제운송인형 복합운송은 실제로 한 가지 이상의 운송수단을 소유하고 있는 운송업자가 화주와 복합운송계약을 체결하고, 전 운송구간에 걸쳐 모든 책임을 부담하며, 직접 운송활동을 수행하는 형태인 것이다.

2) 운송계약에 따른 유형

(1) 하청운송

1인의 운송인이 육상·해상·항공의 전 운송구간에 걸친 복합운송을 인수하여, 전부 또는 일부를 다른 운송업자에게 하청하는 형태의 복합운송을 말한다. 여기서, 복합운송계약을 체결한 운송인은 원청운송업자가 되며, 하청을 받아 운송을 수행하는 운송인은 하청운송인이 된다.

(2) 공동운송

공동운송은 다수의 운송인이 처음부터 복합운송을 인수하는 것으로, 일종의 운송 콘소시엄 형태의 복합운송으로서 동일운송이라고도 한다. 이러한 콘소시엄

---

15) 선박을 직접 운항하지 않으면서 운송주체가 되어 자기의 태리프(tariff)를 갖고, 자기의 명의로 운송증권을 발행하여 운송서비스를 제공하는 자이다. 즉, NVOCC는 선박공중운송인(Vessel Operating Common Carrier)에게 운송을 의뢰하므로 VOCC에게는 화주의 지위이면서, 동시에 화주에게는 운송인의 지위를 갖는다. NVOCC는 1984년 미국 신해운법에서 공중운송인(common carrier)으로서의 지위를 인정받았다.

은 복합운송계약이 종결되면 해체되기 때문에, 순수하게 복합운송계약을 체결할 목적으로 형성되는 것이다.

(3) 순차운송

순차운송은 연계운송이라고도 하는데, 다수의 운송인이 순차적으로 운송을 이행하는 형태이다. 이 경우, 송하인은 최초의 운송인에게 화물을 인도함으로써 다른 운송인도 이용할 수 있는 것이다.

3) 운송수단의 결합방식에 따른 유형

복합운송은 서로 다른 이종의 운송수단이 결합된 형태이기 때문에, 운송수단의 결합방식에 따라 매우 다양한 유형이 존재한다. 예를 들어, 철도운송과 자동차운송을 결합한 피기백 시스템(piggy-back system), 해상운송과 자동차운송을 결합한 피쉬백 시스템(fishy-back system), 자동차운송과 항공운송을 연계한 방식인 트럭에어 서비스(truck-air service), 철도운송과 해상운송을 결합한 레일워터 서비스(rail-water service), 해상운송과 항공운송을 연계하여 운송하는 씨에어 서비스(sea-air service) 및 해상운송, 철도운송, 해상운송을 순차적으로 결합한 형태인 랜드브리지 시스템(land bridge system) 등이 대표적으로 이용되고 있다.

4 랜드브리지 시스템

1) 랜드브리지 시스템의 의의

랜드브리지 시스템(land bridge system)은 해상운송, 대륙철도운송, 해상운송을 순차적으로 연계하여 화물을 운송하는 대표적인 복합운송 형태이다. 이와 같은 랜드브리지 방식은 해상운송(all water)만을 이용하여 화물을 운송하는 경우에 비해, 운송시간과 운송비용을 획기적으로 절감할 수 있으며, 신속한 운송으로 인해 투하자본의 회전률을 향상시킬 수 있다는 장점을 가지고 있다. 또한, 이 방식은 해상운송이 갖는 대량수송성과 철도운송이 갖는 안정성 및 정확성을 동시에 활용할 수 있기 때문에, 대량화물의 적기운송에 매우 적합한 운송방식으로 자리 잡고 있다. 특히, 시베리아 횡단철도와 우리나라 경의선 철도의 연결에 따라, 동북아시아와 유럽대륙이 대륙철도망으로 연결됨으로써 랜드브리지 방식의 중요성과 실효성이 크게 증대되고 있는 상황이다.

2) 랜드브리지 시스템의 형태

(1) 아메리카 랜드브리지

아메리카 랜드브리지(ALB : American LB) 방식은 한국과 일본 등과 같은 극동지역에서 미국의 서부해안(LA, Longbeach, Seattle)까지 해상운송을 통해 화물을 운송한 다음, 이들 지역에서부터 동부해안(New York)까지는 미국대륙횡단철도를 이용하여 화물을 운송한 후, 미국의 동부해안에서 유럽(Rotterdam, Antwerp)까지는 해상운송을 이용하여 운송하는 방식이다.

이와 같은 ALB 방식을 이용하여 극동지역에서 유럽지역까지 화물을 운송하는 경우, 모든 운송구간을 해상운송을 이용하여 운송하는 것보다 운송비용과 운송시간을 약 20~30% 정도 절감할 수 있을 뿐만 아니라, 화물의 안전운송 및 운송경로의 다양성을 확보할 수 있는 장점이 있다.

한편, 엄밀한 의미에서의 랜드브리지 방식이라고 할 수는 없지만, ALB 방식의 변형 형태로서 미니 랜드브리지(MLB : Mini LB), 마이크로 랜드브리지(Micro LB) 및 공통운임 랜드브리지(overland common point) 방식 등이 이용되고 있다.

미니 랜드브리지 방식은 해상운송을 이용하여 극동지역에서 북미 서해안까지

•그림 2-4 ALB의 운송구간별 소요시간

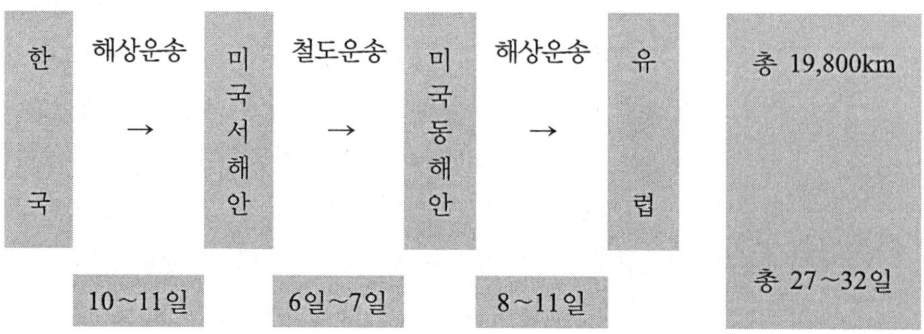

● 그림 2-5 ALB의 운송경로

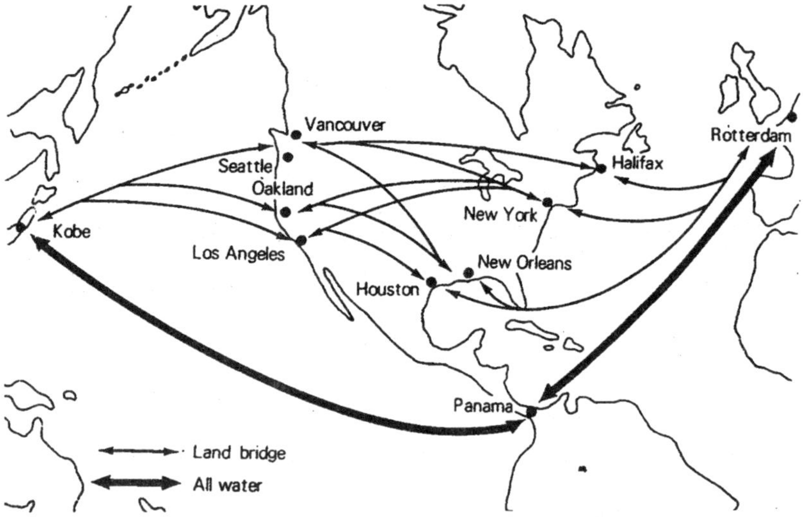

화물을 운송하고, 북미대륙횡단철도를 이용하여 북미 동해안 지역까지만 화물을 운송하는 형태이다. 마이크로 랜드브리지는 ALB와 마찬가지로, 해상운송을 통해 극동지역에서 북미 서해안까지 화물을 운송한 후에 북미대륙횡단철도를 이용하여 미국의 내륙도시까지 화물을 운송하는 방식으로서, 이른바 IPI(Inland Point Intermodal)이라고 부르고 있다. 공통운임 랜드브리지 방식은 극동에서 북미 서해안까지는 다른 랜드브리지 방식과 마찬가지로, 해상운송을 통해 화물을 운송한 다음 북미지역 내에서 공통운임이 부과되는 록키산맥 동부지역까지만 철도운송을 통해 화물을 운송하는 형태이다.

(2) 캐나다 랜드브리지

캐나다 랜드브리지(Canadian LB) 방식은 ALB와 마찬가지로, 극동지역에서 캐나다의 서부해안(Vancouver)까지는 해상운송을 통해 화물을 운송하고, 서부해안에서 캐나다 횡단철도에 화물을 적재한 후 동부해안까지 철도운송을 통해 화물을 운송한 다음, 유럽대륙(Rotterdam, Antwerp)까지는 다시 해상운송을 통해 화물을 운송하는 방식을 말한다.

이와 같은 캐나다 랜드브리시 방식은 ALB 방식과 마찬가지로, 운송시간과 운송비용을 상당히 절감할 수 있는 것으로 나타나고 있기 때문에, 그 이용이 크게 증대될 것으로 전망된다.

(3) 시베리아 랜드브리지

시베리아 랜드브리지(SLB : Siberian LB)[16] 방식은 극동지역에서 해상운송을 통해 시베리아 횡단철도가 시작되는 나호트카, 보스토치니 등지로 화물을 운송하고, 이를 시베리아 횡단철도가 끝나는 모스크바까지 철도운송을 한 다음에, 이를 다시 해상운송을 이용하여 유럽대륙까지 화물을 운송하는 방식이다. SLB 방식은 시베리아 대륙횡단철도를 통해 화물을 운송한 이후에, 어떠한 운송수단을 이용하여 유럽지역까지 운송하는가에 따라 다음과 같은 네 가지의 형태로 구분된다.

① 제1유형(trans rail) : 유럽지역까지 철도로 계속 운송하는 방식
② 제2유형(trans sea) : 유럽까지 해상운송을 통해 운송하는 방식
③ 제3유형(tracon) : 트럭을 이용하여 유럽까지 운송하는 방식
④ 제4유형(sea&air) : 해상과 항공운송을 연계하여 운송하는 방식

위의 SLB의 유형 중에서 엄밀한 의미에서의 랜드브리지 형태는 유럽까지 해상운송을 이용하여 운송하는 제2유형(trans sea)이며, 나머지 방식들은 SLB 방식의 변형된 형태이다.

(4) 중국대륙 랜드브리지

중국대륙철도를 이용한 중국대륙 랜드브리지(Trans China Railway LB) 방식은 극동지역에서 중국의 연운항까지 해상운송한 화물을 중국대륙횡단철도를 통해 운송한 다음, 이를 다시 해상운송을 통하여 로테르담이나 앤트워프 등의 유럽지역까지 운송하는 방식이다. TCR 방식의 대표적인 운송경로를 살펴보면 다음과 같다.

① 연운항 → Aktogai → 바르샤바 → 베를린 → 로테르담
② 연운항 → 모스크바 → 스몰랜스크 → 로테르담
③ 연운항 → Aktogai → 브레스트 → 로테르담
④ 연운항 → Almaty → 테헤란

16) SLB는 TSR(Trans Siberian Railway) 또는 TSCS(Trans Siberian Container Service)라고도 한다.

• 그림 2-6 TSR과 TCR의 운송경로

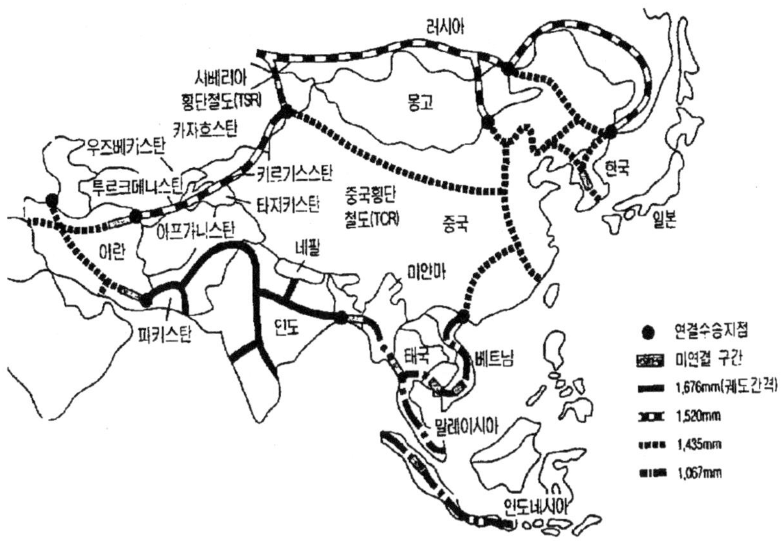

자료 : ESCAP

TCR 방식은 SLB 방식에 비해 위도가 낮기 때문에 화물의 손상이나 파손이 적으며, 운송거리 면에서도 약 2,000km 정도 단축할 수 있기 때문에, 운송기간도 4~5일 정도 짧게 걸린다. 따라서 전체적인 물류비 및 운송비용을 약 20% 가량 절감할 수 있는 장점을 갖고 있으므로, 활용가능성이 매우 높은 방식이라 할 수 있다.

(5) 아시아 랜드브리지

아시아 랜드브리지(Asia LB) 방식은 한국의 경의선, 경원선 철도와 시베리아 및 중국대륙횡단철도를 연계하여, 화물을 유럽지역까지 운송하고자 하는 방식이다. 이 방식은 일본 및 중국 등지의 동북아시아 지역에서 화물을 부산항까지 해상운송한 후, 한국철도를 통해 TSR 및 TCR를 경유하여 유럽지역까지 연결됨으로써, 동북아시아의 중요한 물류경로로 자리 잡게 될 것으로 기대되고 있다.

이와 같은 사업의 추진으로, 우리나라는 상당한 물류비 경감효과를 누릴 수 있으며, 그 동안 해상운송의 문제점으로 지적되어 온 운송기간의 장기화 및 운송지연 등의 문제를 해결할 수 있을 것이다. 또한, 북한 및 러시아의 입장에서도 상당액의 통과수수료를 획득함으로써, 커다란 경제적 이익을 얻을 수 있을 것으로 전망하고 있다.

08 운송서류

SMART Physical Distribution

제1절 선하증권

1 선하증권의 의의

선하증권(bill of lading)은 선박에 화물을 적재하여 해로를 통해 화물을 운송하고자 화주가 해상운송업자와 운송계약을 체결하는 경우에, 그 운송계약의 증거서류로서 선박회사가 발행하는 운송서류이다.

일반적으로, 화주는 화물을 선박에 적재할 수 있는 장소까지 운반하고, 이를 수취한 본선의 선장은 화물을 선박에 선적하고 그 증거서류로서 본선수취증(mate's receipt)을 화주에게 교부하게 된다. 화주는 본선의 선장으로부터 교부받은 본선수취증을 선박회사에 제시하고, 선박회사는 이를 근거로 하여 선하증권을 발행해 준다.[1)]

선하증권은 육상운송의 화물수취증과 같이 운송계약의 증거서류로서의 역할과 화주로부터 화물을 해상운송업자가 수취하였다는 사실을 입증하는 역할뿐만 아니라, 화물의 권리를 나타내는 권리증권(document of title)으로서의 역할을 수행하는 매우 중요한 서류이다.

1) 그러나, 실무적으로는 선박회사가 본선수취증을 화주에게 교부하지 않고, 본선수취증을 근거로 선하증권을 발급하여 화주에게 교부하고 있다.

2 선하증권의 유형

1) 선적 선하증권과 수취 선하증권

선적 선하증권(shipped or on board B/L)은 증권면에 "shipped" 또는 "shipped on board"와 같이 실질적으로 화물의 선적 완료를 증명하는 문구가 표시되어 있다. 수취 선하증권(received B/L)은 지정 선박이 아직 부두에 정박하지 않았거나 입항조차 하지 않은 상태에서 화물을 선박회사의 부두창고에 입고시킨 경우, 선적을 위한 수취(received for shipment) 형식으로 발행되는 선하증권의 형태를 말하는데, 복합운송이 보편화된 오늘날에는 선적(shipped on board)의 개념보다는 인수(taken in charge)의 개념이 더욱 중요하기 때문에, 수취식으로 발행된 선하증권을 인정하지 않을 수 없다.

2) 무고장 선하증권과 고장 선하증권

무고장 또는 무사고 선하증권(clean B/L)은 본선상에 계약 화물을 선적할 때, 그 화물의 상태가 양호하고 수량이 맞아 비고(remarks)란에 아무 것도 기재되지 않고, 증권면에 "외관상 양호한 상태로 선적된(shipped on board in apparent good order and condition)"이라고 표시되어 있는 선하증권을 말한다.

고장 또는 사고부 선하증권(foul or dirty B/L)은 비고란에 "6 bags torn", "5 packages short in dispute", "3 cases loose strap" 등 선박회사가 인수할 당시 포장 상태가 불완전하거나 수량이 부족한 경우에 이러한 사실을 증권상에 기재하게 되는데, 이와 같은 내용이 기재되어 있는 선하증권을 말한다.

3) 기명식 선하증권과 지시식 선하증권

기명식 선하증권(straight B/L)은 선하증권의 수하인(consignee)란에 수하인인 수입업자의 이름이 명확히 기재되어 있는 선하증권을 말한다. 이러한 기명식 선하증권은 무역화물에는 이용되지 않고, 이삿짐 또는 개인의 물품을 발송하는 경우에 주로 이용되고 있으며, 유통이 되지 않으므로 송하인의 배서는 필요하지 않다. 예를 들어, 선하증권의 수하인란에 "Mr. Kim"으로 되어 있다면, "Mr. Kim"

이 양도하지 않는 이상 다른 사람에게는 화물에 대한 권리가 전혀 없는 것이다.

지시식 선하증권(order B/L)은 선하증권의 수하인란에 특정의 수하인명이 기재되지 않고, 단순히 "to order", "to order of shipper", "to order of bank" 등으로 기재하여 양도를 목적으로 한 선하증권으로서, 대부분의 무역거래에서 사용되고 있는 선하증권의 형태이다. 실무적으로, 지시식 선하증권의 경우 수입업자의 이름과 주소는 수하인란이 아니고 통지수령인(notify party)란에 기재되며, 수입업자가 화물 혹은 화물인도지시서(delivery order)를 선박대리점에서 수취하기 위해서는, 이와 상환으로 정당하게 배서된 선하증권 원본 1통을 제출하여야 한다.

4) Forwarder's B/L

운송주선인(freight forwarder)은 고유의 운송주선인과 운송계약 당사자인 운송주선인의 2종류가 있다. 전자는, 자기의 명의로 위탁자(송하인)와 계약하여 고유한 의미에서의 물건운송의 주선 내지 그에 부수하는 업무의 수행을 영업으로 하는 운송주선인을 말하며[2], 후자는, 직접 운송을 하거나 운송을 인수한 것으로 인정되어 운송인과 동일한 권리와 의무를 갖게 되는 운송주선인을 지칭한다.[3] 유사한 개념으로는 복합운송주선인이 있다.

고유의 해상운송인의 경우에는, 운송주선인은 화주로부터 화물운송의 주선을 의뢰받고 운송인과의 사이에 자기의 이름으로 운송계약을 체결하게 된다. 따라서 운송인과 운송주선인 사이에 있어서는 운송주선인이 화주로서의 지위에 선다.

그러나 후자의 경우는 운송주선인이 직접 선박을 소유하거나 용선하여 해상운송인이 되거나, 선하증권을 발행하여 운송인이 되므로 선박의 운항과 관련한 책임주체가 된다.[4] 이때 발행되는 B/L이 forwarder's B/L이다.

5) Groupage B/L과 House B/L

운송주선인은 개개의 송하인으로부터 동일한 목적지로 가는 다양한 종류의 소량화물을 집하하여 하나의 "group"으로 선적할 수 있다. 이때 선박회사가 집

---

2) 우리나라 상법 제114조.
3) 우리나라 상법 제116조 2항.
4) 김인현, "선박운항과 관련한 책임주체확정에 대한 연구", 고려대학교 대학원 박사학위논문(1998. 12), p. 50.

단화물에 대해 발행하는 선하증권이 groupage B/L(집단선하증권)이다. 한편, 운송주선인은 groupage B/L을 직접 교부할 수 없기 때문에, groupage B/L을 기초로 개별 송하인에게 house B/L을 발급해 준다.

6) 통선하증권(through B/L)

복수의 운송인이 관여한 통운송에 대한 운송증권으로서, 1인의 운송인이 2종 이상의 운송수단으로 운송하는 경우와, 2인 이상의 운송인이 공동으로 운송할 경우, 운송인 간에 승계운송계약이 체결되기 때문에, 최초의 운송인이 전 구간에 대하여 발행하는 B/L이다. 통운송은 동종운송수단 또는 이종운송수단 모두 가능하나 복합운송은 이종운송수단과의 결합을 말한다.

3 선하증권의 성질

전통적으로, 선하증권은 요인증권, 요식증권, 문언증권, 인도증권, 제시증권, 상환증권, 처분증권. 지시증권과 같은 법률적 성질을 가지고 있다. 이러한 내용을 구체적으로 살펴보면 다음과 같다.

(1) 요인증권

요인증권이라 함은 증권 상의 권리관계가 성립하려면 특정의 요인을 충족하여야만 하는 것을 말한다. 예를 들어, 수표나 어음과 같은 불요인증권은 그것이 발행됨으로써 권리관계가 즉시 성립되지만, 선하증권은 그렇지 않다. 다시 말해서, 선하증권 상의 권리관계가 형성되려면 선박회사가 화물을 수령하거나 적재하는 행위를 필요로 한다는 것이다. 따라서 화물을 수령하거나 적재하지 아니하는 경우 선하증권은 자동적으로 무효가 된다. 선하증권이 무효가 된다는 것은 수하인이 선하증권을 도착항에서 선박회사에 제시하여도 화물을 인도받을 수 없다는 것을 의미한다.

(2) 요식증권

요식증권이란 증권상의 기재사항이 법적으로 정해져 있는 유가증권을 말한다.

선하증권은 그 기재사항이 상법에 의해 정해져 있기 때문에 요식증권에 해당된다. 왜냐하면, 선하증권의 경우 유통될 것을 목적으로 발행되는 것이기 때문에, 선하증권을 양수하는 제3자가 증권 상의 기재사항만으로도 그 권리관계를 이해할 수 있어야 하고 또한, 선하증권은 운송계약의 증거서류이기 때문에 그러한 운송계약의 내용을 증권 상에 기재해야 하는 것이다.

그런데, 요식증권에는 법적으로 정해진 기재사항 이외의 내용은 무효로 취급하는 증권형식과 법정기재사항 이외의 임의기재사항을 인정하는 증권형식이 존재한다. 대표적으로 수표나 어음 등이 법정기재사항만을 인정하는 증권에 해당되며, 선하증권은 법정기재사항 이외에도 임의기재사항을 인정하고 있는 증권형태이다.

(3) 문언증권

문언증권은 증권 상의 권리관계가 증권면에 명기된 문언에 의해 정해지는 것을 말하는데, 선하증권의 경우 화주와 운송인의 권리관계가 증권에 명기되어 있는 대표적인 문언증권이라 할 수 있다. 이는 증권 상에 명기되지 아니하는 어떠한 관습적 또는 관례적 권리관계 등은 인정하지 않음을 의미한다.

(4) 인도증권

인도증권이란 증권 상의 권리를 행사할 수 있는 자에게 증권을 인도함으로써, 증권 상에 명기된 화물의 권리를 인도하는 것과 동일한 효력을 갖는 것을 말한다. 선하증권의 경우, 이를 인도함으로써 화물의 권리를 인도하는 것과 동일한 효력을 갖고 있는 인도증권에 해당된다. 즉, 선하증권의 선의의 소지인(bona-fide holder)이 화물의 권리를 행사할 수 있는 것이다.

(5) 제시증권

제시증권이란 증권에 명기된 권리를 행사할 때 채무자(발행자)에게 증권의 제시를 요하는 증권을 말하는데, 선하증권의 경우 이러한 제시증권에 해당된다. 따라서 선하증권 상의 수하인이 화물을 선박회사로부터 인도받기 위해서는 반드시 선하증권을 선박회사에 제시해야 하며, 선하증권 이외의 기타 정당한 방법으로 화물의 권리를 입증하더라도 수하인은 화물을 인도받을 수 없는 것이다. 예컨대, 화물은 목적항에 도착하였으나, 선하증권이 도착하지 않으면 수하인은 화물을 인도받을 수 없다.

그러나, 이러한 선하증권의 특성으로 인해 선의의 수하인이 커다란 손해에 직면할 수 있기 때문에 선하증권이 화물보다 늦게 도착하는 경우에는, 수하인이 화물을 선박회사로부터 먼저 인수하고 추후에 선하증권이 도착하면 이를 선박회사에 제출할 수 있도록 하는 이른바 수입화물선취보증장(L/G : Letter of Guarantee)을 발급하여 화물을 인수할 수 있도록 하고 있다. 따라서, 수입화물선취보증장과 상환으로 화물을 수하인에게 인도하는 선박회사는 상당한 주의를 기울여 수입화물선취보증장의 진위성 여부를 판단하는 것이 필요하다.

(6) 상환증권

상환증권은 증권과 상환하지 않고는 채무를 이행할 필요가 없는 증권을 말하는데, 선하증권이 이에 해당한다. 따라서 선박회사는 운송물을 선하증권과 상환으로 수하인에게 인도해야 하는 것이다.

(7) 처분증권

증권상에 명기된 물품에 관한 처분은 반드시 증권으로서 하여야 하는 것을 처분증권이라 한다. 선하증권 또한 이러한 처분증권의 일종이라 할 수 있다.

(8) 지시증권

지시증권은 증권상의 지시인 또는 그 지시인에 의해 지시된 자만이 증권상의 권리를 행사할 수 있는 증권을 말하는데, 선하증권의 경우 이러한 지시증권의 일종이라 할 수 있다.

제2절 해상화물운송장

해상화물운송장(SWB : Non-Negotiable Sea Waybill)이 해상운송에 등장한 것은 1977년 1월 영국의 11개 선사들이 화물의 전매가 없는 운송을 위해, 영국

선주협회의 권고로 대서양항로에서 이를 사용하기 시작하면서부터였다.[5] 이것은 해상운송에 대하여 발행되는 것이며,[6] B/L과 달리 단지 화물수령증을 표시한 증거증권이며 유가증권은 아니다.

최근 해운시장의 변화를 주도하고 있는 것은 컨테이너선의 대형화와 함께 신속화 현상의 급진전이라 할 수 있다. 따라서 물품이 운송서류보다 먼저 목적지에 도착하는 경우가 빈번히 발생하고 있다. 이와 같은 경우에 현행상 관습에서는 B/L대신에 L/G를 이용하고 있으나, L/G보증에 따른 까다로운 절차와 비용, 그리고 L/G 위조 등으로 인해 많은 문제점이 발생하고 있다. 이러한 문제점을 해결하고 물품의 신속한 인도를 위해 해상화물운송장의 사용이 증가하고 있다.

해상화물운송장은 선하증권과는 달리 비유통성 증권으로서 화물의 인도 시에 해상화물운송장 자체의 제시가 이루어지지 않아도 무관하다는 점에서 그 효용이 크게 증가하고 있다. 대서양항로를 운항하는 컨테이너선에서 많이 이용되고 있으며, 또한 일본과 북미항로 및 극동 지역을 중심으로 송하인과 수하인이 모기업과 자회사의 관계에 있는 경우의 대부분이 해상화물운송장을 이용하고 있는 상황이다.

현재 사용되고 있는 SWB는 외견상 B/L과 거의 같다. 다만, "bill of lading" 대신에 "waybill" 또는 "sea waybill"로 되어 있고, "증권과 상환하여 화물을 인도한다"는 B/L의 문언 대신에 "SWB에 기재되어 있는 수하인에게 본인임이 입증되면 화물을 인도한다."고 명기되어 있다.

이와 같이 해상화물운송장을 이용한 화물운송은 일종의 무서류 거래(documentless) 방식이기 때문에 EDI(Electronic Data Interchange) 방식에 관한 국제적인 통일규칙의 정비와 합의가 이루어진다면 이용률이 더욱 증대될 것으로 기대된다.

---

5) 대표적인 서식이 UK standard liner waybill이다.

6) 해상화물운송장은 해상운송뿐만 아니라, 복합운송에도 사용이 가능하다. 복합운송에 사용되는 해상화물운송장의 대표적인 서식은 The P&O Container Limited Waybill을 들 수 있다.

제3절 용선계약서

1 용선계약서의 의의

일반적으로, 용선계약은 대량의 산화물을 운송하고자 하는 경우에 선박 또는 선복을 용선하여 화물을 운송하는 해상운송계약이다. 따라서 용선계약은 용선자와 선주 간에 직접 체결되거나 또는 용선중개인에 의해 성립하게 되는데, 이러한 용선계약의 체결에 따른 증거서류로서 선주와 용선자 간에 작성하는 것이 용선계약서(charter party)이다. 용선계약서는 용선자와 선주가 맺은 용선계약의 증거증권일 뿐이며, 여타의 다른 법적 효력은 가지고 있지 않다.

2 용선계약서의 특성

용선계약서는 선주와 용선자가 체결한 단순한 운송계약의 증거증권으로서 용선자와 선주의 의무와 책임을 규정해 놓은 계약서에 불과하다. 이러한 용선계약서의 특성을 정기선운송의 개품운송계약의 증거서류인 선하증권과 비교하여 설명하면 다음과 같다.

1) 발행자

선하증권은 선주 또는 그 대리인에 의해 발행되고 또한 서명된다. 여기서, 송하인은 선하증권상에 아무런 서명을 하지 않는 것이 일반적이다. 그러나 용선계약서는 용선자와 선주가 함께 작성하여 서명을 병기하게 된다. 한편, 선하증권의 경우 송하인의 서명이 있는 경우가 있는데, 이는 증권상에 명기된 운송조건에 대한 확인을 의미하는 것일 뿐이며, 송하인의 서명 유무에 관계없이 선하증권은 효력을 갖는 것이다.

2) 발행시기

일반적으로, 선하증권은 운송인에 의해 화물이 적재되거나 또는 적재할 것을 목적으로 화물을 운송인이 수령한 시점에서 발행된다. 그러나 용선계약서는 용선계약의 이해관계자인 선주와 용선자가 용선계약을 체결할 당시에 발행되기 때문에, 화물을 선주가 인도받기 이전에 발행되게 된다. 이는 용선계약서의 경우 선하증권과 같이 권리증서가 아니라, 단순한 용선계약의 증거서류로서의 역할을 수행하고 있기 때문이다.

3) 법적성질

선하증권은 증권의 인도가 증권상에 명기된 화물의 권리를 인도하는 것과 동일한 효력을 갖고 있지만, 용선계약서의 경우에는 화물에 대한 권리증권의 역할을 하지 않는다.

4) 기재내용

선하증권은 그 기재할 사항이 법적으로 정해져 있는 요식증권이지만 용선계약서의 경우에는 법정기재사항이 없고, 선주와 용선자 간에 계약을 체결할 당시에 협의하여 기재할 내용을 정하게 된다.

제4절 항공화물운송장

1 항공화물운송장의 의의

항공화물운송장(AWB : Air Way Bill)은 항공회사가 화물을 항공기로 운송하는 경우 송하인과 항공회사 간에 운송계약의 체결을 증명하는 육상운송의 화물수취증 및 해상운송의 해상화물운송장에 해당하는 기본적인 운송서류이다.

이와 같은 항공운송장(AWB)은 항공운임의 청구를 나타내는 운임계산서이며, 운송회사의 화물수취를 증명하는 화물수취증의 역할을 하고 있다. 또한, 항공운송계약을 증명하는 운송계약서의 기능뿐만 아니라, 송하인이 보험에 가입한 경우 보험가입증서로 이용되기도 하며,[7] 통관 시에는 세관신고를 위한 서류로 이용되기도 한다. 그러나 선하증권과 같이 운송화물의 권리를 나타내는 권리증권은 아니다.

2 항공화물운송장의 특성

항공화물운송장의 특성을 해상운송의 선하증권과 비교해 보면, 다음과 같은 차이가 있다.

첫째, 선하증권은 화물에 관한 권리를 나타내는 유가증권인데 반해서, 항공화물운송장은 단순히 항공운송계약의 증거서류로 유가증권이 아니다.

둘째, 선하증권은 일반적으로 유통될 것을 목적으로 발행되기 때문에 유통성을 가지고 있으며 발행형식 또한 증권에 의해 권리를 지시하는 지시식으로 발행되는 것이 일반적이지만, 항공화물운송장은 유통성도 없고 발행형식도 기명식으로 발행된다. 이는 선하증권이 권리증권이며 유통증권인데 반해 항공화물운송장은 그렇지 않음을 의미하는 것이다.

셋째, 선하증권은 선박회사가 화물을 적재하거나 적재하기 위해 화물을 수령하는 시점에서 선적식 또는 수취식으로 발행되지만 일반적으로 선적 선하증권이

•표 2-9 항공화물운송장과 선하증권의 비교

	항공화물운송장	선하증권
법적성격	유가증권이 아님	유가증권
유통성	비유통성(non-negotiable)	유통성(negotiable)
발행방법	기명식	지시식(무기명식)
발행시기	화물 수취 시 발행(수취식)	적재 시 발행(선적식)
작성자	송하인이 작성	운송회사가 작성

7) AWB에 보험금액 및 보험료를 기재한 화주보험(air way bill 보험)을 부보한 경우에는 보험증서로서의 기능을 한다.

통용되고 있는 데 비해, 항공화물운송장은 항공회사가 화물을 수취한 시점에 발행되는 것이 보통이다.

끝으로, 선하증권의 작성인은 선박회사인 운송회사인데 비해, 항공화물운송은 항공회사가 아닌 송하인이 원칙적으로 작성하게 된다.[8)]

제5절 복합운송증권

1 복합운송증권의 의의

복합운송증권(multimodal transport document)은 이종의 운송수단을 결합하여 화물을 운송하기 위해 복합운송인과 화주가 복합운송계약을 체결하는 과정에서 그 계약의 증거서류로서 발행되는 운송서류를 말한다. 이러한 복합운송증권은 전 운송구간에 걸쳐 적용되는 것이며, 선하증권과 마찬가지로 복합운송계약의 증거서류일 뿐만 아니라, 화물에 대한 권리증권으로서의 기능을 수행한다.

2 복합운송증권의 유형

복합운송증권은 그 발행주체에 따라 실제운송인이 발행한 복합운송증권과 운송주선인이 발행한 복합운송증권으로 구분된다. 이때 운송주선인은 복합운송인 또는 그 대리인의 자격으로 행동하는 자를 말한다. 따라서 현재 사용되고 있는 복합운송증권은 다음과 같이 분류할 수 있을 것이다.

1) 실제운송인이 발행한 복합운송증권

실제운송인이 발행한 복합운송증권은 기존의 선하증권에 복합운송을 의미하는

8) 우리나라는 운송인(항공사)이 항공화물운송장을 작성·교부하고 있다. 운송인이 송하인의 동의하에 작성하더라도, 그것은 송하인을 대신하여 작성한 것으로 추정한다.

명칭을 붙인 multimodal transport B/L, combined transport B/L, intermodal transport B/L, through B/L 등으로 발행된다.

2) 운송주선인이 발행한 복합운송증권

운송주선인의 국제적인 조직인 FIATA[9]가 제정한 표준양식에 의거하여 발행된 복합운송서류로서 보통 FBL또는 FIATA FBL이라 한다. 현재 우리나라를 비롯하여 세계적으로 통용되고 있는 FBL은 지난 1992년 UNCTAD/ICC 복합운송증권 규칙에 준거하여 개정, 1994년 3월 1일부터 사용한 것으로 "Negotiable FIATA Multimodal Transport Bill of Lading issued subject to UNCTAD/ICC Rules for Multimodal Transport Documents(ICC Publication 481)"로 상단에 표시되어 있다.

이 징권은 복합운송증권상에 명기된 복합운송인의 책임원칙에 따라 이종책임 복합운송증권, 단일책임 복합운송증권, Tie-up 방식의 복합운송증권, 수정책임 복합운송증권 등으로 나누어 볼 수 있다. 예컨대, 복합운송인의 책임의 원칙과 손해배상 한도가 각 운송수단에 적용되는 규칙 또는 조약에 규정된 사항을 따르도록 되어 있는 것은 이종책임 복합운송증권이 되는 것이고, 하나의 규칙 또는 조약을 따르도록 규정하고 있다면 단일책임 복합운송증권이 되는 것이다.

3 복합운송증권의 특성

복합운송증권은 선하증권과 거의 동일한 법적 특성을 가지고 있다. 실제로 복합운송증권은 선하증권과 마찬가지로 요인증권, 요식증권, 문언증권, 권리증권, 제시 및 지시증권이며, 운송계약의 증거서류 및 화물의 수취를 증명하는 서류이다. 복합운송증권의 특성을 선하증권과 비교하여 정리하면 다음과 같다.

1) 발행자

선하증권은 운송업자인 선박회사가 발행하지만 복합운송증권의 경우에는 1차

9) Federation Internationale des Associations de Transitaires et Assimiles의 약어로서 국제복합운송인협회연맹을 뜻한다.

운송인이 발행한다. 또한 선하증권과 달리 복합운송주선인(freight forwarder)에 의해 발행된 서류도 유효한 것으로 인정된다.

2) 담보범위

복합운송증권은 송하인의 문전에서 수하인의 문전까지의 전 운송구간을 담보로 발행되는 운송서류로서 해상운송 구간만을 담보하는 선하증권과는 많은 차이점을 가지고 있다. 따라서 복합운송인의 책임구간도 화물을 인수한 시점에서 수하인에게 화물을 인도할 때까지의 전 운송구간에 걸쳐 책임을 지게 된다.

3) 발행시점

선하증권은 일반적으로 해상운송인이 화물을 본선에 적재한 시점에서 발행되는 선적식으로 발행되지만, 복합운송증권은 송하인으로부터 화물을 인수한 시점에 발행되는 수취식으로 발행되는 경우가 대부분이다.

표 2-10 복합운송증권과 선하증권의 비교

	통선하증권	복합운송증권
운송수단의 조합	동종 및 이종수단	이종수단 간의 결합
운송계약형태	형태불문	복합운송계약
운송인의 책임	각 운송구간 분할책임	전 운송구간 단일책임
운송인의 관계	화주와 운송인의 관계	원청과 하청운송인
증권의 발행인	선박회사나 대리인	운송인 및 주선업자
증권의 형식	B/L 형식만 가능	B/L 이외의 형식도 가능

제3부

보관하역론

09 보관관리

SMART Physical Distribution

제1절 보관의 개요

1 보관의 의의

보관물류(storage logistics)는 생산과 소비의 거리조정을 통한 시간적 효용(time utility)을 창출하는 물류의 핵심 분야이다. 특히, 보관물류활동은 고객서비스의 최전선 기능, 운송과 배송 사이의 윤활유 기능, 생산과 판매의 조정 및 완충기능[1], 화물의 집산, 분류, 구분, 검사 등과 같은 제반기능을 복합적으로 수행하고 있다.

2 보관의 역할

보관은 보관과 관련된 설비기기와 보관방법에 관련된 재고관리, 보관 전체를 유기적으로 작동시키는 시스템의 3가지 측면에서 파악할 수 있다. 즉, 보관에 관련된 설비기기란 보관에 관련된 하드웨어의 측면을 말하며, 재고관리는 소프트웨어에 해당되는 관리기법을 의미한다. 그리고 시스템이란 설비기기와 재고관리를 유기적으로 결합하여 하나의 통합된 시스템으로 가동하는 것을 말한다. 이러한 보관의 주요기능을 살펴보면 다음과 같다.

---

1) 기업들은 물품을 충당받지 않고도 일정 기간 현 운용수준을 유지할 수 있는 완충재고(buffer stock)를 보유함으로써 품절방지나 수요급증에 대비하고 있다.

(1) 고객 서비스의 최전선 기능

보관 또는 재고는 항상 거래선과의 접점에 존재한다.

(2) 운송과 배송 사이의 윤활유 기능

운송에 의해 공장으로부터 대량으로 보내진 제품을 보관하여 거래선에게 적은 단위로 배송할 수 있다. 즉, 보관이 이러한 기능을 수행함으로써 운송과 배송이 원활하게 이루어지는 것이다.

(3) 생산과 판매와의 조정 또는 완충기능

계속적이고 안정적인 영업을 전제로 하는 생산과 재고를 원활히 하는 완충기로서의 기능을 재고가 수행하고 있다.

(4) 집산·분류·구분·조합·검사장소의 기능

보관을 대표하는 배송센터의 기능을 의미하는 것으로 보관 장소에서는 집하 또는 배송기능과 함께 도착한 화물이나 출하하기 위한 화물을 분류·구분·검사·조합한다. 따라서 보관은 단순한 저장기능을 뛰어넘어 점차 그 비중이 증대되고 있다.

3 보관의 원칙

(1) 통로대면의 원칙

통로에 면하여 보관하는 것으로 보관에 필요한 충분한 공간을 확보하는 원칙이다.

(2) 높이 쌓기 원칙

창고 전체의 유효보관을 증대시키기 위해서 평평하게 쌓는 것보다 파렛트 등을 이용하여 높이 쌓는 것이 보관효율이 높다.

(3) 선입선출의 원칙

선입선출(FIFO : First In First Out)의 원칙은 먼저 입고한 것을 먼저 출고하는 것으로 라이프 사이클 관련 품목들의 보관에 주로 이용한다.

(4) 회전 대응의 원칙

물품 보관 장소의 회전 정도에 따라서 결정해야 하며, 출입구 동일 시 입·출하 빈도가 높은 화물은 출입구에 가까운 장소에서 보관한다.

(5) 동일성·유사성의 원칙

동일품종은 동일 장소에 보관하며, 유사품은 인접 장소에서 보관한다.

(6) 중량 특성의 원칙

중량물이거나 대형물은 하층부에, 경량물, 소형물은 상층부에 보관한다.

(7) 형상 특성의 원칙

표준품인 경우에는 랙(rack)을 사용하고 비표준품은 형상에 맞게 제작한다.

(8) 위치표시의 원칙

보관품의 장소, 선반 번호 등 위치를 표시함으로써 입출고작업을 단순화한다. 또한, 창고 내 작업자의 불필요한 시간 및 운영비용을 줄일 수 있다.

(9) 표시의 원칙

시각적으로 보관품을 용이하게 식별할 수 있도록 보관하는 원칙으로 창고 내 작업자의 시각에 의하여 보관품의 장소, 보관품 자체를 쉽게 파악할 수 있도록 한다.

(10) 네트워크 보관의 원칙

관련품목을 한 장소에 모아 보관하는 원칙으로, 출하품목의 다양화에 따른 보관상의 곤란을 예상하여 물품정리가 용이하도록 보관하는 방식이다.

4 보관의 방식

(1) One Way 방식

입고구와 출고구가 별도로 설치되어 입고되는 물품이 일방통행으로 창고 내를 이동하며 출구에서 반출되는 방식이다.

(2) U Turn 방식

입고구와 출고구가 동일하거나 동일한 편에 있어서 보관물품은 보관 후 입고방향과는 반대방향의 흐름으로 출고되는 방식이다.

그림 3-1 보관의 방식과 흐름

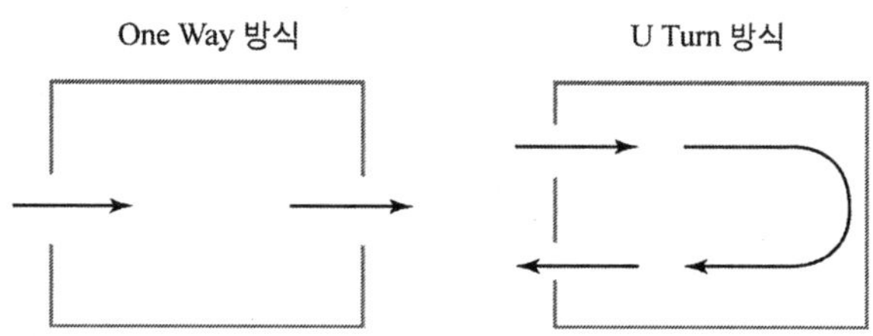

제2절 유통단지와 보관시설

1 유통단지의 의의

유통단지는 상품의 수송, 보관, 포장, 통관, 도소매, 정보처리 등을 위한 유통시설(상류와 물류시설)과 지원시설을 집단적으로 설치, 육성하기 위하여 체계적으로 계획되어 지정·개발되는 토지이다. 유통단지는 단일의 시설이 아니라 여러 가지 시설들이 상호유기적이고 종합적으로 집단화되어 화물과 상품이 공급자로부터 수요자에까지 이르는 과정에서 발생할 수 있는 모든 공정을 처리할 수 있는 단지라고 정의할 수 있으며 가장 포괄적인 개념의 물류시설이라고 할 수 있다.

이들 유통단지 중에서 보관 및 저장업무를 주로 수행하는 시설을 보관시설이라 한다. 보관시설은 창고를 비롯한 다양한 설비들이 집단화되어 있는 경우가 많다.

2 보관시설의 분류

1) 배송센터

(1) 배송센터의 의의

배송(물류)센터(distribution center)는 물류거점인 유통단지 중에서 순수한 물류기능만을 담당하는 화물터미널, 창고단지, 유통가공시설의 일부 장소로써 유통단지 가운데 제조업자의 배송, 유통, 가공센터, 도매업자의 상사, 도매기지 또는 대형 소매점(백화점, 할인점 등)의 배송기지 등을 의미하며, 집배송센터 또는 집배센터라고도 불리는 물류거점이다.

최근, 배송센터는 대량생산에 따른 소비의 타이밍 조절을 위한 보관활동의 필요성이 증대되고, 경제적 운송 단위로의 출하 및 입하를 수행하기 위한 일시적 보관활동이 요구됨에 따라 중요성이 더욱 증대되고 있는 상황이다.

이와 같은 배송센터는 분산 보관된 재고의 집하, 보관, 하역의 효율성 제고, 다품종 소량화물의 집약 및 계획수송을 위한 화물의 집합작업을 수행하고 있으며, 생산과 소비의 조정활동과 고객에 대한 배송서비스 수준의 향상 등을 주요 목적으로 하고 있다.

(2) 배송센터의 역할

① 입하 및 격납

도착한 상품이 입하예정 및 납품전표와 틀림없는지를 점검하고, 상품을 랙 실비 등이 있는 보관지역에 적재하여 둔다. 그 결과는 즉시 물류센터 내 해당 부서, 생산공장 또는 공동물류센터 내의 참여기업 등에 통지하여 정보를 공유하여야 한다.

② 보관

일반적으로 입출고빈도나 포장형태에 따라 구분 보관할 필요가 있다. 즉 ABC분석 결과 입출고빈도가 높은 상품일수록 출고구에 가까운 곳에 보관하는 것이 좋다. 상품별로 보관하는 것보다 포장형태별로 보관하는 것이 입고나 집품작업에 더 효율적이다. 또한 선입선출이 가능하도록 저장해야 하고, 통로 폭은 지게차가 충분히 작업할 수 있을 정도가 되어야 하며 통로 공간을 효율적으로 이용하기 위해 고층선반을 사용하는 것이 바람직하다. 불량재고는 정해진 방법과 순서에 따라 정기적으로 처분하도록 해야 한다.

③ 피킹

주문에 의거해 보관장소에서 상품을 꺼내는 피킹작업(picking)을 할 때는 가능한 한 동선을 짧게 하고 작업 시 교차되지 않도록 정해진 집품작업순서를 준수해야 한다. 특히 레이아웃(layout)을 디자인할 경우 유의해야 한다.

④ 유통가공

가격표 부착, 바코드 부착, 포장 등 유통가공은 공정관리기법을 사용하여 작업계획을 수립한다. 즉 출하시기를 기준으로 작업계획을 수립하고 시간대별로 작업량이 불규칙하지 않도록 평준화한다.

⑤ 검품·포장

출하 전의 최종 점검업무인 이 단계에서 실수를 하면 고객에게 나쁜 이미지를 남기게 되며 이를 처리하기 위해 불필요한 비용이 발생한다. 따라서 작업계획을 적절히 수립하는 동시에 정해진 순서에 의해 업무를 수행하는 것이 중요하다. 이 과정에서 검품이 철저하게 이루어지면 납품받는 곳에서 별도로 검품할 필요가 없어진다. 이렇게 되면 고객의 입장에서 매우 편리하며, 다른 물류센터와의 경쟁에서도 유리한 입장에 설 수 있다.

⑥ 방향별 분류 및 출하

포장한 상품을 배송하는 트럭별로 분류하고, 종래의 판매 선별 및 상품별 수송방식을 공동 수·배송방식으로 변경하여 수송효율을 극대화시키고 배송시간을 단축하도록 한다.

(3) 배송센터의 운영효과

배송센터는 판매지원 및 수급조정, 과잉재고 및 재고편재 방지, 배송기지 역할, 물류채널의 일원화를 통한 효율성 제고, 다양한 고객욕구 부응, 중복수송·

교차수송방지 등의 역할을 수행한다. 이러한 배송센터의 운영을 통해 얻을 수 있는 효과를 살펴보면 다음과 같다.

첫째, 재고량을 시계열적으로 분석할 수 있으므로 시장동향을 쉽게 파악할 수 있고, 인기상품과 사양상품을 신속히 파악할 수 있다. 인기상품의 결품이나 사양상품의 재고 증가를 방지할 수 있고 납기도 단축시킬 수 있다.

둘째, 창고나 배송센터를 지역별로 설치할 경우 거점 간에 상품을 수송하는 빈도가 높아져 수송비가 증가한다. 따라서 물류센터를 한 곳에 집중해 설치할 경우 거점 간의 수송업무가 줄어든다.

셋째, 창고수가 줄어들어 창고관리업무와 관리직원 수가 줄어든다.

넷째, 불필요한 재고가 줄어들고 재고의 편중현상이 완화되며 창고별 과부족이 줄어든다.

다섯째, 결품율이 낮아지고 적시배송이 가능해진다.

끝으로 물류시설 집약화로 인한 물류량 증대로 물류업무의 자동화, 성력화(性力化), 정보시스템화에 대한 설비투자가 가능해지고, 저렴한 비용으로 대고객 서비스를 제공할 수 있게 된다.

2) 공동집배송단지

(1) 공동집배송단지의 의의

공동집배송단지는 상품을 제조업자나 생산지로부터 집하하여 보관·가공 또는 포장하고 수요자에게 배송하며 관련 유통정보를 종합·분석 및 처리하기 위하여 체계적으로 계획되고 개발된 일단의 유통업무설비의 단지(도소매업진흥법 제2조)를 말한다.

구체적으로 도시 내 소매점에 상품을 공급하기 위해 제조업자 및 유통업자가 상품을 생산지에서 집하하여 보관·가공·포장·배송하고 관련 유통정보를 종합·분석·처리하는 유통업무설비단지로 판매기능 중심의 물류시설이다.

(2) 공동집배송단지의 역할

공동집배송단지는 하역시설, 터미널시설, 보관시설, 분류시설, 포장·가공시설, 정보시설관리·부대·지원시설 등으로 구성되어 있으며, 공동수송을 위한 집배송기능, 일시적 상품보관을 위한 창고기능, 소규모의 단순가공기능 등을 수행한다.

(3) 공동집배송단지의 운영효과

공동집배송단지를 운영함으로써 배송센터를 한 단지에 집결시켜 공동물류에 의한 물류비용을 절감할 수 있으며 다수업체의 배송물량을 통합하여 계획 배송함으로써 차량의 적재효율을 높이고 배송횟수 및 운반거리를 합리적으로 단축시키는 것이 가능하다. 또한 개별 점포에서 상품을 선별·절단·세척·혼합·포장 등 가공처리하는 방식에서 공동으로 가공처리함으로써 상품흐름을 원활히 하고, 전문 인력을 공동으로 활용하며, 공간을 효율적으로 활용할 수 있는 이점이 있다.

그리고 제품의 공동구매와 공동보관으로 인한 수익증대와 상품의 공급조절을 통한 가격의 급등락을 방지하여 가격안정효과도 거둘 수 있다.

3) 복합화물터미널

(1) 복합화물터미널의 의의

복합화물터미널은 자동차운송, 철도운송과 같은 육상운송 간의 접점기능과 화물의 중계기능 및 도시 내 집배송기능을 수행하는 대표적인 내륙 운송노드(node)를 말하며, 화물취급장, 화물자동차 정류장, 배송센터, 운송수단 간 연계센터, 화물정보센터, ICD(Inland Container Depot) 및 CY(Container Yard)/CFS (Container Freight Station), 창고시설, 공공편의시설 등을 갖추고 있는 것이 일반적이다.

그러나 현재에는 창고단지, 유통가공시설, 물류사업자의 업무용 시설 등을 결합하여 종합물류기지로서의 역할을 수행하고 있다.

이러한 복합화물터미널은 기본적으로 운송수단 간의 연계기능을 수행하는 운송거점이기 때문에, 어떠한 운송수단을 연결하는지에 따라 다양한 형태로 나누어 볼 수 있다. 복합화물터미널의 유형을 구체적으로 살펴보면, 공로와 공로를 연결하는 트럭터미널[2], 공로와 철도를 연결하는 내륙 복합화물터미널, 공로 및 철도와 항만을 연결하는 해륙 복합화물터미널, 공로와 항공로를 연결하는 공륙 복합화물터미널, 공로 및 항만, 항공로를 복합적으로 연결하는 육해공 복합화물

2) 트럭터미널(truck terminal)은 화물자동차를 보유한 자동차운송업자들의 편의를 도모하기 위해 유통단지와 같은 운송노드(node) 안에 건설된 공동발착기지를 말한다.

터미널, 내륙에서 컨테이너를 처리하는 내륙 컨테이너 데포(inland container depot) 등이 있다.

특히, 우리나라의 경우 철도운송과 자동차운송망의 원활한 연계를 위해 내륙 복합화물터미널을 설치하여 운영하고 있는데, 그 대표적인 예로 수도권지역의 물동량을 처리하기 위한 부곡 복합화물터미널, 부산항을 중심으로 한 경남지역의 물동량을 처리하기 위한 양산 복합화물터미널 및 광양항을 포함한 호남지역의 물동량 처리를 위한 호남권 복합화물터미널 등이 있다.

(2) 복합화물터미널의 역할

일반적으로 복합화물터미널은 터미널기능, 화물혼재기능, 유통 및 보관기능, 정보센터기능, 배송센터기능 등을 수행하고 있다.

첫째, 터미널기능은 복합화물터미널의 가장 기본적인 업무로 육상화물 운송의 거점으로서의 역할을 수행하는 것을 의미한다.

둘째, 화물혼재기능은 운송화물의 발송지, 특성화주 등에 따라 화물을 혼재하여 운송의 효율성을 제고시키고, 공차율(empty rate)을 줄임으로써 운송비용과 교통 혼잡의 문제를 해결하는 역할을 수행하는 것을 의미한다.

셋째, 유통 및 보관기능은 단순히 화물의 적재나 혼재작업에서 탈피하여 시장의 요구와 상황에 따른 유통활동과 화물의 일시적 보관활동을 통해 화물의 부가가치(value-added)를 향상시키는 역할을 수행하는 것을 말한다.

넷째, 복합화물터미널은 화주정보, 화물정보, 운송정보, 시황정보 등을 교환하는 정보센터로서의 역할을 수행한다.

끝으로, 복합화물터미널은 생산업자의 배송센터로서의 역할을 수행하고 있다. 대부분의 생산자들은 비용 및 운영상의 문제로 인해 다수의 배송센터를 확보하는 데 커다란 어려움을 겪고 있는 상황이다. 따라서 생산업자들은 복합화물터미널에 화물을 일시적으로 보관하고 있다가 고객으로부터 주문을 받게 되면 신속하게 화물을 배송함으로써 상당한 경제적 이익을 얻을 수 있다.

(3) 복합화물터미널의 운영효과

복합화물터미널을 적극적으로 활용하면, 운송수단 간의 효율적 배분이 가능해지고, 중·소도시와 대도시를 연결하는 운송거점이 될 수 있으며, 화물자동차 및 철도화차의 공차율(empty rate) 감소로 인한 교통체증(traffic jam)의 완화와 같은 효과를 기대할 수 있다. 또한, 화물정보망의 통합을 통한 화물추적시스템을 구축함으로써 고객에 대한 서비스를 향상시키고, 수출입 화물의 합리적 운송을 위한 집하·운송·배송업무의 체계화 및 일관화를 달성할 수 있다.

4) ICD

(1) ICD의 의의

ICD(Inland Container Depot)는 원래 내륙통관기지를 뜻하지만 일반적으로 항만 혹은 공항이 아닌 공용내륙시설로서 공적권한을 지니고 있으며, 고정화된 설비를 가지고서 모든 가능한 내륙운송형태에 의해 미통관된 상태에서 이송된 제 종류 화물의 일시적 저장이나 취급에 관한 서비스를 제공하고 있다. 또한 세관 통제 아래 놓여 있고, 세관과 그 밖에 즉시 수출, 연계운송을 위한 일시적 장치, 재수출, 임시입국, 입고, 입국통관을 전문으로 하는 대리인을 포괄하고 있는 곳으로 내륙컨테이너기지로 불리고 있다. 보통 ICD는 통관, 장치보관, 집화, 마샬링야드, 컨테이너수리, 화물주선, 재고관리, 포장 및 내륙운송의 기능을 수행하고 있다.

외국의 내륙운송체계는 주로 철도를 중심으로 발달하였는데 영국, 프랑스 등 유럽국가의 정기고속열차와 Intercontainer 체제, 미국의 2단적 열차(DST : Double Stack Train) 체제에서 볼 수 있듯이 on-dock 철도터미널 및 ICTF(Intermodal Container Transfer Facility)의 건설을 통하여 항만, 철도, 공로에 의한 내륙연계운송체제가 확립되어 있다.

특히 철도망과 도로망이 잘 갖추어진 외국에서는 ICD가 충분히 활용되고 있어 장거리 운송구간에서는 TOFC(Trailer On Flat Car)방식과 COFC(Container On Flat Car)방식을 채택한 철도에 의하여 ICD로부터 공로로 운송되는 내륙운송체제가 갖추어져 있다.

최근 유럽의 항만들은 CFS시설을 컨테이너터미널 밖으로 이전시키고 있는 추세이다. 이는 CFS의 위치가 컨테이너화물의 흐름, CFS시설의 규모와 배치, 터미널에 출입하는 내륙연계운송 물동량에 영향을 미치기 때문이다.

(2) ICD의 역할

ICD는 통관, 장치보관, 집화기능, 컨테이너수리, 화물주선, 포장 등의 기능을 담당하고 있는데, 오늘날 ICD는 항만이 아닌 내륙에 설치되어 있는 시설로 운송기지 또는 운송거점으로서의 역할이 강조되고 있으며, 컨테이너화물의 통관, 적재 및 하역, 배송, 혼재, 보관, 집화, 컨테이너수리 등의 기능을 수행하여 세관 외에 선박회사, 운송회사, 운송주선인, 은행, 정비공장, 포장회사 등이 위치하게 된다.

ICD는 항만에서 반드시 이루어져야 하는 본선작업과 마샬링기능을 제외한 장치보관기능, 집화분류기능 등과 같은 전통적인 항만기능이 수행되고 있다. 또한 항만지역에 위치한 많은 관련 서비스 시설을 포함하고 있기 때문에 내륙 항만이라고 불리기도 한다. 그래서 보통 ICD는 내륙 항만으로서의 기능, 집화 및 분류센터로서의 기능 및 내륙통관기지로서의 기능을 담당하고 있다.

ICD는 운영형태와 역할에 따라 다음과 같은 역할을 수행한다.

① Inland Container Depot

주로 항만과 내륙운송수단과의 연계가 편리한 산업지역에 위치하여 컨테이너의 집하, 혼재를 위한 화물 장치장을 일컬으며, 전통적 의미에서의 내륙 ICD를 의미한다.

② Inland Clearance Depot

미국에서 처음으로 설치하여 운용하고 있는 ICD 형태로 특정 지역(항만)에 집중되어 있는 통관지에서의 혼잡을 회피하기 위해 컨테이너화물의 통관업무를 수행하고 있는 물류기지의 일종이다.

ICD의 기능을 물류합리화 측면에서 보면 운송거점으로서 대량운송의 실현, 공차율의 감소, 운송회전율의 증가 등을 통해 운송의 합리화와 운송비 및 운송

그림 3-2 ICD의 주요 기능

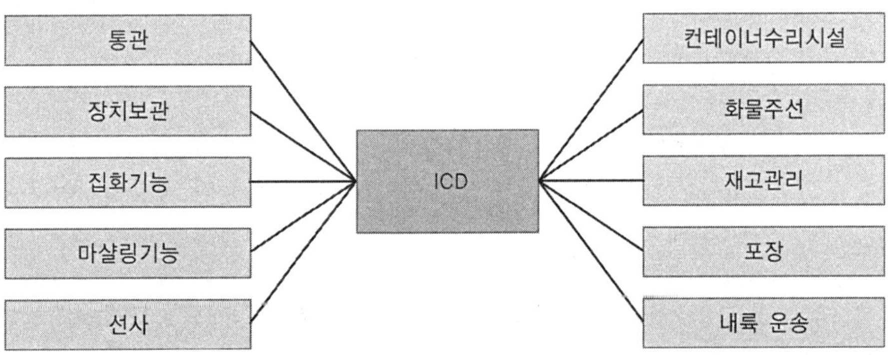

자료 : Yehuda Hayuth, "Inland Container Terminal-Function and Relation", *Maritime Policy and Management*(1980), p. 284.

시간을 크게 감소시키고 신속한 통관을 가능하게 한다. 또한 화물유통을 위한 정보네트워크 구축의 한 거점으로 자리잡아 수출입화물 유통에 요구되는 복잡한 서류와 통관을 간소화하는 데 크게 기여하고 있다.

(3) ICD의 주요시설

ICD를 구성하는 주요 시설은 CY, CFS, 샤시장치장, CY 게이트, 운영건물 등이 있다. CY는 교통소통이 원활하도록 차량동선을 배치하고, 부대시설은 CY 운영에 지장을 주지 않고 부지 활용도를 높이기 위한 장소에 배치한다.

CFS는 컨테이너에 화물을 적재하거나 인출하고, 일반화물트럭에 상하차하는 작업에 따른 환적과 일시 보관의 창고로 볼 수 있으며, CFS는 CY와 밀접한 관계를 갖기 때문에 공간구조는 매우 개방적인 성격을 갖는다. 따라서 화물의 입출고 방향에 따라 내부공간에서의 공간이용체계는 결정적인 영향을 받게 되므로 이에 따른 적절한 공간배치가 필요하며, 화물의 주 동선은 유입과 유출동선을 연결하는 수평동선과 상층 보관고로의 입출로인 수직 동선을 종합적으로 검토해야 한다.

5) 보세구역

(1) 보세구역의 의의

보세구역은 효율적인 화물관리와 통관 및 관세행정의 필요성에 의하여 세관장이 지정하거나 특허한 장소를 말하며, 이에는 지정보세구역, 특허보세구역 및 종합보세구역 등이 있다. 이와 같은 보세구역[3]은 수출입 화물의 일시장치, 통관을 위한 검사, 판매 및 전시업무를 통해 운송 및 보관물류활동과 밀접한 관계를 맺고 있다.

보세구역은 다음과 같은 형태로 운영되고 있다.

① 지정보세구역

지정보세구역[4]은 국가 또는 지방자치단체 등의 공공시설이나 장소 등과 같

---

3) 보세구역은 지정보세구역·특허보세구역 및 종합보세구역으로 구분하고, 지정보세구역은 지정장치장 및 세관검사장으로, 특허보세구역은 보세장치장·보세창고·보세공장·보세전시장·보세건설장 및 보세판매장으로 구분된다(관세법 제65조).

4) 지정보세구역은 국가·지방자치단체·공항 또는 항만시설을 관리하는 법인이 소유 또는 관리하는 토지 및 건물, 기타의 시설 중에서 세관장이 지정한다(관세법 제77조3의 ①).

은 일정구역을 세관장이 보세구역으로 지정하여 운영하는 것을 말하며, 여기에는 지정장치장과 세관검사장 등이 있다.

㉠ 지정장치장 : 지정장치장은 통관을 하고자 하는 물품을 일시 장치하기 위한 장소로서 세관 구내창고, 공항, 항만과 같은 물류거점에 자리 잡고 있는 창고 등을 말하며 이곳에서는 물품의 장치와 검사를 할 수 있다.

㉡ 세관검사장 : 세관검사장은 통관하고자 하는 물품을 반입하여 세관의 검사만을 받도록 한 장소로서 통상적으로 세관구내에 위치하고 있어 통관의 신속을 기하도록 하고 있다.

② 특허보세구역

특허보세구역[5]은 일반 개인이 신청을 하면 세관장이 특허해주는 보세구역을 말하며, 대표적인 특허보세구역으로는 보세장치장, 보세창고, 보세공장, 보세건설장, 보세판매장, 보세전시장 등을 설치하여 운영하고 있다.

㉠ 보세장치장 : 보세장치장이란 가장 일반적인 보세구역으로 통관하고자 하는 물품을 비교적 장기간(최장 1년)동안 보관 및 장치하기 위해서 세관장으로부터 특허받은 구역을 말한다.

㉡ 보세창고 : 보세창고는 통관의 목적보다는 물품의 장치를 목적으로 하고 있으며, 장치기간도 2년으로 장기간이며, 반입되는 물품도 정부 비축용 물품 등 통관에 장기간이 소요되는 물품을 주로 보관하고 있다.

㉢ 보세공장 : 보세공장은 가공무역의 진흥이나 관세행정 목적을 위하여 설치된 장소이며, 보세 상태에서 제조·가공 등의 작업으로 생성된 제품 등을 국내에 반입하지 않고 외국으로 수출하거나 국내에서 사용할 목적으로 국내로 수입할 수 있도록 특허된 구역이다.

㉣ 보세건설장 : 보세건설장은 산업시설의 건설에 사용될 외국물품인 기계류, 설비품 또는 공사용 장비를 장치하거나 사용하여, 보세상태에서 건설공사를 완료할 수 있도록 특허받은 구역이다.

㉤ 보세전시장 : 보세전시장은 국내에서 개최되는 박람회, 전람회 등을 위하여 반입되는 외국물품을 보세상태에서 장치, 전시하거나 전시장 내에서 소비, 사용, 판매할 수 있는 장소이다.

5) 특허보세구역은 세관장의 특허를 받아 기획재정부장관이 정하는 소정의 수수료를 납부하고 설영한다(관세법 제78조).

㉥ 보세판매장 : 보세판매장은 외국물품을 우리나라에서 출국하는 여행자에게 판매하거나, 우리나라에 거주하는 외교관 등과 같은 면세권자에게 판매할 목적으로 설치된 구역을 말하며, 국제공항의 출국장 면세점이나 외교관 전용매점 등이 대표적인 예라 할 수 있다.

③ 종합보세구역

종합보세구역[6]은 동일 장소에서 기존 특허보세구역의 모든 기능(장치·보관·제조·가공·전시·판매 등)을 복합적으로 수행하는 장소이다. 이러한 종합보세구역은 지정보세구역이나 특허보세구역과는 달리 관세청장이 특정지역을 지정하기 때문에, 일반개인이나 법인이 종합보세구역제도를 이용하기 위해서는 종합보세구역에 입주하여 세관장에게 종합사업장 설영 신고를 하여야 한다.

(2) 보세구역의 역할

보세구역을 통해 보세화물의 유통을 원활히 하고 화주가 신속히 통관을 해가도록 보세구역에는 장치기간을 설정하여 운영하고 있으며, 관세 채권의 확보 또는 보세구역 내 질서유지 등을 위해 지정보세구역은 화물관리인을 지정하여 운영하고, 특허보세구역은 설영인이 보관 및 장치화물에 대한 책임을 부담하는 형태로 운영하고 있다. 특히, 화물관리인과 설영인이 보세구역에 물품을 반출입하거나 보세작업을 하고자 할 때에는 세관장의 허가를 받는 등 소정의 세관절차를 거치도록 하고 있다.

한편, 특허보세구역 중에서 설영인에게 화물관리에 관한 모든 권한을 위임하여 자율적으로 운영할 수 있도록 하는 이른바 자율관리 보세구역제도[7]를 운영하고 있는데, 이는 특허보세구역의 설영인에게 많은 권한과 책임을 부여함으로써 관세행정의 효율화를 증대시키기 위한 방안이라 할 수 있다.

이러한 보세구역의 운영을 통해 수출입 및 반송 등 통관하고자 하는 외국물품을 장치하거나, 수입하고자 하는 외국물품에 대한 보수작업 및 해체·절단 등의 작업, 외국물품 또는 외국물품과 내국물품을 원재료로 한 제조 및 가공, 기타 유사한 작업, 외국물품의 전시, 외국물품을 사용하는 건설, 외국물품의 판매, 수출입 물품의 검사 등의 업무를 수행한다. 다시 말해서, 수출입 화물의 운송

6) 관세청장은 직권 또는 관계중앙행정기관의 장이나 지방자치단체의 장의 요청에 의하여 무역진흥에 기여정도 및 외국물품의 반입·반출물량 등을 고려하여 일정한 지역을 종합보세구역으로 지정한다(관세법 제113조).

7) 관세법 제72조3의 내용을 정리한 것이다.

및 보관을 위한 통관업무가 원활히 이루어질 수 있도록 하는 보관거점으로서의 역할을 수행하고 있다.

6) 스톡포인트와 데포

(1) 스톡포인트

스톡포인트(SP : Stock Point)는 대도시, 지방중소도시에 합리적인 배송을 실시할 것을 목적으로 설립된 유통의 중계기지이다. 창고가 가지는 보관기능뿐만이 아니라 반제품의 일부 가공, 하역, 운반, 재고관리 적정화 등의 제 기능을 종합 소유한다. 유통창고와 같은 뜻으로 사용되는 일이 많으며 이상의 정의를 유통창고라 하고 그 기능의 일부가 결여된 것을 스톡포인트라고 하는 해석도 있다.

(2) 데포

데포(DP : Depot)란 두 가지 의미로 사용된다.

첫째, 스톡포인트보다 규모가 작은 국내용 2차 창고를 의미하는 경우, 둘째, 수출상품을 집화 및 수송하기 위해 항만 터미널에 CY/CFS를 개설하는 외에 내륙에 ICD를 설치하고 컨테이너 1개당 미만재 소량화물(LCL CARGO : Less Than Container Load Cargo)을 집화·분류·적입하여 항만으로 이송하는 경우에는 이와 같은 내륙 CFS를 ICD라고 부른다.[8)]

여기서 말하는 데포는 전자의 의미인 SP의 2차 창고로 미국에서는 집배중계 및 배송소라고 부르며, 영국에서는 보관소라고 부른다. 이는 SP의 전 단계인 보관소를 의미한다고 볼 수 있다. 생산지에서 소비지로 배송할 때 각지의 데포까지는 하나로 통합하여 운송되며, 그 다음에 소정의 작업을 마친 후 최종 소비자에게 배송하기 때문에 운송비의 절감과 고객서비스의 향상에 기여한다.

우리나라나 일본에서는 배송센터에서 직접 소비자에게 배송하는 경우가 많아 아직 배송소나 보관소로 한 단계 더 세분화되어 소비자에게 상품이 이동되는 채널은 발달되지 못하고 있으며, 특히 제조업체의 경우에는 국내 유통상 데포는 거의 사용하지 않고 있다.

---

8) 옥선종, 「보관하역론」(경록채널, 2007), p. 189.

10 창고관리

SMART Physical Distribution

제1절 창고의 개요

1 창고의 의의

보관물류는 창고(warehouse)에서 이루어지고 있기 때문에 보관물류활동을 이해하기 위해서는 창고에 대한 논의가 선행되어야 한다. 구체적으로, 창고라 함은 물품의 멸실 또는 훼손을 방지하기 위해 시설한 토지 또는 수면을 말하며 물품을 보관하기 위한 모든 시설물을 의미한다.

일반적으로 창고는 창고 내 통로, 적재공간, 바닥, 보의 높이, 기둥간격, 창고시설 출입고 등으로 구성된다. 창고 내 통로는 창고시설의 부지 내에 운반용 차량 등이 통과하는 부분을 말하며, 적재공간은 물건을 적재하기 위해서 확보된 공간이다. 그리고 바닥은 물건을 적재하거나 작업하는 공간이며, 보의 높이는 창고 바닥에서 보 밑까지의 높이를 의미한다. 그리고 기둥간격은 적재부분의 기둥 간 유효 안치수를 의미하며, 창고시설 출입고는 물건을 입출고하기 위해서 출입하는 문을 의미한다.

2 창고의 역할

창고는 물품의 보관을 주목적으로 하는 기본시설로서 저장기능, 수급조정기능, 가격조정기능, 연결기능, 매매기관적 기능, 신용기관적 기능, 판매전진기지적 기능을 수행한다.[1)]

(1) 저장기능

물품을 안전하게 보관하거나 현상 유지하는 역할을 수행한다.

(2) 수급조정기능

물품의 생산과 소비의 시간적 간격을 조정하여 스톡 포인트, 데포, 집배송센터 등에서 일정량의 흐름이 체류하는 역할을 수행한다.

(3) 가격조정기능

물품의 수급을 조정함으로써 가격안정을 도모하는 역할을 수행한다.

(4) 연결기능

물류의 각 요인을 연결시키는 터미널로서의 역할을 수행한다.

(5) 매매기관적 기능

물품의 매매를 통해 금융을 원활화시키는 역할을 수행한다.

(6) 신용기관적 기능

창고에 물건을 보관하여 재고를 확보함으로써 품절을 방지하여 신용을 증대시키는 역할을 수행한다.

(7) 판매전진기지적 기능

창고는 생산과 판매 시점 사이에서 화물을 보관하는 활동으로 창고에서 직접 물품을 판매하거나 판매를 위한 전진 기지로써의 역할을 수행한다.

---

1) 옥선종, 「보관하역론」(경록채널, 2007), p. 28.

3 창고 설계의 원칙

(1) 직진성의 원칙

물품, 통로, 운반기기, 사람 등의 흐름방향은 직진성에 중점을 둔다.

(2) 역행교차 회피의 원칙

물품, 운반기기, 사람의 역행교차는 피한다. 창고 통로점유율이 높아지는 원인이 되는 물건이 이동할 때 역행교차가 발생하기 때문이다.

(3) 물품취급횟수 감소의 원칙

화물의 취급과 운반을 집합화, 공동화하여 물품의 취급횟수를 감소시킨다.

(4) 물품이동 간 고저간격의 축소 원칙

물품 흐름과정에서 높낮이 차의 크기와 횟수를 감소시킨다.

(5) 모듈화의 원칙

화물형태, 운반기기, 랙, 통로입구, 기둥간격의 모듈화를 시도한다.

4 창고 운영 절차

창고의 운영절차는 입화→오더피킹→검품→포장→출하 등으로 진행된다. 이 중에서 수동에 의해 시간이 가장 많이 소요되는 작업이 오더피킹이다. 따라서 창고의 자동화 및 성력화 작업도 오더피킹에 중점을 두고 실시하는 것이 필요하다.

(1) 수탁 및 입고 절차

화물의 보관을 의뢰하기 위해서는 기탁자는 기탁신청에 필요사항을 기입하고 날인한 후 제출한다. 신청을 받은 창고회사는 창고에 수용능력이 있고 또한, 신청된 물품이 보관에 적당하면 반입하여야 할 창고와 날짜를 기입한 입고지시서를 발행하여 기탁자에게 통지한다.

공산품이 창고에 반입되면 현장담당자는 수량과 중량 등을 검정·확인한 후 입고시킨다. 입고 후 창고회사는 기탁자에 대하여 입고통지를 교부하며 기탁자의 청구가 있으면 입고통지서 대신 창고증권, 화물보관증서, 보관화물통장을 발행하게 된다.[2)]

(2) 보관과 출고절차

기탁한 화물을 출고하는 경우에 기탁자는 화물수령증을 작성하고 요금과 함께 창고회사에 제출한다. 입고 시 창고증권이나 화물보관서가 발행되는 경우에는 수령란에 필요사항을 기입하고 날인하여 제출한다. 또한, 보관화물통장이 발행되는 경우에는 그 출고란에 기입하고 날인한 후 제출한다.

창고회사에서는 제출된 서류를 확인한 후 출고전표 또는 출고지시서를 발행하며 이를 창고의 현장담당자에게 제출하고 화물을 인수하게 된다. 이때 보관화물의 일부만 출고하는 것도 가능하다.

제2절 창고의 분류

1 운영형태에 따른 유형

(1) 자가창고

자가창고는 자기의 화물을 보관하기 위해 설치한 시설물이다. 따라서 자가창고는 본인이 취급하는 화물의 특성에 적합하도록 설계하고, 자기의 목적에 맞게 운영할 수 있다는 장점이 있다. 그러나 창고의 확보 및 운영에 소요되는 비용 및 인력 문제와 화물량 변동에 적절히 대응하기가 곤란하다는 단점이 있다.

2) 옥선종, 「보관하역론」, (경록채널, 2007), p. 56.

(2) 영업창고

영업창고는 불특정 화주의 화물을 보관해주고 보관비를 획득하기 위해 건립된 시설이다. 따라서 영업창고는 보관하고자 하는 화물의 종류 및 특성을 고려하여 다양하게 운영되고 있는데, 구체적인 형태와 보관물품을 살펴보면 다음과 같다.

- 1급창고 : 고무, 섬유 등과 같은 일반잡화물을 보관하는 창고
- 2급창고 : 사료, 곡물 등과 같은 산화물을 보관하는 창고[3)]
- 3급창고 : 유리, 도자기 등 깨지기 쉬운 물품을 보관하는 창고
- 야적창고 : 선철, 목재, 차량 등의 물품을 노지에 보관하는 창고
- 수면창고 : 하천이나 해수면에 원목 등의 물품을 보관하는 창고
- 저장창고 : 분립제 및 액체화물(원유 등)을 보관하는 창고
- 위험물창고 : 고압가스 및 유독성 물질 등을 보관하는 창고
- 냉동 및 냉장창고 : 생선, 육류 등과 같은 냉장 및 냉동을 요하는 화물을 저장하는 창고[4)]

(3) 임대 및 리스창고

특정 보관시설을 임대하거나 리스(lease)하여 물품을 보관하는 창고형태이다. 이러한 임대 및 리스창고는 보관하고자 하는 물품의 특성에 적합한 창고를 선택하여 임대함으로써 자가창고와 같이 효율적인 물품보관이 가능할 뿐만 아니라, 타가창고와 마찬가지로 직접 창고를 건립할 필요가 없다는 장점을 가지고 있어 많이 이용되고 있는 형태이다.

2 입지에 따른 유형

(1) 터미널 및 역전창고

철도운송 및 자동차운송과 같은 육상운송의 운송거점(node)이 되는 철도역 및 화물터미널에 위치한 창고이다. 이러한 창고들은 보관물류기능뿐만 아니라 운송

3) 주로 곡물 및 사료를 보관하는 2급창고를 사일로(silo)라 부른다.

4) 냉장 및 냉동창고는 온도대별로 F급(섭씨 −20도 이하), C1급(섭씨 −20도~−10도), C2급(섭씨 −10도~−2도), C3급(섭씨 −2도~10도)으로 구분된다.

을 위한 준비작업 및 여타의 다른 운송수단과의 연계활동, 화물정보의 교환기능 등을 복합적으로 수행하는 경우가 많다.

(2) 항만창고

항만창고는 해상과 육상을 연결하는 항만에 위치하고 있는 창고이다. 특히, 항만창고는 수출 및 수입화물의 일시보관, 재포장, 분류 등의 업무를 수행함으로써 원활한 무역활동이 이루어지도록 하는 매우 중요한 기능을 담당하고 있다.

(3) 집단화 창고

집단화 창고는 특정지역 내에 다수의 보관시설이 집중되어 있는 창고 형태이다. 따라서 집단화 창고는 다양한 종류의 창고가 밀집되어 있기 때문에 언제든지 필요한 보관시설과 장비를 필요한 시기에 이용할 수 있으며, 상호 간의 긴밀한 연계를 통해 화물정보, 보관정보, 운송정보 등을 교환하는 복합적인 물류센터로서의 역할을 수행한다.

3 창고 내부의 형태에 따른 유형

(1) 일반평면창고

일반평면창고는 가장 일반적이고 대표적인 보관시설로서 창고 내부에 보관을 위한 특별한 보관설비 없이 일반잡화물의 장치·보관업무를 수행하는 창고 형태이다. 따라서 일반평면창고는 자동화 창고 및 랙 창고에 비해 설영비가 적게 드는 장점이 있지만, 보관효율이나 기계화에 따른 효과는 미미한 실정이다.

(2) 랙 창고

랙 창고는 일반평면창고와는 달리 보관을 위한 선반(rack)을 창고 내부에 설치하여 물품의 보관효율을 향상시킨 창고 형태이다. 이러한 랙 창고에 설치하는 랙의 종류에는 선반이 회선하는 회전 랙, 랙의 형태가 규격화된 상자와 같이 설계된 버켓 랙(bucket rack), 운반차량이 진입할 수 있도록 설계된 드라이브 인(drive-in) 랙, 파렛트 화물을 보관하기에 적합하도록 설계된 파렛트 랙 등이 있다.

- 파렛트 랙 : 랙 시스템(Rack System)의 가장 기본적인 구조로서 다양한 종류의 중량화물을 파렛트 단위 혹은 선반 단위로 보관하는 랙
- 슬라이딩 랙 : 서랍 랙이라고도 불리며, 선반이 앞 또는 앞뒤 방향으로 꺼내지는 구조를 가진 랙
- 회전 랙 : 수평 또는 수직으로 순환되고, 정해진 입·출고 장소로 이동할 수 있는 랙
- 적층 랙 : 선반을 다층식으로 겹쳐 쌓는 랙
- 드라이브 인 랙 : 파렛트에 쌓아 올린 물품 보관에 이용하며 한쪽에 출입구를 두고 지게차 트럭을 이용하여 실어나르는 데 사용하는 랙
- 드라이브 스루 랙 : 파렛트에 쌓아 올린 물품 보관에 이용하며, 지게차 트럭을 이용하여 실어 나르는 데 사용하고 빠져 나갈 수 있는 랙
- 중량급 랙 : 1개 선반당 적재 하중이 500kg을 초과하는 랙
- 중간급 랙 : 1개 선반당 적재 하중이 150kg 초과 500kg 이하인 랙
- 경량급 랙 : 1개 선반당 적재 하중이 150kg 이하인 랙
- 적층식 플로어 랙 : 기존 창고의 상부공간 활용으로 추가 건축비용 없이 보관공간 증가를 위해 고안된 랙

•그림 3-3 랙의 주요 형태

- 하이스택 랙 : 적은 통로폭으로 적재효율 및 공간활용을 배가시킬 수 있는 랙
- 피킹 랙 : 소형물품의 피킹작업을 빠르고 편리하게 만들어주는 랙
- 모빌 랙 : 수납공간의 극대화, 자유로운 선반이동, 뛰어난 안전성, 충격 완화 장치, 유연한 이동 감속 기어 사용, 고밀도 수납, 효율적 자료관리를 할 수 있는 랙

(3) 자동화 창고

자동화 창고는 화물의 반입작업, 창고 안에서의 화물이동 및 운반작업, 보관을 위한 적부작업, 화물의 반출작업 등을 유기적으로 결합하여 자동화 시스템을 도입한 창고의 형태이다. 이러한 자동화 창고는 창고의 설립을 위한 비용이 많이 든다는 단점이 있지만, 기계화 및 시스템화에 따른 화물의 도난 및 파손감소와 인건비 절감[5] 등과 같은 경제적 효과를 기대할 수 있다.

4 기능에 따른 유형

(1) 저장창고

저장창고는 화물의 저장(storage)을 주요 목적으로 하는 창고형태이다. 예컨대, 원유 및 가스 등과 같은 연료 비축을 위한 창고나 농수산물과 같은 1차 상품의 저장을 위한 창고 등을 말한다.

(2) 보세창고

보세창고는 외국물품의 통관 및 장치[6]를 목적으로 세관장의 허가를 획득하여 운영하는 창고의 형태이다. 이러한 보세창고 설영의 특허기간은 10년 이내이며 갱신할 수 있다. 또한, 보세창고 내의 화물장치 기간은 외국물품의 경우 화물을 반입한 날로부터 2년 이내이며, 세관장의 허가를 얻어 장치한 내국물품의 경우에는 6개월을 초과할 수 없도록 규정하고 있다.

---

5) 기계화에 따른 인건비 절감의 경제적 효과를 성력화 또는 생력화라 부르는데, 제반 창고의 형태 중에서 성력화의 효과가 가장 큰 것이 자동화 창고이다.

6) 세관장의 허가를 받은 경우에는 통관을 하지 아니하는 내국물품도 장치할 수 있다.

(3) 유통창고

유통창고는 화물이 생산자에서 소비자까지 이동되는 유통경로상에 자리 잡고 있는 창고로, 화물의 보관활동뿐만 아니라 가공, 재포장 및 소비자 포장, 라벨링(labeling) 작업 등과 같은 유통가공활동을 수행할 목적으로 운영되는 창고 형태이다.

제3절 창고자동화

1 창고자동화의 의의

현재 많은 인력과 장비로 유지하는 기존의 일반창고와는 판이하게 다른 시스템으로 창고의 전 기계 및 제어장치류를 컴퓨터에 연결, 모니터상에서 창고의 입출고 지시를 원격으로 조정하며 제품의 선입, 선출, 재고관리, 각종 조회 및 장표정리를 자동화하여 창고를 전자동으로 운영하며 메인프레임(main frame)에 연결하여 본사와 창고, 창고와 각 지점을 온라인(on-line)화 할 수 있는 창고시스템을 말한다.

2 창고자동화의 효과

(1) 평면 및 공간이용률 증대

통로가 좁고 높이를 30m 이상 올릴 수 있어 용적율이 극대화된다.

(2) 안전사고 예방

온라인시스템(on-line system)으로 운전되므로 안전사고 및 화재를 예방할 수 있다.

(3) 인건비 절감

창고 내 작업은 1인이 완료하며 운전이 쉬워 누구나 할 수 있으므로 인건비가 저렴하다.

(4) 제품 파손방지

자동으로 운전되므로 제품의 전도 및 파손율이 낮다.

(5) 가동비 절감

전기에 의한 구동이므로 동력비가 저렴하며 매연 및 먼지 발생이 적다.

(6) 기계의 수명 및 유지보수

항상 일정한 상태로 운전되므로 내구수명이 길고 장비 및 설비의 구성이 일반적인 구성 모터, 감속기, 체인, 베어링 등이므로 자체 유지 보수가 가능하다.

(7) 재고 감소

컴퓨터 및 제어장치에 의해 관리되기 때문에 재고관리가 용이하며 입출고 장부도 즉시 정리된다.

11 재고관리

SMART Physical Distribution

제1절 재고관리의 개요

1 재고관리의 의의

재고관리(inventory control/management)란 고객의 수요를 만족시키고 생산자의 생산조건을 고려하여 필요한 수량의 상품을 보관하는 활동으로서 기업의 재무관리에 가장 중요한 요인이 되고 있다.

재고(stock)는 일반적으로 장래의 수요, 출하에 대비한 자원의 일시적인 정체로서 이러한 재고관리는 총 물류비의 25~40%를 점하고 있고, 제조업의 경우 총자산의 40~50%가 재고로 유지되고 있어 재고를 줄이기 위한 적절한 관리가 요구된다. 물품별 재고비율을 구체적으로 살펴보면, 생선, 식료품이나 의류의 경우는 비율이 높고 석유제품·가전제품·차량·철강제품 등은 다소 낮은 비율로 나타나고 있다.

재고관리의 의미는 단순히 물품의 수·발주를 중심으로 한 재고관리(inventory control)와 경영적 관점에서 본 재고관리(inventory management)의 양면성을 갖고 있다. 후자는 일반적인 경영계획의 일환으로 발주량과 발주시점을 결정하며, 실시 면에서 발주·납품(입고)·출고·이동·조정·기록 등의 업무를 수행하는 것이다.

기업에서 재고관리활동은 기업이 보유하고 있는 각종 제품·반제품·원재료·상품·공구·사무용품 등의 재화를 합리적, 경제적으로 유지하기 위한 활동이라고 할 수 있다.

2 재고관리의 대상

(1) 안전재고

판매(생산)의 불확실성이라든가 자재조달의 불확실성에 대처하여 보유하는 재고이다. 이를 가리켜 흔히 완충재고(buffer stock) 또는 안전재고(safety stock)라고 부른다.

안전재고는 품절 및 미납주문을 예방하고 납기준수와 고객서비스 향상을 위해 필요하지만 재고유지비의 부담이 크므로, 재고의 적정 수준 유지가 필요하다.

(2) 예비재고

계절적으로 수요가 절정에 이를 때를 예상해서 제품이나 자재를 비축하든가, 계획적으로 공장의 가동을 중지할 때를 대비하여 자재나 제품을 사전에 마련할 때 생기는 재고를 예비재고(anticipation stock)라 한다.

(3) 주기재고

기업에서는 경제적 구매량(생산량)을 확보하려고 당장 필요한 것보다 많은 양을 구입하거나 생산한다. 가령 연가 주문(생산준비)횟수를 줄여서 주문(준비)비용을 절감하려면 1회 주문(생산)량이 늘어나는데, 이로 인하여 발생하는 재고가 주기재고(cycle stock or inventory) 내지 로트사이즈 재고(lot size stock)이다.

(4) 수송 중 재고

외국에서 수입되는 대부분의 물자는 상당한 조달기간을 요하는데, 대금을 지불한 물품으로 수송 중에 있는 재고(pipe line stock)를 말한다. 따라서 수송 중 재고는 조달기간과 함수관계에 있다.

3 재고관리의 목적과 실시방법

재고관리를 경영활동의 일부로서 관찰한다면, 재고관리의 목적과 실시방법은 다음과 같다.

(1) 상품 재고량의 적정화(적정량)

재고관리를 하는 가장 큰 목적은 적정재고량을 유지하는 것이다. 적정재고량이란 판매출하량을 기준으로 하여 상품이 절품되지 않도록 발주보충관리를 함으로써 재고 적정화를 통해 재고비용을 절감하고 운전자금을 원활히 하는 재고수준을 의미한다. 보통 출하량은 1개월 전후로 확인하여 월간 출하량의 0.5～1.2배가 적정선이다.

(2) 선입선출의 실시

입고순서에 따라 출고하는 방법이다. 고층 및 중층 랙을 설비한 경우, 특히 이 원칙을 반드시 지켜야 한다.

(3) ABC분석 실시

출고상품에 따라 출하가격의 ABC분석을 실시하며, 사이클은 상품특성에 따라 3개월에 1회 정도 실시한다.

(4) 데드스톡(dead stock) 방지

데드스톡의 증대는 자금관리에 적신호를 가져오기 때문에 재고 상품은 1개월에 1회 정도 확인하여 이를 조절한다.

(5) 실제재고량 파악

재고관리를 통해 항상 실제로 창고에 잔재하는 화물의 재고량을 파악할 수 있다.

(6) 사무처리비용 절감

사무자동화를 통해 재고관리상의 제 절차를 하나로 통일할 수 있어 재고비용 및 재고금리의 합리화뿐 아니라 상품주문에 관련된 제 비용과 상품부족에 따른 피해손실을 방지할 수 있다.

(7) 제조업의 조업도 안정화

상품의 특성에 따라 생산 개시점을 파악할 수 있어(발주점 관리) 품절을 방지할 수 있으며, 생산을 계획화할 수 있기 때문에 생산 공정상 안정된 조업도를 유지할 수 있다.

(8) 소비자 서비스 향상

적절한 재고량과 품절이 방지되어 소비자에게 즉시에 적량을 배송할 수 있다.

4 재고관리의 역할

(1) 경제규모의 추구

원자재 조달, 운송, 제품생산과정에서 경제규모의 이익을 추구할 수 있으며 원자재 조달의 경우 적정량을 구매하여 단위당 운송비나 원가를 낮추게 된다. 운송과정에서 만차적재를 하는 것은 과소적재를 하는 경우보다 단위당 운송비면에서 경제성을 추구할 수 있다. 생산과정에서도 대량생산으로 규모의 이익을 얻을 수 있으나 판매기간까지 상당기간 재고상태로 보관하지 않으면 안 된다.

일시에 대량생산으로부터 얻어지는 이익은 재고관리비용과 비교되어야 하며 자주 생산라인을 변경할 경우 주문-생산에 소요되는 시간(lead time)이 길어지게 되므로 경제규모의 추구는 재고관리와 트레이드 오프관계에 있게 된다.

(2) 수요 공급의 조절

계절적으로 수요가 변동되거나 공급이 집중되는 상품의 경우 연중 안정적인 노동력의 유지와 생산체제의 구축이 필요하며 재고의 관리가 전제되어야 한다.

(3) 생산물의 특화

특정생산물에 특화하여 규모의 경제를 달성하게 되는 경우 이러한 제품은 혼재가 가능하도록 배송창고에 운송되고 유통창고로 다시 운송된다.

(4) 불확실성에 대한 대비

재고관리는 장래의 수요예측, 가격폭등 등 예측 곤란한 불확실성에 대비할 수 있다. 또한, 완제품의 재고는 대고객 서비스의 향상을 위한 대비가 되어 급격한 수요의 증가가 있을 경우 적절히 공급해주게 된다.

(5) 종합물류경로에서의 완충

종합물류경로과정에 관련되는 공급자, 조달자, 생산자, 배송인, 중간상인, 최종 소비자 등이 지역적으로 산재해 있어 이들 사이에 재화의 시간적, 공간적 효율성을 기할 수 있어야 한다.

이러한 과정에서 정보의 흐름이 있어야 하며 정확한 정보는 각 과정 간의 관련인들을 통합시켜주는 역할을 하게 된다. 따라서 이러한 다단계 과정을 거치는 종합물류에서는 각 과정별로 재고가 발생되며 이러한 재고의 효율적인 관리 및 처리가 전체의 효율을 향상시키는 중요한 요소가 된다.

5 적정재고관리

재고는 두 가지 성격을 동시에 가지고 있다. 첫째, 판매가능상품으로 이를 판매함으로써 수익을 올린다는 것과 둘째, 이렇게 판매되기 이전까지 보관에 따른 비용을 발생시키는 것이다. 하지만 보관비용을 줄이기 위해 재고를 보관하고 있지 않는다면 특히 수요가 많은 상품의 경우 품절에 따른 판매기회의 상실이라는 위험도 가진다. 따라서 재고의 수준은 이러한 상충비용의 크기를 결정하게 된다. 적정재고란 이런 상충비용의 총합계를 가장 작게 할 수 있는 재고의 수준을 말한다.

따라서 재고관리의 궁극적인 목적은 적정재고량을 유지함으로써 품절의 방지와 보관비용의 절감이라는 두 가지 목표를 동시에 실현하는 데 있다. 그러나 생산 공정, 조달시간, 수요의 불확실성 등과 같은 요인으로 인해 적정재고수준을 유지하는 것은 매우 어렵다. 따라서 기업들은 과다재고 및 과소재고를 보유하는 경우가 많은데 그에 따른 장·단점을 정리하면 다음과 같다.

(1) 과다재고의 장·단점

① 장점

㉠ 대량발주 단위로 비용이 적게 소요된다.

㉡ 품절·결품률이 적다.

㉢ 서비스율이 높다.

② 단점

㉠ 자금운용이 어렵다.

㉡ 재고비용이 과다하게 지출된다.

㉢ 재고품의 손상·열화 사례가 많다.

㉣ 재고회전율이 나쁘다.

㉤ 보관시설이 크게 소요된다.

㉥ 창고 내 물품이동, 정리 등 시간과 노력이 많이 소요된다.

㉦ 다수의 인력과 장비가 필요하다.

㉧ 화재·도난의 위험부담이 크다.

㉨ 재고수량관리가 힘들다.

(2) 과소재고의 장·단점

① 장점

㉠ 자금운용이 탄력적이다.

㉡ 재고비용이 축소된다.

㉢ 재고회전율이 높다.

㉣ 보관시설이 적게 소요된다.

㉤ 소수의 인력·장비로 관리가 가능하다.

㉥ 화재·도난의 위험부담이 적다.

㉦ 재고수량관리가 용이하다.

② 단점

㉠ 소량·다발 발주로 발주 비용이 많이 소요된다.

㉡ 품절·결품률이 증대된다.

㉢ 서비스율이 낮다.

제2절 재고번호 부착과 재고보관방법

1 재고번호 부착방식

재고관리의 목적은 재고번호(재고번호 및 재고주소)를 부착하여 재고와 보관품과의 관계를 명확히 함으로써 작업효율을 향상시키는 데 있기 때문에 자동화의 관점에서 상품코드와 재고번호를 정확히 기록하여야 한다.

창고 내 비치되는 물품의 표시는 다음과 같이 표시할 수 있다.

표 3-1 창고 내 재고번호 부착방식

행(위치)	6행	5행	3~4행	2행	단위행
행수	×	×	××	×	×
의미	동번호	단수번호	열번호	연번호	해당 단내번호
사용문자	알파벳	숫자	숫자	숫자	숫자

* 각 행의 의미와 표시방법
- 6행 : 동 표시번호로서 A, B, C, D동 등 창고가 복수로 있을 때 알파벳으로 26개 동까지 표시할 수 있으며, 만일 그 이상일 때는 01, 02, 03동 등과 같은 숫자로 표시
- 5행 : 단수를 의미하며, 1행마다 0~9까지 최고 10단 건물 등 다단창고의 단 높이를 표시
- 3~4행 : 열을 의미하는데 2행으로 00~99까지 최고 100열까지 표시 가능
- 2행 : 어떠한 연속번호를 표시하는데 0~9까지 최고 10 연속번호를 표시 가능
- 단위행 : 상품이 보관되는 단위층의 단을 표시하며, 0~9까지 최고 10 연속번호를 표시가능

이상의 경우 행수가 부족하면 행수를 증가시키면 된다. 만일, 재고번호가 B 2-06-3-4라면 B동 2단(높이) 6열 3연(연속번호) 4단(단위 단내)에 물품이 적재되어 있음을 표시한다.

2 재고보관방법

재고보관방법은 창고 내 적재모형에 따라 프리 로케이션, 쇼트 프리 로케이션, 고정 로케이션(고정 재고번호 부착방식)으로 대별할 수 있다.

(1) 프리 로케이션(free location)

보관품목과 보관장소를 대응하지 않고 보관품목을 그 특성에 따라 보관하는 방법이다. 보통 관리방법은 컴퓨터로 처리하기 때문에 자동창고에서 많이 이용한다.

(2) 쇼트 프리 로케이션(short free location)

일정 범위를 한정하여 품목군의 보관구역을 지정해 놓고 그 범위 내에서 자유롭게 보관하는 방식이다. 이 방식은 일반적인 보관방식으로서 프리 로케이션의 변형이라고 보면 된다.

(3) 고정 로케이션(fixed location)

고정재고번호 부착방식으로서 재고번호에 따라 품목을 대응하여 보관하는 형태이다. 이 방식은 프리 로케이션 방식 등이 컴퓨터를 이용하는 방식인 데 비하여 수작업 방식에 많이 이용하는 방식으로서 작업자가 재고수불수량을 기록하게 된다.

제3절 자재관리

1 자재관리의 의의

흔히 생산의 3요소(3M : Man, Machine, Material)로 꼽히고 있는 자재(material)는 생산시스템에 투입되어 그것으로부터 결국 생산물(outputs)인 제품으로 변형되어 나온다.

자재를 광의로 볼 때는 원자재, 부분품, 소모품, 공구, 연료, 저장품, 공정품, 반제품, 상품, 제품 등 회계학상 재고자산을 모두 망라한다. 그러나 제조기업의 자재라 할 때는 원료, 재료, 부분품 등 생산시스템의 투입요소(inputs)에 한정하여 협의로 보는 것이 일반적이다.

자재관리(material control)란 적량·적질의 자재를 안가로 구입 내지 획득하여 이를 필요로 하는 부서(적소)에 적기에 조달토록 하는 기능을 말한다. 수행하는 업무 면에서 볼 때는 자재계획, 구매관리, 조달, 검수, 창고관리, 재고관리, 폐품 및 불량품의 처리, 자재의 표준화 등이 망라된다. 이러한 자재관리는 구매요구, 화물 수치 및 재료검사, 창고품의 입출고관리, 입출고 기록, 회수와 불량품의 처리, 자재의 단순화·표준화 및 대용품의 연구 등을 통해 입고된 자재의 손실 방지, 불필요한 재고품목 감소, 공정지연 방지, 창고효율 증대 등과 같은 기능을 수행한다.

2 자재관리의 대상

관리목적, 사용목적, 물적 특성에 따라 다르게 분류를 할 수 있으나, 가장 일반적으로 쓰이는 관리목적에 따른 자재를 분류하면 다음과 같다.

(1) 재료

재료(material)는 '생산재'라는 말로 요약할 수 있다. 즉, 제품을 구성하는 물질이다. 재료는 원료(raw material)와 구별되는 경우도 있으나, 때에 따라서 이를 포함하여 '원재료'라 부르기도 한다.

① 원료와 재료

원료는 보통 가공에 의하여 형태나 질이 크게 변화하는 것을 말하고, 재료는 원형과 같은 질을 가진 채로 가공되어 제품화되는 것을 말한다.

② 소재와 부품

소재는 가공된 부품에 대하여 가공 전의 재료를 말하고, 부품 또는 부분량(parts)은 재료를 가공한 것으로 제품의 구성부분을 이루는 것이다. 소재나 부품은 넓은 의미에서 모두 재료이다.

③ 재료와 제품

재료와 제품을 제조의 기술적 단계와 관련시켜 보면 양자 사이에 상대적인 관계가 있다. 즉, 동일한 물품이라도 제조의 기술적 단계가 상이함에 따라서 재료가 되는 경우와 제품이 되는 경우가 있다.

④ 재료와 소비자재·설비용 자재

소비자재(소모자재)는 직접적으로 제품의 실체가 되지 않고 제조 또는 그 처리에 부수하여 필요한 것이며 재료로 취급된다. 설비용 자재는 설비의 설치·보전·수리 등에 사용되는 자재이다. 소비자재와 설비용 자재는 포괄적으로 MRO(Maintenance Repair Operating) 자재라고도 불리며 제품의 구성요인으로서의 의미를 갖는 재료는 아니지만 그 취득·보관·수주 등의 처리에 있어서는 보통의 재료와 동일하게 취급된다.

(2) 재공품

재공품(work in process)은 가공 중의 자재로서 자재재고의 큰 비중을 차지하며 품목도 대단히 많다. 그러므로 그만큼 관리가 중요하게 되는데, 직접 자재관리의 대상은 되지 않고 제조부 내에서 실시하는 공정관리의 대상이 된다. 그러나 역시 재고량으로서의 성질을 가지므로 재고관리의 측면에서 취급된다.

(3) 제품·상품

제조공장에서는 완성된 물품을 제품이라 하지만, 판매업에서는 매입한 제품을 상품이라 한다. 제품의 질, 양, 완성기일, 가격 등은 주문에 의해서 수시로 정해지는 경우(수주생산)와 예정에 의한 계획(시장생사)에 의해서 정해지는 경우가 있다.

제4절 주문관리

1 주문관리의 의의

주문관리(order management)는 기업으로 들어온 주문(customer order)을 어떻게 처리할 것인가를 의미하는 것으로 주문을 받은 시점부터 이 주문을 창고에 알리고 약속된 납기를 맞추기 위한 활동을 말한다.

기업은 단순히 주문이 발생하기만을 기다리지만은 않는다. 즉, 어떠한 제품이 얼마만큼의 수요가 발생할 것인가에 대한 판매예측활동을 통해 갑작스런 수요변동에 대응함으로써 주문관리비용을 최소화하기 위한 활동을 수행한다.

수요예측활동은 만족할 만한 수준으로 주문을 맞춰주기 위해 재고를 비축하고 영업을 하게 한다. 이에 따라 기업은 적절한 주문주기를 조절함으로써 생산 안정화를 이룰 수 있게 된다.

2 주문주기

주문주기(order cycle)는 주문을 받아 고객에게 제품을 전달하는 데 소요되는 주기를 말하며 주문전달시간, 주문처리시간, 주문어셈블리시간, 재고가용성충당시간, 생산시간, 인도시간으로 구성되어 있다.

(1) 주문전달시간

주문전달시간(order transmittal)은 주문이 발주되면 이를 접수할 때까지의 일련의 활동을 말한다. 최근에는 각종 장비와 기술의 발전으로 보다 빠르고 정확하게 주문을 전달하고 받을 수 있게 되었다.

(2) 주문처리시간(order processing)

주문처리시간(order processing)은 적재서류준비, 재고기록갱신, 신용장 처리작업, 주문확인, 회사 내에서 주문과 관련되는 구성원과의 의견 교환 등에 소요되는 시간을 의미한다. 구체적으로 주문처리과정은 주문정보 확인→신용확인→주문접수(order entry)→마케팅 부서에서 확인→거래기록→인도 가능한 지점의 재고확인→재고 정보 갱신→ 운송계획 수립 등의 절차로 이루어진다.

(3) 주문어셈블리시간

오더피킹과 어셈블리시간(order picking and assembly)은 주문에 대한 피킹리스트(Picking list)를 작성해 창고 내에서 수행되는 과정으로 피킹 후 확인과 조립이 필요한 경우에는 작업을 수행하게 된다. 만일 Stock out이 되면 이 정보를 돌려보내 원래의 주문을 수정하도록 한다.

(4) 재고가용시간

창고에 보유하고 있는 재고가 없을 때 생산지의 재고로부터 보충하는 데 소요되는 시간을 말한다.

(5) 생산시간

주문을 받고 제품을 생산하는 작업이나 공정에 소요되는 시간을 의미한다.

(6) 주문인도시간(order delivery)

주문품을 재고지점에서 고객에게 전달하는 데 걸리는 시간을 말한다. 픽업(pick up) 후에 선적하고 인도하여 트레일러나 컨테이너에 제품을 배열하는 과정으로 load planning이라고 하기도 한다.

3 주문관리방식

주문관리방식은 언제 발주하는가, 얼마나 발주하는가, 언제 재고조사를 하는가 등의 사항을 구체적으로 결정하는 일이다. 따라서 기간 내 발주횟수, 발주량, 기간 내 재고조사 횟수를 어떻게 정하는가 하는 세 가지 사항이 최적주문관리방식의 선정기준이 된다.

기본적으로 주문관리방식은 정량발주점법, 정기발주법, 서비스점법, 재고배분법으로 대별할 수 있다. 이 외에도 정량유지방식과 이중발주방식 등이 있다.

(1) 정량발주점법

재고량이 일정 수준에 이르면 주문하는 방식으로 주문량이 중심이 되므로 Q시스템 또는 고정주문량시스템(fixed order quantity system)이라고 한다. 또한 계속적으로 재고량을 조사하여 재주문점 이하로 떨어졌을 때 고정된 주문량을 발수하므로 연속점검시스템(continuous review system)이라고도 한다.

정량주문의 경우 계속적인 재고조사를 행하므로 리드타임기간의 수요변동에 대비하여야 한다.

(2) 정기발주점법

일정 시점이 되면 정기적으로 적정한 양을 주문하는 방식이다. 주문시기를 중심으로 P 시스템이라고 하며, 정기적으로 재고수준을 조사하여 목표 재고수준에서 현재 재고수준을 뺀 양만큼 주문하므로 정기점검시스템(periodic review system)이라고도 한다. 리드타임(lead time)이 짧거나 주기적으로 조달을 받는 품목에 유리하고 또는 여러 품목을 동일한 업자로부터 구입하는 경우에 유용하게 사용된다. 정기주문의 경우 안전재고(safety stock, buffer) 수준은 정량주문보다 더 높다.

정기주문의 경우 주문시기가 고정되어 있어 주문량을 조정해야 하므로 전 기간을 대비하는 안전재고가 필요하다.

(3) Two-Bin법

주로 ABC분석의 C에 속하는 품목으로서 매출이 적고 단가가 저렴한 상품에 적용하며 경제적 발주량에 상응하는 것을 두 개 준비해 두고 한쪽이 비면 다른 한쪽에서 인출해 충당하고 즉시 발주하는 방식이다. 가장 오래된 관리기법으로, 가격이 저렴하고 사용빈도가 높으며 조달기간이 짧은 자재에 대해 주로 적용하는 방식이다.

(4) 보충점법

단가가 높고 매출이 많지 않으며 가끔 팔리는 상품에 적용하며 유효재고량을 사용해 보충점을 설정한다.

(5) 서비스점법

재고 조사의 시점별로 예측정보에 따라 서비스율을 고려하여 현재의 발주 여부를 결정하는 방식이다.

12 하역관리

SMART Physical Distribution

제1절 하역의 개요

1 하역의 의의

하역(handling)이란 각종 운반수단에 화물을 싣고 부리는 작업, 보관화물의 창고 내에서의 쌓기와 내리기 작업과 이에 부수되는 작업을 의미한다.

하역은 운송 및 보관과 관련하여 발생하는 부수적인 작업으로서 운송과 보관을 연결하는 기능을 갖고 있기 때문에 하역 자체의 가치보다는 운송과 보관능력의 향상을 지원하는 역할이 더 크다. 좁은 의미의 하역은 사내하역만을 의미하지만, 넓은 의미의 하역은 국내외 운송품의 선적과 탑재를 위한 항만, 공항 및 철도 터미널 등의 하역까지 포함한다.

하역은 물품이 생산자로부터 소비자까지 유통되는 과정에서 포장·보관·운송에 전후하여 필수적으로 행해지는 활동으로서 물류에서 필수불가별하고 중요한 역할을 하고 있다. 물류 활동에서 운송은 거리적 효용을, 보관은 시간적 효용을 창출하지만 하역은 자체 가치의 창출이 없는 대신 생산에서 소비에 이르는 전 유통과정에서 효용 창출이 이루어지도록 직접적인 영향을 미치므로 하역의 합리화는 물류합리화와 직접적인 관련이 있다.[1)]

1) 옥선종, 「보관하역론」(경록채널, 2007), pp. 199~202.

2 하역의 요소

(1) 쌓기와 내리기

운송기기 등에 물건을 싣고 내리는 것을 말하며, 특히 컨테이너에 물건을 싣는 것을 배닝(Vanning), 내리는 것을 디배닝(Devanning)이라고 한다.

(2) 운반

창고 내에서의 화물이동과 같이 물건을 비교적 단거리로 이동시키는 것을 말한다. 생산·유통·소비 등 모든 경우에 운반이 필요하다. 따라서 운반도 하역의 일부로 보아야 한다.

(3) 적재(쌓는 것)

별도로 정의하고 있지는 않지만, 이것은 물건을 창고 등 정해진 보관시설 장소로 이동하여 정해진 위치와 형태로 쌓는 작업을 말한다.

(4) 반출

반출(picking)은 보관장소에서 물건을 꺼내는 작업이다.

(5) 분류

분류(sorting)는 물건을 품종별·발송방향별·고객별 등 여러 카테고리로 나누어 구분하는 작업이다.

(6) 정돈

출하하는 물건을 수송기기에 바로 실을 수 있도록 구색을 갖추어 정돈하는 작업이다.[2)]

---

2) 로지스틱스 21, 「보관하역론」(한국물류정보, 2007), p. 194.

3 하역의 원칙

(1) 기본원칙

① 경제성의 원칙
하역작업의 횟수를 줄임으로써 화물의 오선, 분실, 비용을 최소화한다.

② 거리(시간)최소화의 원칙
하역작업을 수행하는 과정에서 발생하는 화물의 이동거리·시간을 최소화한다.

③ 운반활성화의 원칙
물품을 운반하기 쉽고, 움직이기 쉽게 해주어 운반을 편리하게 하는 것으로, 이를 위해서는 관련작업의 조합에 의해 전체를 능률적으로 운용하여야 한다.

④ 화물단위화의 원칙
화물을 일정 단위화하는 것으로, 이는 작업능률 및 운반의 활성화를 높임과 동시에 화물의 손상, 감모, 분실을 없애고 수량의 확인도 용이하게 한다.

⑤ 하역기계화의 원칙
인력작업을 기계작업으로 대체하는 것으로, 이를 위해서는 인간과 기계의 적절한 결합을 고려해야 한다.

⑥ 중력이용의 원칙
중력의 법칙에 따른 하역작업을 선택하여야 하며, 물품을 들고 다니는 경우를 최소화하여야 한다.

⑦ 화물유동화의 원칙
화물이 정체되지 않도록 하역작업 공정 간의 연계를 원활히 한다.

⑧ 시스템화의 원칙
개개의 하역활동을 유기체로서의 활동으로 간주하는 원칙이다.

(2) 보조원칙

① 이동거리의 최소화
하역작업을 위한 화물의 이동거리를 최소화한다.

② 바닥이용의 효율화
높이 쌓기 등을 하여 바닥면적의 효율성을 증대한다.

③ 작업일관화

작업의 전후 공정과의 균형을 생각한다.

④ 합리적 조합

기계와 인력의 자원을 적절히 조합하여 전체 능력의 향상을 도모한다.

⑤ 작업량에 따른 운영

작업장 상태 및 작업량에 따른 자원을 배치한다.

⑥ 현행시설의 활용

현행시설의 효과적 이용을 도모한다.

⑦ 고장 시의 대책수립

고장을 대비한 대체자원 투입계획을 사전에 수립한다.

⑧ 표준품의 도입

일관된 시스템 구축을 위해 표준화된 기계를 도입한다.

⑨ 사용법의 교육훈련

하역기계의 충분한 능력발휘를 위한 사용법 교육을 실시한다.

⑩ 안전대책

안전사고 방지대책을 사전에 수립한다.

⑪ 보전관리

보수·보전대책을 사전에 확립한다.

⑫ 계획적 관리

작업계획을 세우고, 평가하는 체제를 구축한다.

제2절 하역의 분류

1 하역시설에 따른 유형

1) 자가시설하역

화주의 공장, 자가창고, 배송센터 등과 같은 시설에서의 화물 반·출입작업, 자가차량에서의 상하차작업 등을 의미한다.

2) 영업시설하역

영업시설하역이란 영업용 창고에의 반·출입 및 화물 적부작업, 영업용 운송장비에서의 화물 상하차작업 및 운송거점으로 이용되는 터미널·항만·공항·철도역 등에서 이루어지는 화물 취급작업이다.

2 운송수단에 따른 유형

1) 화물자동차하역

자동차운송을 위한 화물자동차에서의 상하차작업을 의미한다.

이와 같은 화물자동차하역은 화주 공장에서 화물을 상차하는 작업을 시발점으로 하여, 다른 운송수단에의 환적작업을 거쳐 수하인이 지정한 장소에서의 화물하차작업을 수행함으로써 종결된다.

2) 철도화차하역

철도화차에 화물을 상하차하는 작업을 말한다.

이와 같은 철도하역방식은, 크레인을 사용하지 않고 화물자동차의 트레일러 위에 컨테이너를 적재한 상태에서 트레일러를 끌어 올리거나 끌어내려 하역하는 방식인 TOFC(Trailer On Flat Car) 형태와 컨테이너 자체를 크레인을 사용하여 들어 올리거나 내려놓는 하역방식인 COFC(Container On Flat Car) 형태로 구분된다.

그림 3-4 철도화차하역 방식

TOFC(Trailer On Flat Car)

COFC(Container On Flat Car)

3) 선박하역

수출입 화물의 운송에서 상당히 높은 비중을 차지하고 있는 운송수단인 선박에 화물을 적재하거나 양하하는 작업을 말한다. 이러한 선박하역작업은, 크레인을 사용하여 화물을 하역하는 LOLO(Lift On/Lift Off 또는 Ramp Point With Crane) 방식과 크레인을 이용하지 않고 선박의 램프(ramp)를 이용하여 하역하는 RORO(Roll On/Roll Off 또는 Ramp Point Without Crane) 방식으로 나누어 볼 수 있다. 특히, LOLO하역 방식은 대부분의 컨테이너 하역에 이용되고 있으며, RORO하역 방식은 주로 자동차 등과 같은 화물의 하역에 이용되고 있다.

4) 항공기하역

항공기하역은 항공기에 화물을 적재하거나 양하하는 작업이다. 이와 같은 항공기하역의 형태에는 항공용 컨테이너에 화물을 적입하여 컨테이너 자체를 하역하는 컨테이너 하역 방식, 항공용 파렛트에 화물을 적재하여 파렛트를 하역하는 파렛트하역방식 및 컨테이너와 파렛트와 같은 단위적재용기(ULD : Unit Load Device)를 사용하지 않고 무포장 상태로 직접 하역하는 산화물하역 방식 등이 있다.

3 화물형태에 따른 유형

1) 개별하역

개별하역이란 하역대상이 되는 화물이 상자 및 기타 이와 유사한 포장용기 등과 같이 개별적으로 포장되어 있는 상태로 화물을 하역하는 방식이다.

2) 단위적재하역

단위적재하역은 파렛트나 컨테이너와 같이 규격이 일정한 용기에 화물을 집합하여 포장한 경우, 이러한 단위적재용기 자체를 하역하는 방식이다.

3) 무포장하역

무포장하역 방식은 산화물을 화물자동차, 철도화차, 선박, 항공기 등과 같은 운송수단, 보관시설 및 탑재용기에 포장하지 않고 직접 상하차하거나, 적출입하는 방식이다.

4) 하역장비에 따른 유형

(1) 컨베이어하역

하역작업이 컨베이어(conveyor)와 같은 운반기기를 이용하여 이루어지는 형태이다. 일반적으로, 컨베이어 하역방식은 작업노면에 영향을 받지 않고 산화물과 같은 무포장화물의 하역에 유용한 방식이지만, 컨베이어 양 끝에 작업자가 화물을 올려놓고 내려야 하는 단점이 있다.

(2) 크레인하역

크레인하역은 기중기를 이용하여 화물을 상하 및 좌우로 이동시켜 하역하는 방식이다. 이와 같은 크레인하역 방식은 컨테이너와 같은 대량 및 대형화물의 하역에 매우 유용하지만, 화물의 이동거리가 제한적이고 크레인을 설치할 견고한 지지대가 필요할 뿐 아니라 크레인을 화물에 걸거나 해체하는 데 작업시간이 많이 소요된다는 문제점을 안고 있다.

(3) 포크리프트하역

포크리프트하역 방식은 포크리프트 트럭(forklift truck)을 이용하여 화물을 하역하는 형태로서, 주로 창고 내에서 파렛트 위에 적재된 화물(palletization)의 하역작업에 적합한 방식이다. 포크리프트하역 방식은 인력하역에 비해 화물의 파손을 줄일 수 있으며 작업시간과 작업인력을 절감할 수 있는 장점이 있으나, 운반거리에 제한이 있고 작업노면이 좋아야만 작업이 가능하다는 단점이 있다.

제3절 하역비관리

1 하역비의 의의

화물의 생산과정과 유통과정은 물론 화물의 이동·보관·포장·하역 등의 수행과정에서 발생하는 비용을 말하며, 일반적으로 하역비용은 부수 작업비용이므로 그 자체로는 가치와 효용이 부과되지 않는 순수 작업비이다. 생산과정 중 생산비용의 일부로 또는 유통과정 중 유통비의 일부로 분산되어 파악하기가 어려운 특성이 있다.

2 하역비의 구성

하역비는 하역노무비와 설비·방비비로 구성된다. 하역노무비는 직접노무비와 간접노무비로 구분되며, 설비·방비비는 유지비, 가동비, 토지·건물비, 관리비, 재료비 등과 같은 세부항목으로 구성된다.

이들 항목의 내용을 정리하면 다음과 같다.

(1) 하역노무비

① 직접노무비

제공된 노동의 질과 양에 따라 지불되는 대가로 임금, 시간 외 수당, 직무수당, 상여금, 퇴직금 등이 포함된다.

② 간접노무비

고용유지를 위한 제 비용으로 복리후생비, 교육훈련비, 노무관리비 등이 포함된다.

(2) 설비·방비비

지게차, 크레인, 컨베이어 등의 운반장비와 용기, 파렛트 등의 보관용 설비비를 의미하며, 유지비와 가동비 등으로 구분된다.

① 유지비

사용이 가능한 상태로 유지하기 위한 비용으로, 감가상각비, 임차료, 보험료, 세금, 정비비, 예방보수 유지비 등이 포함된다.

② 가동비

사용에 필요한 비용으로 동력비, 연료비, 소모품비, 공구비, 용수비 등이 포함된다.

③ 토지, 건물비

토지, 건물비는 면적비와 토지건물비로 구분되는데, 상세한 내용은 <표 3－2>와 같다.

④ 관리비

사무실비, 조사비, 개선비 등이 포함된다.

•표 3-2 토지· 건물비의 세부항목

<table>
<tr><th colspan="2">구분</th><th>내용</th><th>관련비용</th></tr>
<tr><td rowspan="3">면적비</td><td>통로면적비</td><td>통로면적에 대한 비용</td><td>옥내면적비, 옥외면적비</td></tr>
<tr><td>보관면적비</td><td>보관 및 대기장소의 면적 비용</td><td>재고창고, 부품창고, 반제품창고</td></tr>
<tr><td>장비시설 면적비</td><td>운반, 하역장비나 시설설치 면적</td><td>운반장비 대기장소, 보관장소, 상하차대기장소, 포장기계 설치장소, 운반장비 설치장소</td></tr>
<tr><td colspan="2">토지건물비</td><td>보관에 사용된 토지 건물비</td><td>도로포장비, 교통표시장치비, 조명비, 토지세, 건물감가상각비</td></tr>
</table>

⑤ 재료비

운반보관용기비, 포장재료비 등이 포함된다.

제4부

포장물류론과 물류정보관리론

13 포장관리

SMART Physical Distribution

제1절 포장의 개요

1 포장의 의의

포장관리(packing management)는 화물의 가치를 유지, 보호하기 위하여 적합한 재료 또는 용기 등으로 시공한 기술 및 상태를 효율적으로 관리하는 활동으로서, 생산의 마지막 단계이자 물류의 시발점이 되는 물류활동이다. 이와 같은 포장활동은 화물의 보호성, 취급의 편리성(공업포장), 판매촉진성(상업포장), 표시성을 증대시키며, 화물취급의 주의 표시(care mark) 및 화물포장의 단위화를 통한 상품성을 제고시키는 기능을 수행하고 있다.

그림 4-1 포장의 기재내용

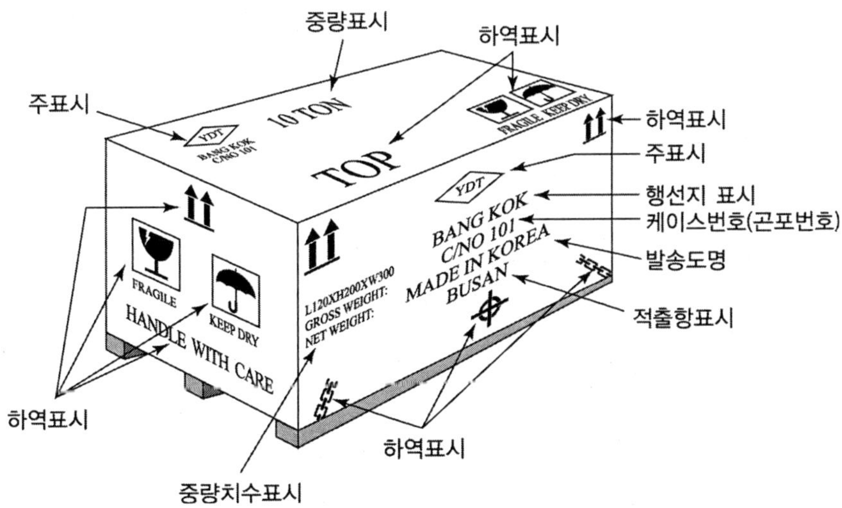

2 포장의 역할

(1) 보호성

상품 본래의 품질을 보존하고 외부로부터 상품을 보호한다.

(2) 취급의 편리성

제품의 수송, 보관, 하역, 판매 등에서 취급의 편리성을 제공하여 제조업자, 운송업자, 창고업자, 판매업자, 소비자 등의 화물취급을 용이하게 한다.

(3) 판매촉진성

상품의 이미지 제고로 소비자의 구매 욕구를 자극하여 상품의 판매를 촉진한다.

(4) 표시성

생산자나 상품에 관한 정보전달, 화물의 취급이나 분류에 필요한 사항을 표시한다.

(5) 환경친화성

적정포장과 재활용 포장으로 환경오염을 방지한다.

3 포장의 형태

1) 포장목적에 따른 유형

(1) 공업포장

화물의 생산 및 운송에 적합하도록 시공한 포장형태를 의미하는 것으로, 이는 생산자포장 또는 운송포장이라고도 한다.

(2) 상업포장

화물의 소비 및 구매단위에 적합하도록 시공한 포장의 형태를 말하는 것으로 소비자포장이라고도 한다. 이와 같은 소비자포장은 대체적으로 유통센터, 배송센터, 소매점 등에서 이루어지고 있다.

2) 목적지에 따른 유형

(1) 국내포장

화물의 목적지가 국내인 경우의 포장으로, 수출입 화물에 비해 운송거리 및 운송기간이 짧고 운송환경도 양호하기 때문에 경포장을 하는 것이 일반적이다.

(2) 수출포장

수출입 화물에 시공하는 포장방법으로 운송경로, 운송시간 및 거리, 화물의 특성 등을 종합적으로 고려하여 포장하여야 한다. 일반적으로 수출입 화물의 포장방법에는 수출표준포장(export standard packing), 컨테이너포장(container), 무포장(in bulk) 등의 형태가 있다.

이와 같은 수출입 화물의 운송을 위한 수출포장에는 화인(cargo mark)을 붙여 원산지, 송하인, 생산자, 품질, 목적지 등을 명료하고도 정확히 기재하여야 한다. 특히, 화인의 불명확한 기재로 인해 발생하는 모든 손해에 대하여는 원칙적으로 화주가 부담하기 때문에 화인 표시에 각별한 주의가 요구된다.

3) 기능에 따른 유형

(1) 외부포장(외장)

화물의 품목표시, 가격표시, 취급상의 주의표시 및 화물의 보호 및 운송의 적합성과 효율성을 고려하여 시공한 포장의 형태이다. 따라서 외부포장은 운송 및 하역작업에 충분히 견딜 수 있을 정도로 견고하게 시공되어야 하며, 화물의 취급과 보관에 적합한 사항을 외면에 명확하게 기재하여야 한다.

(2) 내부포장(내장)

내부포장은 외부포장과 같이 화물의 표시성, 운송의 적합성을 고려한 것이 아니라, 화물의 성질 및 품질보존을 위해 시공한 포장을 의미한다. 예컨대, 식료품과 같이 변질되기 쉬운 화물이나 전자기기와 같은 첨단제품의 경우에는 습기나 수분이 침투하지 않는 포장 재료로 시공하는 것이 바람직하다.

(3) 단위포장

화물의 운송, 판매, 소비 등을 고려하여 그에 적합한 수량으로 단위화(unitization)하여 포장하는 방식이다. 이와 같은 단위포장은 운송단위, 보관단위, 판매 및 소비단위 등을 종합적으로 고려하여 얼마만큼의 수량으로 단위화할 것인가를 결정하여 포장해야만 한다.

4 포장설계기법

포장의 기능을 살리기 위해 여러 가지 포장설계기법이 발달되어 왔는데, 포장설계기법은 내용품의 특성과 물류조건에 따라 적당한 포장재료를 골라 이에 여러 가지 기술을 결합시켜 포장의 설계가 이루어진다.

(1) 방수포장

화물이 수분을 흡수하게 되면 품질이나 성상이 변질될 우려가 있는 화물에 대해 이를 방지할 목적으로 시공하는 포장기법으로, 셀로판지나 유리제품 등과 같은 포장재료를 이용하여 포장한다.

(2) 방청포장

기계류나 금속제품과 같이 녹이 생길 수 있는 화물에 대해 시공하는 포장기법으로, 진공포장을 하거나 방청제 및 그리스(grease) 등을 이용하여 포장하는 기법이다.

(3) 방습포장

설탕, 비료, 시멘트 등과 같이 화물이 습기를 함유하는 경우 제품의 성질 변화나 가치 하락의 우려가 있는 화물에 대해 시공하는 포장기법으로, 주로 방습 포장재를 이용하여 시공한다.

(4) 집합포장

화물의 운송 및 보관의 효율성을 높이기 위하여 대상화물을 한데 모아서 대형화·집합화하는 포장기법으로 파렛트에 화물을 적재하는 것이 일반적이다. 이와 같은 집합포장의 방법으로는 테이프로 화물을 결속하는 테이핑(taping)이나 화물을 수축포장재를 이용하여 집합하여 묶는 쉬링크(shrinking), 골판지 상자에 넣어서 화물을 집합하는 형태 등과 같이 매우 다양하며, 어떠한 방법으로 시공하든지 간에 화물이 갈라지거나 해체되지 않도록 집합하는 것이 중요하다. 집합포장 방법에는 다음과 같은 방법이 있다.

① 밴드 결속

집합포장에서 가장 많이 사용되는 방법으로 종이, 플라스틱, 나일론 및 금속밴드 등이 사용된다. 밴드의 결속방법에는 수평묶음과 수직묶음이 있으며, 코너의 변형을 막기 위해 코너패드가 보호재로서 사용된다.

② 테이핑(Taping)

용기의 표면에 접착테이프 등을 사용하여 집합포장하는 방법으로 접착테이프 사용 시 용기의 표면이 손상될 수 있다.

③ 슬리브(Sleeve)

보통 필름의 열수축력에 의해서 파렛트와 그 위에 적재된 포장 화물을 집합하는 포장 방법이다.

④ 쉬링크

수축 필름의 열 수축력을 이용하여 파렛트와 그 위에 적재된 포장화물을 집합포장하는 방법이다.

⑤ 스트레치(Stretch Package)

주로 생선·식품·청과물 등을 1개 또는 복수로 트레이에 올려 그 주위를 끌어당기면서 엷은 필름으로 덮어 싼 포장을 말한다. 스트레치 필름을 사용하여 자기접착성을 이용한다.

⑥ 꺽쇠·물림쇠

주로 칸막이 상자 등에서 상자가 고정되도록 꺽쇠 또는 물림쇠를 박는 방법이다.

⑦ 골판지 상자

작은 부품 등을 내부 칸막이로 된 골판지 상자에 넣고 바깥쪽을 밴드로 묶어서 파렛트와 일체가 되게 하는 방식이다.

⑧ 접착

풀이나 접착테이프 등의 접착제를 이용하는 방법으로 수평방향에는 강하지만 수직 방향에는 약하다.

⑨ 기타 부속품

집합포장을 위한 기타 부속품으로 코너 패드, 덮개, 틀, 칸막이판, 덧받침대, 충전물 등이 사용된다.

5 포장의 원칙과 합리화 방안

(1) 포장의 원칙

① 제1원칙 : 대량화·대형화의 원칙

포장의 대형화 및 대량화를 통해 대량수송, 하역작업의 기계화로 물류비 절감을 도모하는 원칙이다.

② 제2원칙 : 집중화·집약화의 원칙

업체들의 물량을 집중·집약시켜 규모의 경제를 달성하여 물류비를 절감하는 원칙이다.

③ 제3원칙 : 규격화·표준화의 원칙

포장단위를 표준화·규격화함으로써 운송비는 물론이고 보관비 및 하역비를 최소화하는 원칙이다. 포장표준화의 4대 요소는 치수, 강도, 기법, 재료의 표준화이다.

④ 제4원칙 : 사양 변경의 원칙

사양 변경을 통해 물류비를 절감하는 원칙이다.

⑤ 제5원칙 : 재질 변경의 원칙

내용품의 보호에 지장이 없는 범위 내에서 포장 재질을 변경하는 원칙이다.

⑥ 제6원칙 : 시스템화·단위화의 원칙

물류활동에 필요한 장비나 기기 등을 운송, 보관, 하역 등 물류의 제반활동이 유기적으로 연결되도록 시스템화하고 포장화물의 단위화를 통해 포장의 합리화를 추구하는 원칙이다.

(2) 합리화 방안

① 포장라인의 자동화

제품의 원가절감을 통하여 대외경쟁을 강화하기 위해서는 포장라인의 자동화가 중요한 요소가 된다. 포장라인의 자동화를 위해서는 포장자동화 설비기기의 다양한 기술개발과 포장의 표준화와 규격화가 선행되어야 한다.

② 포장설계의 전산화

컴퓨터를 이용하여 자사제품의 유통구조에 적합한 운송수단, 포장치수, 기법, 강도, 재료 등을 개발하여야 한다. 소프트웨어의 개발은 단계적으로 포장치수 중심에서 포장기법, 강도, 재료로 영역을 확대하여 포장라인의 기계화, 자동화 및 창고자동화에 연결되어야 한다.

③ 포장의 사회성 인식

최근 인공 포장 재료의 증가와 포장 재료들이 인간의 생활에 밀착됨에 따라 포장의 사회성이 문제되고 있다. 포장이 갖고 있는 판매기능을 너무 중시한 과대포장을 지양하고 적정포장을 중시하여야 하며 품명, 특징, 상표, 제조년월일, 가격, 사용상의 주의 등을 표시하고 포장재료의 폐기방안까지 고려하여 포장설계를 하여야 한다. 또한 수입품이 대부분인 포장재료의 재회수 사용방법을 강구하여야 하며, 위험방지 등을 위하여 소비자 포장재료 및 용기 등의 안정성을 확보하여야 한다.

④ 포장재료의 다양화

제품의 수명단축에 따른 신제품개발과 제품의 다양화는 필연적으로 새로운 포장자재의 개발을 요구하고 있다. 따라서 합성수지를 기초로 한 새로운 포장재료의 개발을 통하여 방습·투시·단역·방청 등의 포장기능을 강화할 필요가 있다.

⑤ 파렛트의 규격화

파렛트는 보관하역작업뿐만 아니라 운송에 이용되어야 물류혁신의 수단이 될 수 있으며, 이를 위해서는 일관 파렛트화가 필수적이다. 이의 실현을 위한 방편으로 파렛트의 규격, 척도 등을 통일하여 호환성이 있도록 파렛트를 풀로 사용함으로써, 운송의 합리화와 물류비의 절감을 가져올 수 있는 파렛트 풀 시스템(pallet pool system)을 적극적으로 도입하여야 한다.

제2절 포장재료와 포장기기

1 포장재료

1) 골판지

(1) 골판지의 의의

골판지란 파도 모양의 구조역학적 완충작용을 하는 골을 성형한 골심지의 편면 또는 양면에 라이너를 접합하여 제조한 포장재이다. 골판지는 파장판지 또는 주름진 판지로서 판지 바깥쪽의 평평한 부분에 사용되는 라이너와 안쪽의 골을 내는 부분 및 이중양면 골판지 중간에 사용되는 골심지로 구성되어 있다.

이러한 골판지는 골의 높이와 골심지의 간격에 따라 매우 다양하다. 대표적인 골판지의 골의 종류는 A골, B골, C골, E골으로 분류된다.

- A골 : 현재 가장 많이 이용되며 골의 높이가 크고 판지가 두꺼워 완충성이 크고 수직 압축강도도 높다.
- B골 : 병, 통조림 등 내용물이 견고한 상품의 포장에 적합하며, A골에 비해 평면압력이 우수하다.

•그림 4-2 골판지의 구조

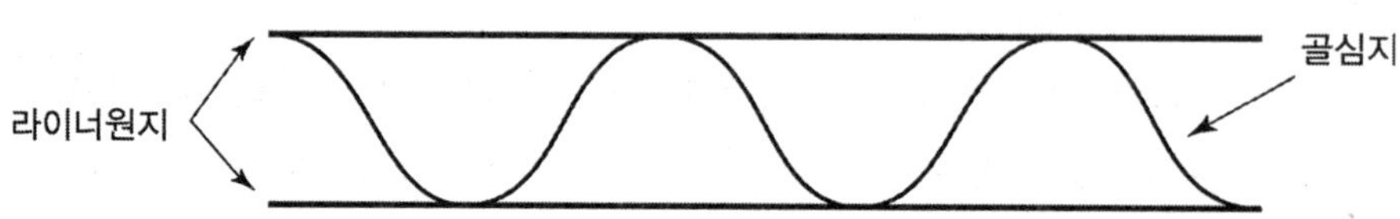

- C골 : A골과 B골의 중간에 해당되는 골판지 형태이다.
- E골 : 낱포장, 속포장용으로 이용되며, 화려한 인쇄기능, 골의 수가 가장 많고, 골 높이가 낮고, 두께가 가장 얇다.

이들 골의 강도를 비교해 보면 완충성과 수직압축강도는 A골 > C골 > B골이며, 평면압축강도는 B골 > C골 > A골순이다.

(2) 골판지의 종류

① 편면골판지

편면골판지(single faced corrugated fiberboard)는 물결형 골의 한쪽에 라이너를 접합한 것을 말한다. 편면골판지는 보통 상자로 제조하는 경우는 거의 없고, 대개의 경우 특수구조체, 완충제, 또는 고정물로 사용하는 경우가 많다.

•그림 4-3 편면골판지의 구조

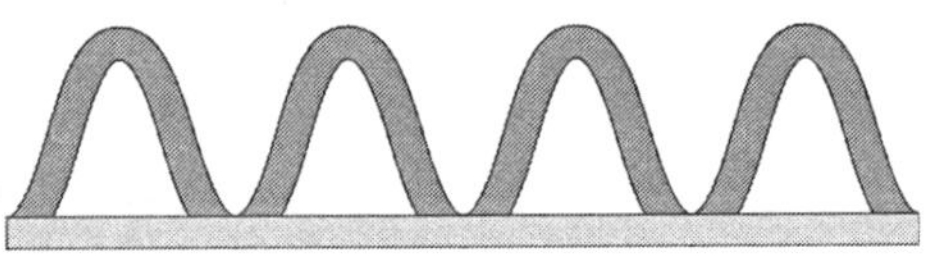

② 양면골판지

양면골판지(single wall corrugated fiberboard)는 골심지의 양면에 라이너를 접합한 형태로 이루어져 있다. 사용하는 골심지는 A골, B골, C골 어느 것을 사용해도 무방하나 단독으로 사용해야 한다. 일반적으로 가장 많이 쓰이는 포장재이며 A골은 완충 및 내 압력이 강해 경량물의 포장재로 사용하며, B골은 평면압력강도가 강하고 촉감이 좋아 캔류와 같은 제품포장에 적합하다.

•그림 4-4 양면골판지의 구조

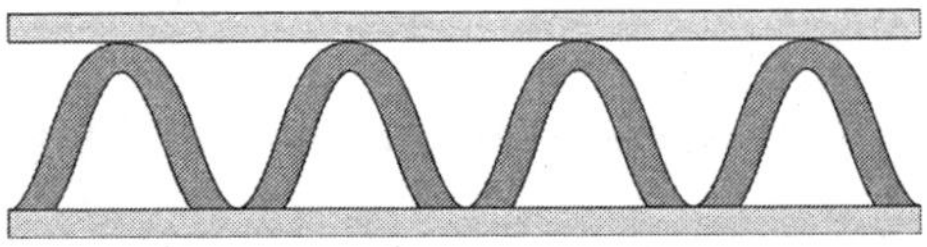

③ 이중양면골판지

이중양면골판지(double wall corrugated fiberboard)는 양면골판지의 한쪽 면

•그림 4-5 이중양면골판지의 구조

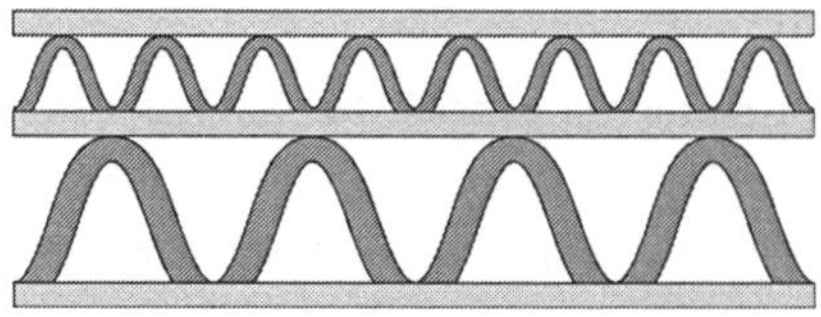

에 편면골판지를 접합한 형태이다. 구조적으로는 여러 가지 골심지를 이용하여 제조할 수 있으며 제작방법에 따라 다양한 물성(物性)을 얻을 수 있다. 양면골판지보다 강력한 물성을 가질 수 있고 수직방향의 압축강도는 현저히 증가된다. 비교적 무겁거나 손상되기 쉬운 제품의 포장에 적합하며 청과물과 같이 함수율(含水率)[1]을 필요로 하는 내용물의 포장에 많이 사용된다.

④ 삼중골판지

삼중골판지(triple wall corrugated fiberboard)는 편면과 양면을 필요한 사양에 따라 3개층으로 합성 제조한 골판지이다. 합성의 골심지는 A골, B골, C골 등을 자유롭게 사용할 수 있다. 삼중골판지는 나무상자에 비해 무게가 가볍고 싸며 용적이 작다. 또한 압축강도가 우수하고, 포장작업시간을 단축할 수 있으며, 접을 수 있으므로 보관효율성이 높다는 장점이 있다.

(3) 골판지의 특징

① 골판지의 장점

㉠ 대량 생산품의 포장에 적합하다.
㉡ 대량 주문요구를 수용할 수 있다.
㉢ 경량이고 체적이 작아 보관이 편리하므로 운송 중 물류비가 절감된다.
㉣ 포장작업이 용이하고 기계화, 성력화가 가능하다.
㉤ 포장조건에 맞는 강도 및 형태를 임의 제작할 수 있다.
㉥ 외부충격에 탄력을 주어 내용물의 손상을 방지할 수 있다.

② 골판지의 단점

㉠ 습기에 약하며 수분을 흡수하므로 압축강도를 저하시킨다.
㉡ 소단위 생산 시 비용이 비교적 높다.
㉢ 화물의 취급 시 파손되거나 휘기 쉽다.

1) 함수율은 고체 중에 포함되어 있는 수분의 양을 말한다.

2) 지재포장용기

(1) 접음상자

포장 자동화에 따른 인쇄지기 중 가장 많이 사용되며, 판지에 직접 인쇄하고 바라는 형태대로 따낸 다음, 접어 내용물을 넣고 포장한다.

(2) 붙임상자

0.2~0.8cm두께의 판지를 마름질하여 접착하거나 철선으로 박아 제작하여 고급품 포장에 많이 사용된다.

(3) 액체용 지기

내면에 폴리에틸렌수지나 왁스로 코팅하여 내수성이 높아 우유, 식·음료수 등의 액체 포장용기로 많이 사용된다.

(4) composit can

종이를 여러 겹으로 원통형으로 감아 튜브형태로 만든 것으로, 포테이토칩 등의 포장에 이용된다. 살균이 어렵고 밀봉성이 떨어지는 단점이 있다.

3) 플라스틱 용기[2)]

플라스틱이란 고분자 물질을 주원료로 하여 인공적으로 유용한 모양으로 만든 고체이다. 열가소성과 열경화성으로 구분되며 필름, 시트, 각종 성형품을 가공할 수 있다. 플라스틱 컨테이너, 열가소성 플라스틱, 열경화성 플라스틱, 셀로판, 중포장대 등이 있다.

2) 박정석·김웅진·박귀환·김충일·지영호·조석연, 「핵심물류관리사」(두남, 2005), pp. 138~141.

4) 나무상자

(1) 나무상자의 의의

나무상자는 옛날부터 사용되고 있는 대표적인 포장재료로서, 단위포장인 파렛트나 컨테이너의 출현과 골판지 상자의 출현으로 이용이 감소되고 있으나 수출품의 중량포장재로 아직도 많이 사용되고 있다. 나무상자는 골판지와 비교하여 여러 가지 문제점을 가지고 있다. 나무상자의 이러한 문제점을 해결하기 위하여 합판 등 다른 재료와 조합하거나 필요한 부분에만 사용하는 방법이 강구되고 있다.

(2) 나무상자의 특징

① 장점
㉠ 높은 강도로 고도의 내용품 보호성이 있다.
㉡ 귀중품, 중량물 및 기계류의 포장이나 외장용기에 적합하다.
㉢ 재료확보가 용이하고 공작이 간단하다.
㉣ 재활용의 효과가 크다.

② 단점
㉠ 썩거나 강도가 저하되기 쉽다.
㉡ 수분의 내포로 내용품에 손상을 줄 우려가 있다.
㉢ 대량생산에 대응하기 어렵고 재료보관에 많은 공간이 필요하다.
㉣ 중량이 무겁고 용량이 커지므로 물류비가 많이 든다.

5) 유리

투명성이 뛰어나고 내화학성, 전기절연선, 열전도성 등이 우수하며 경도는 높지만 무겁고 부피가 크다는 단점이 있다.

6) 금속

금속재료는 주로 통조림, 음료수 등의 포장재로 사용되며, 포장용으로 사용되는 금속은 금속캔과 알루미늄박으로 나누어진다.

2 포장기기

(1) 골판지 포장기

① 골판지 케이서

포장대상품을 골판지 상자에 채우고 날개를 접착제나 테이프로 붙여 봉합하는 기계이다.

② 언케이서

골판지 상자, 플라스틱 컨테이너, 나무상자 등에 넣은 포장대상물, 포장재료 등을 꺼내는 기계를 말한다.

③ 상자접합 및 봉함기

상자접합 및 봉함기(case gluing and sealing machine)는 골판지의 플랩에 풀칠을 하고 접어서 압착, 봉함하는 기계이다.

④ 테이프 붙이기 봉함기

테이프 붙이기 봉함기(case taping machine)는 골판지의 플랩을 접어서 고무 또는 면 테이프나 접착테이프로 봉함하는 기계이다.

⑤ 스테이플러

골판지 케이스의 플랩을 스테이플러로 봉하는 기계이다.

(2) 파렛트 포장기기

① 파렛타이저

파렛타이저(palletizer)는 파렛트의 위에 포장화물 또는 물품을 쌓아서 일정 단위로 수합하는 기능을 수행하는 기계이다.

② 디파렛타이저

디파렛타이저(depalletizer)는 파렛트에 쌓은 포장화물 또는 물품을 순서 있게 꺼내는 역할을 수행하는 기계이다.

(3) 수축포장기기

① 수축포장장치

수축포장장치(shrink packaging equipment)는 가열 수축성 필름으로 포장 또는 두루말이 포장을 한 다음 열풍터널을 통과시켜 수축포장하는 장치이다.

② 수축터널

수축터널(shrink tunnel)은 컨베이어에 포장할 물품을 실은 후 가열장치를 통과하게 하여 가열수축성 필름으로 수축·포장하는 장치이다.

(4) 기타 포장기기

① 실링기

실링기(sealing machine)는 봉합하는 기계의 총칭을 말하며, 열 봉합, 캡 봉합, 테이프 봉합 등을 하는 기계이다.

② 결속기

결속기(clipper)는 수 개의 물품 또는 포장물을 끈, 밴드, 와이어, 테이프 따위로 한데 모아서 묶는 기계의 총칭으로 이에는 끈걸이 기계(tying machine), 밴드걸이 기계(binding machine), 와이어걸이 기계, 대봉기 등이 있다.

③ 스트립 포장기

스트립 포장기(strip packaging machine)는 연포장재료 2매를 겹쳐, 1개 또는 여러 개의 정제, 캡슐 등의 소형포장대상품을 가운데로 봉합하여 스트립 포장하는 기계이다. 주로 의약품 포장에 사용된다.

④ 스트레치 포장기

스트레치 포장기(stretch wrapping machine)는 스트레치 필름을 인장하면서 1개 또는 여러 개의 고체포장대상품에 겉포장 하는 기계이다.

⑤ 슬리브 포장기

슬리브 포장기(Sleeve wrapping machine)는 1개 또는 여러 개의 고체로 된 포장대상품의 4면을 연포장재료를 사용하여 통모양으로 싸는 겉포장 기계를 말한다.

제3절 화인

1 화인의 의의

화물작업의 편리성, 하역작업 시 물품손상예방 등을 위해 포장에 확실한 표시를 해야 하는데 이를 화인(cargo handling mark)이라 한다. 이러한 화인 표시는 상품의 하역, 운송, 보관 등에 있어서 관계당사자들에게 화물취급의 편이를 제공한다. 특히 무역화물의 외부포장에 수입업자명이나 주소, 대조번호, 목적지, 상자번호 등을 표시하는 것을 수출화인(shipping mark)이라 한다. 무역운송에서는 화물을 혼재하는 경우가 많기 때문에 화인이 없거나 불명확한 경우에는 다른 화물과 혼동이 되어 양하착오 또는 화물의 인도착오가 발생할 수 있다.

또한 통관할 때도 문제를 발생시켜 클레임의 원인이 되기도 하므로 무역화물은 1개 포장당 두 곳 이상에 상당한 크기로 선명한 방수 잉크를 사용하여 지워지지 않도록 화인을 표시하는 것이 바람직하다.

화인은 모두 대문자로 표기하는 것이 원칙이며, 계약당사자 간에 화인에 대한 약정이 있는 경우에는 합의한 내용에 따른다. 그러나 무역업체별로 화인을 정하게 되면 국제거래상 혼란이 야기될 수 있기 때문에 국제적으로 표준 화인을 정하여 놓고 사용하고 있다.

2 화인의 구성

수출화인의 구성은 기본화인, 정보화인, 취급주의 화인으로 구성되어 있다.

(1) 기본화인

① 주화인

주화인(main mark)은 수입업자의 화인으로 수입업자의 주소, 성명을 문자로 기입하지 않고, 쉽게 알 수 있도록 도형 속에 수출업자나 수입업자의 머리 문자를 표기하는 것이 일반적이며, 표식 위치는 중앙이 대부분이다.

② 부화인

부화인(counter mark)은 대조번호의 화인이라고도 하며 주화인의 보조로서 화물의 등급을 표기해야 하는 경우나 생산자 또는 공급자의 약호를 붙여야 하는 경우에 표시한다. 부화인은 주화인의 왼쪽 또는 오른쪽 상단에 하는 것이 일반적이며, 그 내용에 대해서는 송장(invoice)에 명기한다.

(2) 정보화인

① 상자번호표시

상자번호(case number)는 송장, 적하목록, 기타 운송서류와 확인하기 위한 일련번호를 표기한다.

② 도착항표시

목적지화인(destination mark)은 화물의 목적항 또는 목적지를 표시하는 것이다. 목적지와 도착항이 다른 경우에는 경유지도 표시한다. 복합운송의 경우에는 최종목적지만 표시한다.

③ 중량표시

중량(weight mark)은 통관, 하역작업 등을 용이하게 할 수 있도록 순중량(net weight)과 총중량(gross weight)을 표시한다.

④ 원산지표시

원산지(origin mark)는 생산국을 외장의 맨 아래에 표시한다.

(3) 취급주의 화인

취급주의 화인은 화물의 취급, 운송, 적재의 요령을 나타내는 일종의 주의표시로서 일반화물취급표시와 위험화물경고표시로 구분된다.

① 일반화물주의표시(care mark, side mark, caution mark)

화물을 보호하고 취급자의 안전을 위해 화물취급의 적정한 방법을 지시하는 경우에 사용되는 화인을 말한다.

일반적인 표시내용은 <그림 4-6>과 같다.

•그림 4-6 일반화물주의표시

	표시	
1		• 깨지는 것(FRAGILE) 깨지기 쉬우므로 주의하여 취급할 것을 표시한다.
2		• 취급주의(HANDLE WITH CARE) 충격을 주지 않도록 주의하여 취급할 것을 표시한다.
3		• 갈고리 금지(USE NO HOOKS / DO NOT PUNCTURE) 갈고리를 사용하여서는 안 된다는 것을 표시한다.
4		• 위(THIS WAY UP) 화물의 올바른 윗방향을 표시하여 반대 가로쌓기를 하지 않을 것을 표시한다. 포장화물의 옆면 또는 끝면의 위쪽 구석에 가까운 다른 면의 2곳 이상에 표시한다.
5		• 직사일광 열차폐(PROTECT FROM HEAT) 직사일광 및 열로부터 차폐하는 것을 표시한다.
6		• 방사원 방호(PROTECT FROM RADIO-ACTIVE SOURCES) 방사원에서 격리 또는 방사선을 방지하는 것을 표시한다.
7		• 거는 위치(SLING HERE) 슬링을 거는 위치를 표시한다. 상대하는 2면 각각에 표시한다.
8		• 젖음 방지(KEEP DRY) 물이 새지 않도록 보호할 것을 표시한다.
9		• 무게중심 위치(CENTER OF GRAVITY) 화물의 무게중심 위치를 표시한다. 표지는 표시보기와 같이 무게중심의 위치가 쉽게 보이도록 필요한 면에 표시한다.

10		• 불안정(UNSTABLE) 쓰러지기 쉬운 화물임을 표시한다.
11		• 굴림 금지(DO NOT ROLL) 굴려서는 안 됨을 표시한다.
12		• 손수레 삽입금지(NO HAND TRUCK HERE) 손수레를 끼워서는 안 되는 부위를 표시한다.
13		• 위쌓기 제한(STACKING LIMITATION) 위에 쌓을 수 있는 최대무게를 표시한다. 표지의 상부에는 최대 허용무게를 수치로 표시한다.
14		• 쌓는 단수 제한(LAYERS LIMIT) 겹쳐쌓을 수 있는 총단수를 표시한다. 표지 위의 수치는 최대 허용 겹쳐쌓기 총단수 10단 쌓기의 보기를 표시한다.
15	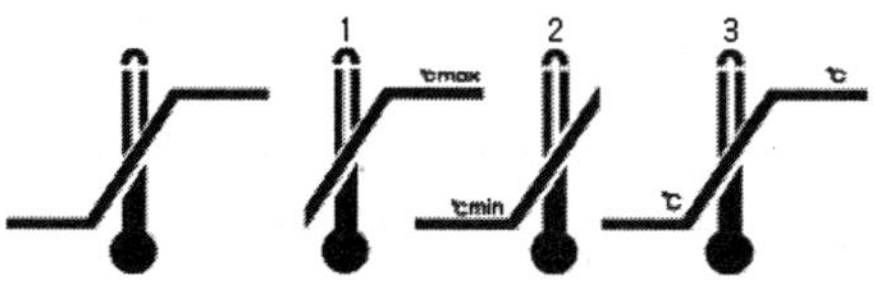	• 온도제한(TEMPERATURE LIMITATIONS) 허용되는 온도범위 또는 최저·최고온도를 표시한다. 다음과 같이 (1)은 최고 허용온도치를 (2)는 최저 허용온도치를, (3)은 허용되는 온도범위를 표시한다.
16		• 화기 엄금(KEEP AWAY FROM FIRE) 타기 쉬우므로 화기를 접근시켜서는 안 된다는 것을 표시한다.
기타		• "밟지 마시오" 표시
		• "찍힘주의" 표시

② 위험화물주의표시

위험물의 수송 과정에 있어서, 취급하는 사람의 안전을 도모하고, 선박, 항공기, 차량, 기타 수송 관련 및 다른 화물에 대한 손상 사고를 방지하기 위하여, 포장에 표시하는 취급주의 표시이다.

• 그림 4-7 위험화물주의표시

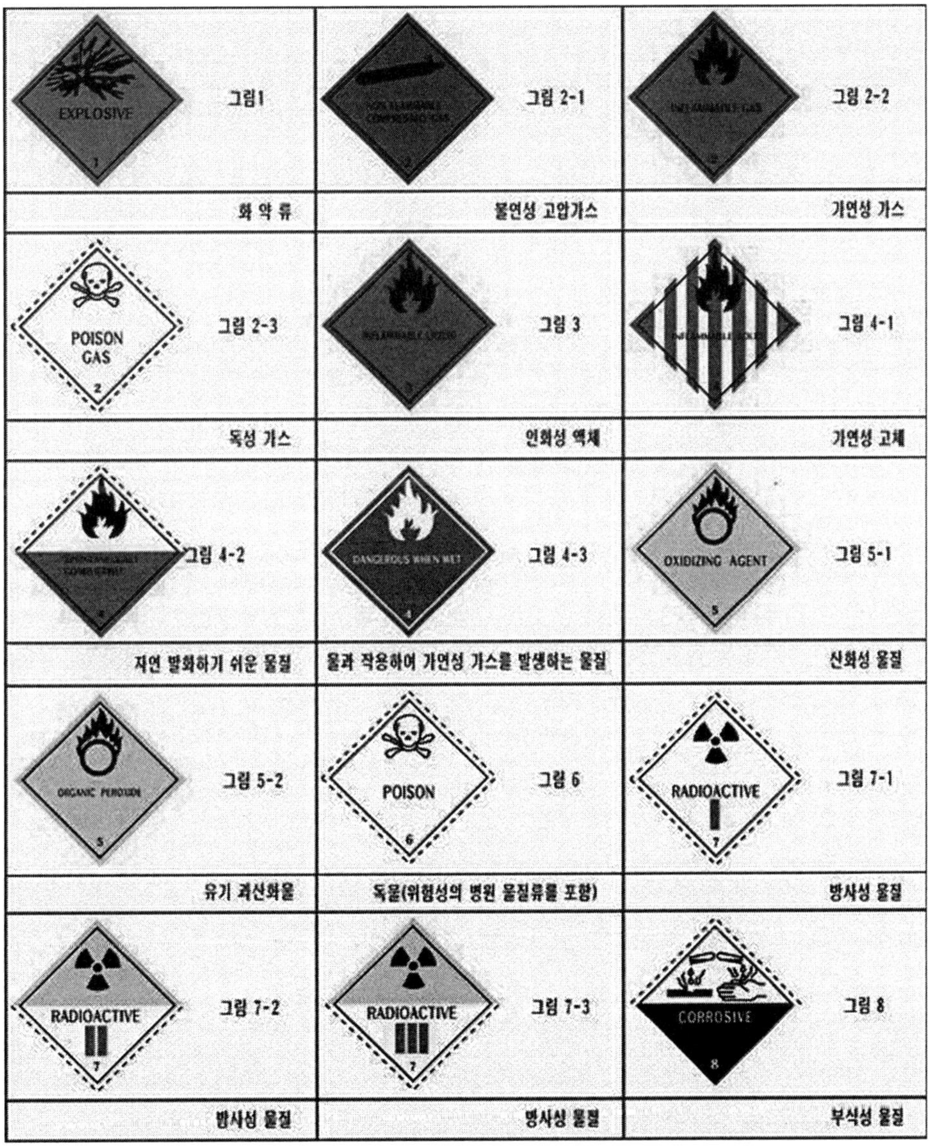

3 화인표시방법

(1) 스템핑

스템핑(stamping)은 고무인이나 프레스기 등으로 찍는 방법이다. 종이상자, 골판지 상자 등에 주로 이용된다.

(2) 카빙

카빙(carving)은 주물을 주입할 때 미리 화인을 해두는 방식이다. 금속제품, 기계류 등에 주로 사용된다.

(3) 라벨링

라벨링(labelling)은 종이나 직포에 미리 인쇄해 두었다가 붙이는 방식이다. 통조림병, 유리병 등에 사용된다.

(4) 태그

태그(tag)는 철사나 기타 끈으로 매는 방법이다. 의류, 잡화류 등에 주로 사용된다.

(5) 스티커

스티커(sticker)는 못으로 박거나 특정방법에 의해 고정시키는 방법이다.

(6) 스텐실

스텐실(stencil)은 기름기가 많은 종이 등에 문자를 파두었다가 붓이나 스프레이를 이용하여 칠하는 방법으로 나무상자, 드럼 등에 주로 이용된다.

14 물류정보관리

SMART Physical Distribution

제1절 물류정보관리의 개요

1 물류정보관리의 의의

기업 활동을 영위하는 데 가장 기초가 되는 것 중의 하나가 정보이고, 물류부문에서도 정보의 역할은 대단히 중요하다. 정보의 기본적인 소재는 자료이고, 수집된 자료를 분석하거나 필요한 처리를 통하여 사용자가 원하는 형태로 표현하여 제공하면 의사 결정에 유효한 정보가 된다.

축적된 물류정보는 물류활동의 원활화를 위해 필수 불가결한 요소로서 생산에서 소비에 이르기까지 수행되는 운송, 보관, 하역, 포장 등의 물류의 제 기능을 유기적으로 결합할 뿐만 아니라, 총체적인 관점에서 물류관리의 효율성을 제고시키는 역할을 수행한다. 즉, 물류정보란 물류관리의 주요 단계별 활동인 운송, 보관, 하역, 포장 등 물류의 제 기능들을 수행하면서 구해진 자료 및 정보를 축적·조합하여 전체적인 물류관리를 효율적으로 수행할 수 있도록 목적에 부합되게 정리·분석된 자료를 의미한다. 이러한 정보를 가공, 생산하여 정보의 이용가치를 높이는 것이 물류정보관리활동이다.

2 물류정보관리의 목적

물류정보관리는 상거래를 구체적으로 실현하기 위해 운송, 보관, 하역, 포장, 유통가공 등의 제 기능이 통합된 정보시스템을 구축하여 전체적인 효율화를 꾀

한다. 또한 상거래의 활성화를 위해 운송, 보관, 하역, 포장, 유통가공의 기능을 신속하고 정확하게 전달한다.

이러한 물류정보관리의 목적을 정리하면 다음과 같다.

(1) 고객서비스 향상

물류정보는 주문받은 상품을 신속하고 정확하게 고객에게 도달시킴으로써 고객의 만족도를 향상시킬 수 있다.

(2) 물류비 절감

물류정보를 통해 물류의 제반활동에 수반되는 비능률적인 요인들을 배제하고 개선하여 효율적인 물류시스템을 운용함으로써 전체적인 비용을 절감할 수 있다.

3 물류정보관리의 형태

물류정보는 물품의 주문, 원자재 조달, 생산, 출하, 재고관리 등과 같이 생산시점에서 소비시점에 이르기까지의 모든 화물정보를 관리하는 것으로서, 다음과 같은 형태가 있다.

(1) 수주정보관리

화물의 주문과 관련된 정보를 관리하는 활동으로 주문받은 화물의 종류, 수량, 주문자, 주문시점 등을 종합적으로 파악하여 생산 및 출하, 운송계획의 수립에 이용하는 활동이다.

(2) 물자정보관리

주문받은 물품을 생산하는 데 소요되는 원재료, 부품, 반제품 등의 조달활동과 관련된 정보를 종합적으로 관리하는 활동이다.

(3) 생산지시정보관리

주문을 받거나 향후 새로운 수요가 있을 것으로 파악된 경우, 물품의 확보를 위해 필요한 사항을 지시하고 전달하는 활동이다.

(4) 출하정보관리

생산된 물품을 주문자별, 지역별, 품목별로 분류하고 포장하여 지정된 방향으로 출하하는 것과 관련된 정보를 관리하는 활동이다.

(5) 재고정보관리

생산된 제품이 판매되지 아니한 상태로 남아있거나 보관되어 있는 경우, 이들 화물에 대한 정보를 관리하는 활동이다.

제2절 물류정보관리와 바코드

1 바코드의 의의

바코드(bar code)는 굵거나 가는 바(검은 막대)와 스페이스(흰 막대)의 조합에 의해 영·숫자 또는 특수기호를 광학적으로 판독하기 쉽게 부호화한 것이다. 이것을 이용하면 상품 및 물류정보의 수집, 해독이 가능하다. 문자나 숫자를 나타내는 검은 바와 흰 공간의 연속으로 구성되었으며, 특정하게 배열된 바와 스페이스는 이진수 0과 1의 비트로 바뀌게 되고 이들을 조합해 정보로 이용하게 되는데, 이들은 심벌로지라고 하는 바코드 언어의 정의된 규칙에 의해 만들어진다. 즉, 바코드는 컴퓨터 내부 연산의 기본인 0과 1의 비트로 이루어진 하나의 언어로, 바의 두께와 스페이스의 폭의 비율에 따라 여러 종류의 코드 체계로 구분된다. 이 인쇄된 코드는 바코드 인식 장치에 빛의 반사를 이용해서 데이터를 재생시키며 재생된 데이터를 수집, 전송한다.

2 바코드의 구조

정보를 바코드로 표현하는 방법에는 여러 가지가 있으며 이를 바코드 심벌로지라고 한다. 바코드 심벌로지는 현재까지 약 150여 종이 개발되어 있으며, 같은 데이터라도 심벌체계에 따라 다르게 표현될 수 있으므로 각 데이터별로 특성을 충분히 고려한 후 적절한 코드를 선택해야 한다. 바코드 심벌의 구조는 코드의 종류에 따라 다르지만 일반적인 구조를 정리하면 다음과 같다.

(1) Quiet zone

바코드의 시작과 끝에는 여백이 있는데 이 여백을 QUIET ZONE이라 하여 가장 좁은 요소의 10배 이상으로 지정되어 있다. 시작문자의 앞과 멈춤문자의 뒤에 있는 공백 부분을 가리키며, 바코드의 시작 및 끝을 명확하게 구현하기 위한 필수적인 요소이다. 심벌 좌측의 여백을 전방여백, 우측의 여백을 후방여백이라 한다.

(2) Start/Stop character

시작문자는 심벌의 맨 앞부분에 기록된 문자로 데이터의 입력 방향과 바코드의 종류를 바코드 스캐너에 알려주는 역할을 한다. 멈춤문자는 바코드의 심벌이 끝났다는 것을 알려주어 바코드 스캐너가 양쪽 어느 방향에서든지 데이터를 읽을 수 있도록 해준다.

(3) Check digit

검사문자는 메시지가 정확하게 읽혔는지 검사하는 것으로 정보의 정확성이 요구되는 분야에 이용되고 있다.

(4) Interpretation line

사람이 육안으로 식별 가능한 정보(숫자, 문자, 기호)가 있는 바코드의 윗부분 또는 아랫부분을 말한다.

(5) Bar/Space

바코드는 가장 간단한 넓고 좁은 바와 스페이스로 구성되어 있으며 이들 중 가장 좁은 바/스페이스를 'X' 디멘전(dimension)이라 부른다. 'X' 디멘전이 바코드의 구조상 가장 최소 단위를 이루는 것이며 모듈(module)이라고 한다. 좁은 바/스페이스와 넓은 바/스페이스는 1:2 또는 1:3, 기타 비율로 표현된다.

(6) Intercharacter gaps

문자들 간의 스페이스('X' 디멘전 크기)를 말한다.

3 바코드의 종류

1) UPC코드

세계상품코드(UPC Code : Universal Product Code)는 식료품 관련협회인 Ad Hoc 위원회가 설립된 이래로 식료품과 잡화 등 유통제품에 부착하기 위한 심벌 연구의 결과로 컴퓨터와 POS(Point of Sales) 제작에 흥미를 가졌던 많은 제작자들이 여러 제안에 의해 Battle Memorial 연구소와 그래픽 기술 재단에서 인쇄내성(printing tolerance) 및 인쇄 능력 시험과, 상점에서의 시험 등을 거쳐 대량의 심벌에 대한 평가 연구를 시작으로 마침내 1973년 4월 3일 산업 부문 표준 심벌로 채택되었다. 이 심벌은 IBM에서 고안한 것과 거의 유사한 것이며, 현재 미국이나 캐나다 등지에서 POS용으로 백화점이나 슈퍼마켓의 식료품과 일상 잡화, 의료제품 등에 사용되고 있다.

UPC코드는 12개의 캐릭터로 구성되어 숫자(0~9)만 표시가 가능하며 세 가지 종류의 형이 있다. Version A는 표준형으로 12자리를 표현하고, Version E는 단축형으로 6자리를, Version D는 확대형으로 표준형보다 많은 데이터를 표현할 수 있다.

2) EAN코드

미국의 UPC코드 제정 이후에 유럽의 12개국이 모여서 국제적인 공통 상품코드를 1977년에 제정했는데 이것이 바로 유럽상품코드(EAN CODE : European Artical Number)이다. EAN코드는 UPC코드보다 상위 레벨의 코드로, EAN코드를 판독할 수 있는 판독기는 UPC코드를 읽을 수 있으나 그 반대는 성립되지 않는다. WPC(World Product Code) 또는 IAN(International Article Number)이라고도 알려져 있으며 UPC와 동일한 기호로 구성되어 있다. EAN코드는 13개의 문자를 포함할 수 있는데 바코드로 표현하는 것은 12자리이고 맨 좌측의 문자는 수치로 표현되므로 UPC와 동일한 심벌구조를 갖는다.

EAN코드의 종류에는 EAN-13, 즉 13개의 문자를 포함하는 표준형과 EAN-8인 8개의 문자를 포함하는 단축형이 있다.

EAN과 UPC의 차이점을 보면 우선 UPC코드는 6자리나 11자리로 구성되어 있으며 EAN은 8자리나 13자리로 구성되어 있다. UPC와 달리 좌측 여백, 좌측 가드패턴, 국가번호, 제조업체번호, 중앙가드패턴, 제품번호, 검증문자로 구성된다. UPC심벌이 한 자리의 상품 분류 체계 번호와 5자리의 제조업체번호로 좌측 6자리를 표현하는 데 반해, EAN심벌은 3자리의 국가번호와 4자리의 제조업체번호로 좌측 7자리를 표현한다(단, 바코드로 표현되는 것은 국가번호 2자리, 제조업체번호 4자리이다).

EAN코드의 각 캐릭터는 두 개의 바와 두 개의 여백으로 형성된 7개의 모듈로 이루어져 있으며 '0'은 밝은 모듈을 '1'은 검은 모듈을 나타낸다. 또한, EAN-8은 UPC코드의 단축형(Version E)과 마찬가지로 소형제품에 바코드를 부착하기 위해 고안된 것으로 8자리를 표현할 수 있다. 맨 좌측의 가드패턴, 중앙의 가드패턴, 우측의 가드패턴은 표준형과 동일하며 좌측의 4자리는 표준형의 패턴 A를, 우측의 4자리는 표준형의 패턴 C를 사용하여 표현된다. 앞부분의 3자리가 국가번호이고, 제조업체번호 3자리, 상품번호 1자리, 검증문자 1자리로 구성된다. EAN코드는 현재 협회 가맹국이 증가하여 전 세계 약 50개 국가에서 사용되고 있다.

(1) EAN-13 : 표준형[A]

① 국가식별코드

국가를 식별하기 위한 숫자로 2~3자리로 구성된다. 82년 이전에 EAN International에 가입한 국가는 2자리이며, 82년 이후에 가입한 국가는 3자리가 부여된다.

[EAN-13[표준형A]의 체계] [바코드의 심벌]

② 제조업체코드

상품의 제조업체를 나타내는 코드로 4자리이며, 의류 등의 다품종 업체에 부여된다.

③ 상품품목코드

각각의 단품을 나타내는 코드로 총 100,000 품목에 부여할 수 있다.

④ 체크 디지트

스캐너에 의한 판독 오류를 방지하기 위해 만들어진 코드로 modulo 10 방식에 의해 계산된다.

(2) EAN−13 : 표준형[B]

[EAN-13[표준형B]의 체계] [바코드의 심벌]

① 국가식별코드

국가를 식별하기 위한 숫자로 2~3자리로 구성된다. 82년 이전 International에 가입한 국가는 2자리이며, 82년 이후에 가입한 국가는 3자리가 부여된다.

② 제조업체코드

상품의 제조업체를 나타내는 코드로 6자리이다.

③ 상품품목코드

각각의 단품을 나타내는 코드로 총 1,000 품목에 부여할 수 있다.

④ 체크 디지트

스캐너에 의한 판독 오류를 방지하기 위해 만들어진 코드로 modulo 10 방식에 의해 계산된다.

(3) EAN-8 단축형

① 제조업체코드

상품의 제조업체를 나타내는 코드로 6자리이다.

② 상품품목코드

총 10품목에 부여할 수 있다.

[EAN-8 단축형]

3) KAN코드

우리나라는 1988년 EAN에 가입하고 국가코드 880번을 부여받아 같은 해에 한국공통상품코드(KAN : Korean Artical Number) 체계를 확정하였다. 현재는 한국유통정보센터에서 각 제조업체 코드를 등록하여 상품에 바코드 심볼을 부착하여 사용하고 있다.

KAN코드에는 13자리의 표준형과 8자리의 단축형이 있다. 표준형 코드의 처음 3자리는 국가식별코드(880), 네 번째부터 일곱 번째 자리는 제조업체코드로서 제조업체의 등록번호가 기재된다. 여덟 번째 자리에서 열두 번째 자리는 상품품목코드로서 제조업체가 설정한 상품번호가 기재되며, 마지막에 열세 번째 자리는 체크 디지트로 기계가 잘못 읽는 것을 방지하기 위한 번호가 기재되어 있다.

4) Code 39

코드 39(Code 39)는 알파벳 문자를 코드화한 대표적인 3 of 9 코드로서 이 코드는 1974년 미국의 Interface Mechanism(현재 Intermec사)의 데이비드 알리아스와 레이스티븐에 의해 개발되었다. 43개의 문자(0~9, A~Z, 7개의 특수문자)와 하나의 시작, 끝 문자로 구성되어 있으며 각 문자는 9개의 요소로 이루어지고 그 중 세 개는 논리 값 '1'을 의미하며, 문자와 문자 사이의 갭은 코드 값을 포함하지 않는다. 현재 공업용으로 주로 사용되고 있으며 보통 바 5개가 한 문자에 해당되고 시작과 끝 문자는 반드시 '*'이어야 한다.

5) 코다바코드

코다바코드(Codabar Code)는 1972년 미국의 Monach Marking System에서

백화점의 가격 표찰용으로 발표한 코드인데, 각 캐릭터는 7개의 요소로 구성되어 있으며 네 개의 바와 세 개의 여백으로 이루어진다.

각 문자 간의 여백은 어떠한 정보도 포함하고 있지 않다. Codabar코드의 각 캐릭터는 두 개의 넓은 바를 지니고 있기에 2 of 7 코드라고도 한다.

6) INTERLEAVED 2 OF 5 코드

2 of 5 코드류 중 가장 많이 사용되고 있는 이 코드는 1972년 미국의 Intermec사가 2 of 5 코드의 효율을 증대시키기 위해 개발했으며, 산업용 바코드 중에서 많이 이용된다. Interleaved 2 of 5 코드는 한 개의 숫자가 5개의 바와 5개의 스페이스를 교대로 조합시켜 이루고 있으며 문자 사이의 갭을 없애 Industrial 코드에 비해 약 40%, Matrix코드에 비해 약 10% 이상으로 길이를 줄일 수 있다. 다만, Interleaved코드는 문자의 수가 짝수여야 하므로 홀수 개의 문자가 들어 왔을 경우 '0'이 맨 앞에 붙는 바코드 중 가장 짧은 것이 특징이다. 이 코드는 숫자 데이터 표현 시 많은 데이터를 짧게 코드화 할 수 있고 자체 감사 기능도 뛰어나므로 산업용 및 소매용으로 많이 사용된다.

7) Code 128

코드 128(Code 128)은 전체 아스키(ASCII) 128 문자를 모두 표현할 수 있는 연속형 심벌로지이며, 수치 데이터는 심벌문자당 두 자리로 표현한다. 1981년 Computer Identics Corp.사에서 개발한 Code 128은 현재 UPC 및 EAN 등 데이터의 고밀도 표현을 요하는 여러 분야에서 응용, 사용되고 있다. Code 128은 시작과 끝 문자, 변동 가능한 길이의 데이터, 바와 스페이스 두 개 모두에 대한 캐릭터 패리티, 체크문자, 함수문자 등으로 구성되어 있으며 인쇄가 보다 용이하며 현재 사용되고 있는 각종 컴퓨터, 프린터에 적합하다. Code 128의 심벌 구조는 좌우측 여백으로 인쇄되지 않는 영역이 있고, 바코드화된 캐릭터의 연속은 단일한 시작문자로 시작된다. 바로 옆에 가장 중요한 most significant가 오고 체크문자 그리고 단일한 끝문자가 온다. Code 128의 캐릭터 요소는 8개로 구성되며 각 요소들은 바 또는 바의 부분으로 이루어지고 각 캐릭터는 세 개의 바와 스페이스로 이루어진다. 각각의 바는 짝수 모듈(짝수 패리티)이고 스페이스는 홀수 모듈(홀수 패리티)로 이루어진다. 각 요소들의 폭은 1X, 2X,

3X, 4X의 네 가지로 바의 모듈은 '1'로, 여백의 모듈은 '0'으로 표시된다. 시작문자는 세 종류의 문자 패턴(A, B, C)이 있으며 끝문자는 네 개의 바와 세 개의 스페이스, 여기에 두 개의 모듈과 종료 바(2)가 합쳐져 13개의 모듈(13X)로 구성된다.

4 바코드 부착방식

1) 소스마킹

바코드 부착방법의 하나로, 제조업체에서 직접 바코드를 붙이는 방식을 말한다. 해당 상품의 정보를 나타내는 바코드를 상품의 포장이나 용기에 인쇄하는데, 한국의 경우 코드관리기관인 한국유통물류진흥원에서 표준바코드를 부여받아 사용한다. 대형 할인점 및 서점, 백화점 등 유통 서비스업체의 POS 시스템의 도입에 따라 전 세계적으로 활용되며, 이를 통해 제조업체는 생산계획, 광고효과, 시장점유율 등을 정확하게 파악할 수 있고, 유통업체는 매출의 등록과 계산을 간편하고 신속하게 처리함은 물론 상품의 판매동향을 비교·분석할 수 있다.

2) 인스토어마킹

인스토어마킹은 소스마킹과는 달리 소매업체에서 상품 하나하나에 자체적으로 설정한 바코드 라벨을 붙이는 방법으로 소스마킹을 실시할 수 없는 생선, 정육, 채소, 과일 등 청과물에 제한적으로 사용한다. 생선, 정육, 채소, 과일 등을 포장하면서 일정한 기준에 의해 라벨러 또는 컴퓨터를 이용하여 출력된 바코드 라벨을 일일이 사람이 직접 상품에 붙인다. 소스마킹된 상품은 상품마다 고유식별번호를 가지고 있어 같은 품목에 대하여 전 세계 어디서나 동일번호로 식별되지만, 인스토어마킹의 경우에는 같은 품목이라도 소매업체마다 번호가 달라질 수 있다. 이와 같이 인스토어마킹은 그 운영비용이나 효율 면에서 소스마킹과 비교할 때 많은 단점이 있기 때문에 미국, 일본 등 선진국의 유통업체에서는 부득이 소스마킹을 실시할 수 없는 일부상품(생선, 정육, 채소, 과일 등)에만 제한적으로 인스토어마킹을 실시하고 있다.

표 4-1 소스마킹과 인스토어마킹의 비교

	소스마킹	인스토어마킹
마킹장소	생산·포장 단계(제조·판매원)	가공·진열단계(점포·가공센터)
표시내용	국가식별코드/제조업체코드/상품품목코드/체크 디지트	별도의 표준코드체계 설정(원칙적으로 소매업체 자유설정)
대상상품	가공식품, 잡화 등 일반적으로 공장에서 제조되는 상품	정육, 생선, 청과 및 소스마킹이 안 되는 가공식품, 잡화
비용	제조업체에서 포장지에 직접 인쇄하기 때문에 인쇄에 따른 추가비용이 거의 없다.	각 소매점에서 바코드라벨을 한 장씩 발행하여 일일이 상품에 부착하기 때문에 부착작업을 전담할 인원이 필요
포장 이미지	인쇄하기 때문에 모든 색상을 전부 사용할 수 있으므로 포장지 전체의 이미지를 손상치 않음	라벨러 또는 컴퓨터에서 발행되기 때문에 바코드 색상이 백색 바탕에 흑색 Bar만을 사용. 포장 이미지를 손상시킬 우려가 있다.
판독률	판독 오류가 거의 없으나 포장재, 인쇄방법, 인쇄색에 대한 주의가 필요	라벨이 떨어질 경우도 있고, 장기간 지나면 바코드의 흑색 bar가 퇴색되기 때문에 오독의 우려가 있다.

5 바코드의 동작과 응용

1) 바코드의 동작원리

바코드에 있는 정보를 해독하기 위해 변화하는 값에 작은 빛의 점들이 스캐너를 경유하여 바와 스페이스를 스처가면서 반사해준다. 바코드의 검은 막대 부분인 블랙 바는 적은 양의 빛을 스캐너 안으로 반사해 들어가고 검은 막대의 중간 중간에 있는 하얀 스페이스 바는 많은 양의 빛을 반사해낸다. 반사된 빛의 양의 차이는 스캐너 안에 있는 빛 검출기에 의해 전기적인 신호로 번역되고, 이렇게 번역된 신호는 특정한 문자와 숫자를 나타내기 위해 여러 가지 조합으로 사용되는 2진수 0과 1로 변환된다. 이렇게 변환된 0과 1의 조합으로 문자 및 숫자를 판독한다.

2) 바코드 리더의 유형

(1) Light Pens(Wand)

보편적으로 이용되는 바코드 판독기로 휴대가 간편하고 판독속도는 초당 3~50inch이다. 주로 사용되는 광원은 LED광원이며 판독확인은 Decode나 컴퓨터의 확인 신호음으로 가능하다. 여러 종류의 바코드 판독기에 부착하여 사용할 수 있다.

(2) CCD

CCD(Charge Coupled Device)리더는 여러 개의 LED광원을 사용하여 높은 정밀도로 바코드 판독가능하고, 판독거리는 5~10mm가 일반적이다. 바코드 심볼의 길이가 긴 것은 판독이 불가능하다.

(3) Gun type scanner

Gun type bar code scanner는 Pen Type이나 CCD Scanner가 먼 거리를 판독할 수 없는 점을 보완하기 위하여 창고 및 제조 과정에서 주로 사용된다. 특히 이 Gun type bar code scanner는 가시광 반도체 레이저를 사용함으로써 데이터의 리딩(Reading)이 빠르고 정확하나 레이저 광원이 인체에 손상을 주지 않는 범위 내에서 사용하여야 하므로 판독거리가 제약을 받는 경우도 있다.

(4) Portable data entry terminals

Portable data entry terminal은 독자적인 소형 컴퓨터의 기능을 내장하여 작업자가 특정한 컴퓨터에 속박되지 않고, 자유자재로 작업장소를 변경하면서 바코드 판독기를 부착하거나 수작업에 의한 데이터 입력으로 신속하게 정보를 수집할 수 있어, 유통분야 및 창고관리, 공정관리, 재고관리 등에 많이 이용되는 장비이다. 특히 이 장치는 배터리 및 프린터, 전송용 모뎀(Modem) 등을 부착할 수 있어, 일반 공중전화회선을 이용하여 각 지방 등 먼 거리에서 수집된 데이터를 서울 등 본상지역으로 신속하게 전송할 수 있고, 독립된 컴퓨터로서 입력된 데이터 확인을 프린트하여 관리할 수 있다.

3) 바코드의 응용분야

(1) 유통관리

거래 시 발생하는 판매, 주문, 수금 등의 업무를 즉각적으로 컴퓨터에 입력함으로써 모든 판매 정보를 한눈에 알 수 있다.

(2) 매장관리

판매, 주문, 입고, 재고 현황 등 각 매장의 정보를 신속하게 본사 호스트 컴퓨터로 전송하며 또한 POS 터미널 자체적으로 매장을 관리할 수 있다.

(3) 자재/창고관리

자재의 수급 계획부터 자재 청구, 입고, 창고 재고 및 재고품 파악, 완제품 입고에 이르기까지 자재에 관련된 정보를 추적, 관리할 수 있다.

(4) 출하/선적관리

제품을 출하, 창고 입출고 시에 그 정보를 읽음으로써 제품의 수량 파악, 목적지 식별을 신속하게 할 수 있다.

(5) 근태관리

정확한 출퇴근 시간 및 이와 관련된 데이터를 통해 급여 자료 산출, 출입에 관한 엄격한 통제가 가능하다.

제3절 물류정보관리와 POS

1 POS시스템의 의의

판매시점 정보관리 시스템(POS : Point of Sale)은 개인용 컴퓨터(PC)에 카드 결제 장치를 달아 판매시점의 상품명이나 가격 등의 데이터를 저장하는 단말기이다. 종합적인 매출관리를 해야 하는 대형 마트는 물론 소형 가맹점에서도 많이 사용하고 있다.

판매시점관리라 함은 외식업, 유통업, 서비스업 등 각종 매장을 운영하면서 실시간으로 매출을 등록하고, 등록된 매출자료의 자동정산 및 집계를 가능하게 해주는 솔루션(프로그램 또는 서비스)과 하드웨어(장치 및 주변기기)를 의미한다.

POS시스템을 통해 입력된 각종 매출자료는 매출내역의 집계뿐 아니라, 고객이 선호하는 제품이나 서비스에 대한 선별적인 집계를 비롯한 매출 동향 파악, 재고 및 자재 관리, 각종 입출금 및 거래처 관리, 회원과 종업원 관리 등 경영자에게 필요한 다양한 정보를 제공한다. 이로써 매장 운영의 효율성을 향상시키고, 인건비, 자재비, loss 감소 등 운전자금의 절감 효과를 제공한다.

계산기와 주문서를 사용하던 1980년대 이후 ECR(금전등록기)의 등장으로 간단한 POS시스템이 일반 매장에 도입되기 시작하였으며, 컴퓨터 관련 산업의 발달로 90년대 시작된 PC형의 local POS(모든 자료를 매장 내 컴퓨터에 저장)의 단계를 거쳐, 현재는 인터넷의 대중화를 기반으로 web based POS와 매장 이외의 장소에서 매출 확인 및 각종 보고서의 실시간 조회가 가능한 ASP 형태의 POS시스템이 각광받고 있다.

1997년 IMF로 시작된 대규모 구조조정으로 인해 개인 창업자가 증가하여 일반 도소매 및 서비스업의 매장은 점차 대형화, 전문화, 프랜차이즈화되어 가고 있으며, 2000년 이후 폭발적인 인터넷 사용자의 증가로 인한 정보화 시대를 맞아 개인 창업자의 매장운영에도 효율적이고 체계적인 매장운영 시스템인 POS시스템의 도입의 필요성이 절실하게 대두되고 있다. 현재에는 대부분의 제조업체와 유통업체들이 POS시스템을 활용하고 있다. 이렇게 POS시스템이 확산되고 있는 것은 소스마킹 상품의 보급에 따라 마킹작업의 생력화와 체크아웃처리의 신속·정확이라는 하드웨어 이점 때문이며, 더욱이 매장에서 수집한 단품 및 고객 데이터 등을 분석·활용하여 매입, 판매활동 효율화에 공헌한다는 POS시스템의 장점을 경영진들이 인식했기 때문이다.

2 POS시스템의 특징

(1) 레지스터(Register)시스템

POS시스템은 레지스터(register)시스템에 바코드(Bar Code) 자동판독기를 붙인 컴퓨터 단말기로서의 특징이 있다.

(2) 온라인(on-line)시스템

현장의 각종 발생 데이터를 거래발생과 동시에 직접 컴퓨터에 전달하므로 수작업이 필요 없는 온라인시스템이다.

(3) 실시간(real-time)시스템

모든 거래정보 및 영업정보를 즉시 파악할 수 있으므로 정보의 변화에 즉각 대응할 수 있는 실시간 시스템이다.

(4) 고객관리(customer relationship)시스템

ID카드나 신용카드 등을 이용하여 고객 개개인의 구입금액과 구입상품 등을 파악할 수 있다. 고객을 관리함으로써 해당 고객에 대한 판촉자료를 얻고 정기적으로 구매하는 고객이나 고액을 구매하는 고객을 선별하여 특별 초대나 특별 할인을 수행하는 데 필요한 고객정보를 얻는 데 사용된다.

(5) 거래정보수집시스템

모든 거래(현금판매, 자사/타사 카드, 특수 판매, 주문, 맞춤, 배달거래, 통신판매, 선수금, 가수금, 반품, 할인 등), 모든 정보(누가, 언제, 어느 점포에서, 어떤 상품을, 얼마에, 어떤 고객에게, 어떤 방법으로 등)가 POS시스템을 통해 수집이 가능하다.

(6) 종합시스템

POS시스템은 영업정보에 그치지 않고, 매입, 경리, 인사 데이터 등을 포함하는 종합시스템으로 발전시킬 수 있다.

(7) 단품관리시스템

단품관리란 점포에 진열되어 있는 상품 각각의 판매동향을 바로 파악할 수 있도록 관리하는 것을 말한다. 즉 SKU(Stock Keeping Unit)별로 상품 정보가 파악될 수 있다. 그 결과 단품별 상품동향을 파악, 적시에 가격인하는 물론 판매가 불량한 점포로부터 판매가 양호한 점포로의 상품이동 및 진열방법의 적절한 조언이 가능하다.

(8) 자동판독시스템

단품정보는 해당 상품에 대한 상세한 내용을 포함하고 있으므로 상품 정보를 코드화하여 그 심벌을 상품의 포장 혹은 용기에 인쇄하거나 정찰에 표시하고, 스캐너라고 하는 자동해석장치에 의해 신속하고 정확하게 판독할 수 있다.

(9) 종업원관리시스템

POS 레지스터나 POS 컨트롤러에 내장된 타이머를 이용하여 종업원 개개인의 근무상황이나 판매실적 등을 월별, 주별, 일별, 시간대별로 파악이 가능하다. 또한 POS는 조작이 쉬워 누구라도 판매처리가 가능하게 되어 소위 오픈캐셔(open cashier) 시스템을 통한 파트타이머의 채용을 가능케 한다.

3 POS시스템의 효과

(1) 업무처리의 간소화

바코드나 터치를 통하여 매출 등록을 손쉽게 할 수 있고 처리와 동시에 매출 정보를 분석할 수 있어 수기 업무가 필요 없어진다.

(2) 판촉에 대한 평가

상품에 대한 판촉기간 중 매출 동향파악을 손쉽게 할 수 있어 판촉 효과를 신속정확하게 파악할 수 있다.

(3) 계산의 오류방지

수기 시 실수할 수 있는 계산오류를 방지하여 주므로 고객에 대한 신뢰를 얻을 수 있다.

(4) 종업원의 부정방지

POS를 설치할 경우 가격을 계산원이 직접 입력하지 않고 스캐닝만 하기 때문에 아는 사람이 왔을 때 가격을 할인해주는 등의 부정을 방지할 수 있다.

(5) 고객의 부정방지

고객이 값비싼 상품과 값싼 상품의 바코드를 교체하여 계산대를 통과하려고 하는 경우와 값싼 제품의 상자에 값비싼 제품을 넣어서 계산대를 통과하려는 경우를 방지하기 위해서 제품의 중량을 미리 기억한 POS기기를 설치하면, 이를 감지할 수 있다.

(6) 적정판매가격 파악

매출과 이익을 동시에 최대로 확보할 수 있는 판매가격을 말하는데 이러한 적정판매가격을 찾기란 쉽지 않다.

적정판매가격은 계속적인 시뮬레이션을 통해서 실험적으로 결정되는데 POS데이터에 대한 분석이 꼭 필요하다.

(7) 인수인계의 신속성

계산업무에 있어서 생산성을 약 10~20% 향상시킬 수 있으며 신입사원의 경우는 50~60% 정도의 생산성 증가가 가능하다.

(8) 품절방지

품목별 관리를 통하여 잘 팔리는 상품을 신속하게 파악할 수 있으며, 그러한 상품에 대한 신속한 발주와 진열량의 확대로 품절을 방지할 수 있다.

(9) 신상품 매출동향 파악

다품종 소량 생산의 시대에 모든 신상품들을 취급하는 것은 불가능하기 때문에 성공할 수 있는 신상품을 선택해야 한다. POS데이터를 분석하면 성공적인 신상품의 조기 파악이 가능하다.

(10) 판매전략수립

매출위주보다도 매출도 높고 이익도 높은 상품, 매출은 많고 이익은 박한 상품, 이익은 높은데 매출은 적은 상품, 이익도 적은 상품 등 그 구분에 따라 취해야 하는 전략과 대책이 달라야 한다. 이러한 구분에 따라 판매전략을 재구성할 수 있다.

4 POS시스템의 구성

(1) 주장치(Main POS Hardware)

POS시스템의 구성은 기본적으로 PC역할을 하는 컴퓨터 본체와 터치스크린 모니터를 필요로 한다. 컴퓨터 본체와 터치스크린 모니터를 개별적으로 사용할 경우 '분리형 POS', 하나로 통합되어 있는 제품을 사용할 경우 '일체형 POS'라고 한다. 보통 POS시스템의 주 장치에 터치스크린 모니터를 필수요소로 꼽을 수 있는데, 이는 바쁜 매장업무를 신속하게 처리할 수 있도록 하기 위함이다.

(2) 주문전용 POS(AUX POS Hardware)

실 평수 50평 이상의 매장이나 복층형 매장에 적용되는 장비이며, 계산 기능 없이 주문만을 처리하도록 셋팅하여 종업원의 동선을 줄일 수 있다. 주장치와 같이 터치스크린 모니터와 컴퓨터 본체, 주문용 프린터로 구성된다.

(3) 프린터(Thermal Printer)

외식업의 경우 주로 영수증이나 고객주문서(bill지), 일일정산보고서 등 간단한 보고서 출력을 위한 카운터용 프린터와 주방에 주문상황을 실시간으로 전송해주는 주방용 프린터로 구분한다. 이와 같은 프린터의 메커니즘으로는 팩스기 등에 적용되는 감열방식을 많이 사용하는데, 장비의 가격이 다소 고가인 대신 유지비용이 저렴하고, 내구성이 뛰어나다는 장점을 가지고 있다. 주방 프린터의 경우, 신규 주문이 출력될 경우 소리로 주방 안에서 근무하는 인원에게 알려주는 알람 기능을 가지고 있다.

(4) 전자식 금고(Cash Drawer)

주문과 계산에 따른 현금과 신용카드 매출전표 등을 보관할 수 있는 금고이다. 여기서 전자식이라는 것은, POS시스템의 주장치와 연결되어 주장치에 설치된 POS프로그램을 통해 개폐를 조절할 수 있기 때문이다. 보통 계산이 완료되면 자동으로 열리도록 셋팅한다.

(5) MCR(Margnetic Card Reader)

신용카드, 체크카드, 직불카드, 고객카드 등 마그네틱 카드를 사용하기 위해 필요하다. 인터넷을 이용한 신용카드, 체크카드, 직불카드 결제와 고객관리를 위한 별도의 고객카드를 사용할 경우 적용된다.

(6) Bar-Code Reader

EAN code 또는 CAN code 라고 하는 바코드를 사용하기 위해 부착된다. 보통 바코드가 자체 부착되어 있는 상품 판매를 주로 하는 유통업(슈퍼, 마트 등)에 적용된다. 경우에 따라 고객카드, SKT/KTF/LGT 등의 핸드폰에 다운로드된 모바일카드 적용 등을 위해 사용되는 경우도 있다.

(7) 무선 주문장치

종업원이 이동하면서 고객의 좌석에서 주문을 직접 접수하는 경우 사용한다. 사용되는 방식으로는 적외선을 이용하는 무선주파수(RF: Radio Frequency) 방

그림 4-8 POS의 일반구성

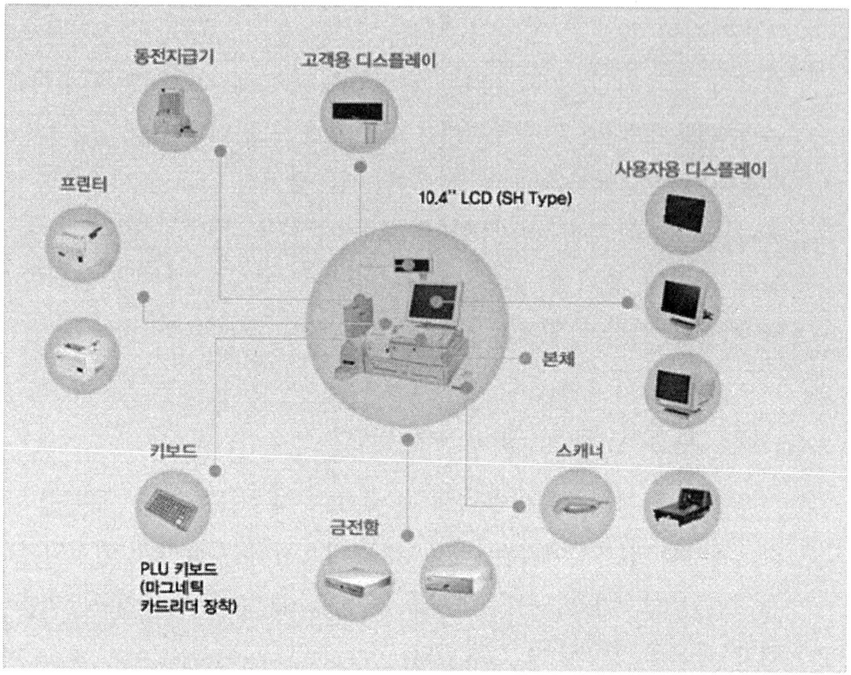

식과 무선 네트워크를 이용하는 PDA+무선LAN 방식이 적용되며, 각각의 경우 무선 중계기와 무선 단말기로 구성된다. RF방식의 경우, 도입 가격은 저렴하지만 유효거리가 짧으므로 중계기를 많이 사용해야 하는 단점이 있으며, PDA방식은 다소 고가이고 배터리 사용시간이 짧다는 단점이 있다.

제4절 물류정보관리와 RFID

1 RFID시스템의 의의

1946년, 소비에트 연방의 레온 테레민은 첩보전을 위한 장비를 만들었다. 이 장비는 공기 중의 전파를 변조하여 정보를 송신하는 장치로, 음파가 진동판을 진동시키면 그 떨림이 공명기를 변화시켜 전파를 변조한다. 비록 정보인식 및 저장기능은 없지만, 전파변조를 통한 정보전달을 할 수 있다는 점에서 이 장비가 RFID의 시초라고 할 수 있다. 1939년 영국에서도 비슷한 기술을 이용한 IFF(Identification Friend or Foe) 자동응답기가 개발되었다. 이 기계는 제2차 세계대전 당시 비행기에 부착해 적과 아군을 식별하는 데 이용되었다.

한편, 1973년에 마리오 카둘로가 특허를 취득한 장비는 진정한 최초의 RFID라고 할 수 있다. 메모리를 갖추고 전파로 통신하는 RFID의 특징이 있었기 때문이다. 카둘로의 특허는 전파, 음파, 빛까지 통신에 사용하는 아이디어를 포함하고 있었다. 같은 해, 로스 알라모스 국립 박물관에서 스티븐 뎁 등이 제한된 출력의 RFID기술을 최초로 시연했다. 이 기술이 현재 대부분의 RFID태그에 쓰이고 있다.

RFID(Radio Frequency IDentification)기술은 전파를 이용해 먼 거리에서 정보를 인식하는 기술을 말한다. 여기에는 RFID태그(이하 태그)와, RFID판독기(이하 판독기)가 필요하다. 태그는 안테나와 집적 회로로 이루어지는데, 집적 회로 안에 정보를 기록하고 안테나를 통해 판독기에게 정보를 송신한다. 이 정보는 태그가 부착된 대상을 식별하는 데 이용된다. 쉽게 말해, 바코드와 비슷한 기능을 하는 것이다. RFID가 바코드시스템과 다른 점은 빛을 이용해 판독하는 대신 전파를 이용한다는 것이다. 따라서 바코드 판독기처럼 짧은 거리에서만 작동하지 않고 먼 거리에서도 태그를 읽을 수 있으며, 심지어 사이에 있는 물체를 통과해서 정보를 수신할 수도 있다.

RFID는 사용하는 동력에 의해 분류할 수 있다. 오직 판독기의 동력만으로 칩의 정보를 읽고 통신하는 RFID를 수동형(passive) RFID라 한다. 반수동형(semi-passive) RFID란 태그에 건전지가 내장되어 있어 칩의 정보를 읽는 데는 그 동력을 사용하고, 통신에는 판독기의 동력을 사용하는 것을 말한다. 마지막으로 능동형(active) RFID는 칩의 정보를 읽고 그 정보를 통신하는 데 모두 태그의 동력을 사용한다.

한편 RFID를 동력 대신 통신에 사용하는 전파의 주파수로 구분하기도 한다. 낮은 주파수를 이용하는 RFID를 LFID(Low-Frequency IDentification)이라 하는데, 120~140킬로헤르츠(Khz)의 전파를 쓴다. HFID(High-Frequency IDentification)는 13.56메가헤르츠(Mhz)를 사용하며, 그보다 한층 높은 주파수를 이용하는 장비인 UHFID(UltraHigh-Frequency IDentification)는 868~956메가헤르츠 대역의 전파를 이용한다.

이러한 RFID 기술은 최근 들어 물류 및 유통분야에 적용됨으로써 물류비 절감은 물론 고객 서비스 향상에도 크게 기여하고 있다.

2 RFID시스템의 효과

RFID는 자동으로 인식 확인하는 작업이나 데이터 수집을 위한 미래형 신기술이다. RFID는 바코드를 대신할 시스템 중에서 신중히 고려한 끝에 택한 시스템으로 바코드 장비들과 같이 결합하여 사용될 수 있다. RFID의 기술을 효율적으로 사용한다면 바코드와 경쟁할 수 있는 방법을 제공하고 다음과 같은 효과를 얻을 수 있다.

(1) 능률·생산성 향상

손을 사용하지 않고도 전자동으로 인식 확인, 집계, 분류, 추적, 발송 등이 가능하고 데이터의 수집과 확인 작업을 개선한다. 또한 실수 오류감소, 재고품 낭비 방지, 물적 취급의 개선 등을 통해 작업능률을 향상시킬 수 있다. 더 나아가 창고 보관작업, 자산의 관리업무 등이 보다 신속하게 이루어지고 이동하는 모든 작업 제어의 자동화를 제공한다.

(2) 수익성 향상

운영비와 생산비의 축소, 인건비의 절감, 생산 회전수의 축소, 재고품 조사의 회수 축소, 다른 자동화 인식 장치들과 비교하여 매우 적은 유지 보수비 등으로 인해 수익성을 증대할 수 있다.

(3) 고객의 만족도 향상

경영과 고객에 대하여 좀 더 많은 정보를 제공, 대응하는 태도의 개선, 양질의 생산품을 제공, 경쟁할 수 있는 가격의 유지, 최첨단의 기술을 사용하면서 고객을 위하여 고객이 필요로 하는 현재와 미래의 비전을 제시함으로써 고객서비스를 향상할 수 있다.

3 RFID시스템의 구성과 동작

RFID는 물건, 사람들의 출입(혹은 이송)이나 기타 위치와 종류별 분류의 확인을 위하여 라디오 주파수(radio frequency)를 이용한다. RFID시스템은 세 가지 구성요소가 조합되어야 제 기능을 발휘한다고 볼 수 있다. 리더(reader of interrogator)와 트랜스폰더(일반적으로 tag라고 부른다) 및 컴퓨터 혹은 기타 데이터를 가공할 수 있는 장비들이다. RFID 리더는 tag를 향하여 전파(signal)를 주거나 받아들이는 전자회로 부분을 가지고 있다. 리더 내의 마이크로프로세서는 tag로부터 들어오는 신호를 바꿔주거나 그 데이터의 신호를 검증(check)하면서 기억장치인 메모리에 저장하기도 하며 필요에 따라서는 나중에 송신하기도 한다.

또한 전파(signal : 실제의 data)를 보내거나 받기 위한 안테나도 가지고 있다. 안테나는 전파를 주고받을 수 있는 전자회로 부분과 같이 케이스에 포장되어 있거나 혹은 전자회로 부분과 떨어져서 안테나만 단독으로 케이스에 담겨 있는 경우가 있다.

tag 내에서 가장 중요한 부분을 차지하는 것은 IC chip으로 다양한 용도와 요구에 맞게 만들어지며, 리더와의 통신을 제어하고 있다. chip 내의 기억장치(memory)는 몇 개의 다른 구역으로 나눠지는데 인증번호(ID code)와 기타 데이터를 기억해두기 위한 자리와 리더로부터 tag의 작동을 위한 신호를 받아서 tag 내의 자료를 보내기 위한 자료실로 나뉜다.

tag에도 chip과 연결된 안테나와 전파(signal) 동조를 위한 콘덴서(capacitor)가 내장되어 있다. tag 내에는 일반적으로 데이터를 주소별로 지정할 수 있는 기억장치(memory)가 있으며 그 용량은 보통 8bit에서 16Kbit가 보편화되어 있다.

대부분의 FRID시스템은 용도에 맞게 설계되고 원활한 작동을 위하여 주파수와 안테나 크기가 정해져 있으며, 안테나를 통하여 리더로부터 방사되어 나오는 전자기장(electromagnetic field)은 적당한 크기의 전자기장 대역폭을 가지고 있다.

tag가 안테나의 전자기장 내를 지나가면 리더로부터 나오는 신호를 감지하게 되고 tag 네에 저징되어 있면 사료를 리더에 보내기 시작한다. 리더로부터 나오는 전파신호(signal)는 통상적으로 타이밍 정보를 tag에 보내면서 tag가 작동하기 위한 전기적인 힘(power)을 제공하게 된다.

리더로부터 나오는 타이밍 정보와 tag로부터 나오는 데이터는 거의 동시에 일어나게 되고 이미 tag와 리더 사이에 약속된 설계를 통해 데이터가 단일화된다. tag에 힘(electromagnetic field)이 가해지고 있는 동안에는 메모리 내의 위치와 주소에 따라 정해진 순서대로 일의 과정을 밟게 된다. 각 메모리 위치에 저장된 데이터는 리더에 다시 보내지게 되며 메모리 내에 많은 위치를 지정해 두었다면 이 일은 반복해 차례대로 진행될 것이다.

tag로부터 데이터를 받는 동안 리더는 tag로부터 들어오는 데이터를 확실한 디지털 신호로 변환하여 CRC(Cycle Redundancy Check) 검증을 거쳐 정상적인 데이터인지 아닌지를 판독하게 된다. 만약에 데이터가 정상적이면 그 데이터는 RS-232, RS-422, RS-485, Wiegand 혹은 다른 RF Link를 통하여 컴퓨터나 다른 컨트롤러에 보내지게 된다.

리더가 tag의 자료를 인식하기 위해선 직접 접촉하거나 직접 작동하기 위한 어떠한 조준선도 필요 없다. 왜냐하면 금속성이 아닌 모든 물질들은 리더에서 방사되는 전자기장이 투과하기 때문이다. 다시 말해서 tag를 어디엔가 끼워 넣거나 물건 속에 감추어 두어도 리더는 tag의 데이터를 읽어낼 수 있다.

4 RFID시스템의 응용 분야와 형태

RFID는 현재 다양하고 광범위하게 사용되고 있으며 나날이 새로운 응용 분야가 개발되고 있다.

일일이 그 많은 적용 예를 자세히 설명하기 어려우나 대표적인 적용 분야를 중심으로 정리하면 <표 4-2>와 같다.

•표 4-2 RFID의 응용 분야와 형태

<table>
<tr><th colspan="2">분야</th><th>응용형태</th><th>사업수행대상</th><th colspan="2">비고</th></tr>
<tr><td colspan="2">공공</td><td>주민등록증, 면허증, 여권, 방재정보, 증명서 교부, 공공시설예약, 도서대출, 긴급서비스, 국방, 환경</td><td>정부(행정부, 국방부, 외교통상부, 지자체 등) 금융기관</td><td>태그형</td><td>라벨형, 코안형, 큐브형, 모듈형 등</td></tr>
<tr><td colspan="2">금융</td><td>전화카드, 휴대폰USIM, 위성방송</td><td>금융기관</td><td rowspan="3">카드형</td><td rowspan="3">IC카드, 스마트카드, 싱킹카드 등</td></tr>
<tr><td colspan="2">상거래</td><td>현금카드, 신용카드, 전자화폐, 결제, 포인터</td><td>매장</td></tr>
<tr><td colspan="2">유통</td><td>백화점, 슈퍼, 소매점, 쇼핑센터, 자판기</td><td>학교(회사, 극장 등)</td></tr>
<tr><td colspan="2">통신/방송</td><td>전화카드, 핸드폰UIM, 위성방송카드</td><td>통신업체</td><td rowspan="3">칩형</td><td rowspan="3">휴대폰, PDA, 시계 등</td></tr>
<tr><td rowspan="2">물류</td><td>운수</td><td>고속도로, 철도, 지하철, 버스, 수송관리, 도로요금, 교통정보</td><td>교통공단(운송업체 등)</td></tr>
<tr><td>제조</td><td>FA, 유통, 선적, 창고업, 부품이력</td><td></td></tr>
<tr><td colspan="2">의료</td><td>건강보험, 진료권, 예방접종정보</td><td>보험공단(병원 등)</td><td rowspan="3">기타</td><td rowspan="3">배지형, 전자포스터, 열쇠 등</td></tr>
<tr><td colspan="2">복지</td><td>경로우대 버스승차권 등</td><td></td></tr>
<tr><td colspan="2">기타</td><td>보안배지, 극장·도서실좌석 예약, 게임, 서적 포스터 등</td><td></td></tr>
</table>

제5부

물류관리시스템

15 운송관리시스템

SMART Physical Distribution

제1절 단위적재운송시스템

1 단위적재운송시스템의 의의와 형태

1) 단위적재운송시스템의 의의

단위적재운송시스템(unit load system)은 운송하고자 하는 화물을 단위적재용기를 이용하여 하역과 운반의 합리화를 이룩하기 위한 혁신적인 운송체제인 동시에, 화물을 일정한 중량과 용적으로 단위화하여 기계화된 하역 및 운송을 가능하게 하는 일관적인 물류시스템[1]이다.

이와 같은 단위적재운송시스템은 인력에 의한 작업을 경감하고 기계화 및 시스템화를 추진함으로써, 신속하고 안전하게 화물을 운송할 수 있는 체제라 할 수 있다.

실제로, 단위적재운송시스템은 종래의 운송방식과 비교해 볼 때, 보험료 45~75% 및 인건비 25~40% 가량을 경감할 수 있는 것으로 분석되고 있다. 또한, 단위적재용기 자체가 포장설비의 역할을 수행하기 때문에 포장비의 25~70% 정도를 줄일 수 있으며, 하역비 및 운송비용 또한 10~40%가량 절감할 수 있기 때문에 경제적 효과가 매우 큰 운송시스템이다.

1) unit load system은 화물의 유통과정에서 요구되는 화물 취급횟수의 감소와 계면활성지수의 효율화를 도모할 수 있는 일관운송체제이다.

2) 단위적재운송시스템의 형태

(1) 파렛트 시스템

파렛트 시스템은 표준화된 파렛트(pallet)[2]를 사용하여 화물을 운송하는 단위적재시스템의 일종으로, 파렛트의 특성상 원거리 운송보다는 창고나 작업장 내에서의 근거리 운송에 적합한 운송시스템이다.

(2) 컨테이너 시스템

컨테이너 시스템은 화물을 표준화된 규격의 컨테이너[3]에 적입하여 운송하는 방식이다. 이러한 컨테이너 시스템은 송하인의 문전에서 수하인의 문전까지 안전하게 운송할 수 있는 일관운송체제를 이룩하였으며, 주로 수출입 일반화물의 장거리 운송에 이용되고 있다.

(3) 프레이트 라이너 시스템

프레이트 라이너 시스템(freight liner system)[4]은 컨테이너에 화물을 적입한 다음 컨테이너 전용열차를 이용하여 정기적으로 화물을 운송하는 방식을 말하며, 이와 같이 컨테이너를 전문적으로 운송하는 고속 화물전용열차를 일컬어 프레이트 라이너(freight liner)[5]라 한다.

(4) 랜드브리지 시스템

랜드브리지 시스템(land bridge system)은 컨테이너와 같은 단위적재용기에 화물을 적입하여 해상운송, 철도운송 및 해상운송을 순차적으로 수행하여 화물을 송하인의 문전에서 수하인의 문전까지 일관운송하는 유닛로드시스템을 의미한다.

---

2) 국제표준기구(ISO)에서 권장하고 있는 파렛트의 표준규격은 1.1m×1.1m(가로×세로)이다.

3) 국제표준기구(ISO)에서는 컨테이너의 가로와 세로가 8피트, 길이가 20피트인 컨테이너와 길이가 40피트인 컨테이너를 표준규격으로 정하여 사용을 권장하고 있다.

4) 프레이트 라이너 시스템은 1965년 11월 영국의 국철회사에서 개발된 운송방식으로 고속 화물전용열차를 정기적으로 배차하여 컨테이너를 일관운송하는 방식이다.

5) 컨테이너전용열차인 프레이트 라이너는 지역에 따라, 블럭 트레인(block train), 컨테이너 유닛 트레인(container unit train) 등으로 불리고 있다.

3) 단위적재운송시스템의 효과

표준화된 파렛트와 컨테이너를 이용하여 운송하는 단위적재운송시스템은 하역기계화에 의한 보관효율의 향상 및 노동력 감소 효과가 매우 높기 때문에 하역비용 및 시간을 단축시킬 수 있다.

또한, 운송 및 보관이 편리하며, 트럭 회전율을 향상시킴으로써 보관비용 및 운반비용을 경감할 수 있고, 작업의 기계화와 일관화에 따른 화물의 파손 감소와 화물포장비용의 절감 등이 가능하다. 이러한 맥락에서 볼 때, 단위적재운송시스템은 운송비, 포장비, 하역비, 보관비 등의 제반 물류비용을 절감할 수 있는 획기적인 운송시스템으로서의 역할을 수행하고 있음을 알 수 있다.

단위적재운송의 효과를 극대화하기 위해서는 필수불가결하게 국제적으로 통일된 단위적재용기가 사용되어야 한다. 그러나 화물의 특성과 형상, 보관 및 운송설비의 특성, 포장단위의 상이성 등으로 인해 기업들은 서로 다른 규격의 용기를 사용하고 있기 때문에 적재용기의 단위화에 많은 어려움을 겪고 있다. 따라서 화물 적재용기의 통일화 및 표준화 작업을 위한 국제적이고 다각적인 노력이 필요하다.

4) 단위적재설비

단위적재운송시스템이 효과를 거두기 위해서는 파렛트 및 컨테이너를 취급할 수 있는 운송설비, 하역설비, 포장설비, 보관설비 등이 갖추어져야만 한다. 예를 들어, 운송설비의 경우 육상운송을 위해서는 화물자동차나 철도화차에 파렛트를 적재하거나 하역할 수 있는 파렛트 로더(pallet loader)가 필요하며, 컨테이너를 탑재할 수 있는 전용트럭 또는 전용화차 등이 필요하다. 또한, 해상운송이나 항공운송을 이행하기 위해서는 컨테이너 전용선 및 전용화물기 등이 필요하다.

한편, 단위적재용기를 운송수단에 적재하거나 탑재하기 위한 하역설비로는 크레인, 트랜스테이너(transtainer)[6], 파렛트 로더(pallet loader), 컨테이너 로더(container loader), 승강기(elevator) 등이 필요하며, 단위적재용기에 화물을 적입하기 위한 포장설비로는 대형포장기, 밴드조립기 등이 필요하다.

6) 트랜스테이너는 컨테이너를 줄지어 여러 단으로 적재하기 위한 크레인의 일종이다.

2 단위적재운송시스템의 선택방안

단위적재운송시스템은 파렛트에 화물을 적재하여 운송하는 파렛트 시스템과 컨테이너에 화물을 적입하여 운송하는 컨테이너 시스템[7]으로 대별할 수 있는데, 어떠한 방식을 이용할 것인지는 운송거리, 화물의 수량, 화물의 형상, 운송에 필요한 설비 등을 종합적으로 고려하여 선택하여야 한다.

1) 선택기준

(1) 운송거리

본래 파렛트는 보관 및 운반을 위해 고안된 용기이기 때문에 근거리의 인접 지역 운송이나 창고 내에서의 효율적 보관에 적합한 설비이다. 이와 비교해 볼 때, 컨테이너는 컨테이너 전용선(container ship)이나 전용화차(container unit train)를 이용하여 대량의 수출입 화물을 장거리 운송하는 데 매우 적합한 설비라 할 수 있다. 따라서 파렛트는 단거리 및 근거리 운송에 적합하고 컨테이너는 장거리 운송[8]에 주로 이용되고 있다.

(2) 하역능력

하역능력은 하역작업의 대상이 되는 화물의 특성에 따라 달라지게 된다. 왜냐하면, 화물의 특성에 따라 기계화의 정도가 결정되기 때문이다. 일반적으로, 파렛트보다는 컨테이너에 화물을 적입하여 하역하는 것이 보다 유리하다. 실제로, 무포장 화물인 산화물하역의 경우 개별하역 방식은 시간당 100톤 정도를 하역할 수 있는 데 비해, 파렛트를 이용한 하역방식은 시간당 240톤, 컨테이너를 이용하는 경우에는 시간당 400톤 이상을 하역할 수 있는 것으로 나타나고 있다. 따라서 운송 및 하역을 위한 화물의 수량이 많은 경우에는 컨테이너를 이용하는 것이 적합하고 소량화물의 경우에는 파렛트를 이용하는 것이 적합하다.

7) 프레이트 라이너 시스템이나 랜드브리지 시스템은 화물을 컨테이너에 적입하여 운송하기 때문에 컨테이너 시스템의 범주에 포함되는 것으로 볼 수 있다.

8) 효율성을 높이기 위해 파렛트에 화물을 적재한 상태에서 이를 컨테이너에 적입하여 운송하는 파렛트와 컨테이너가 복합적으로 결합된 운송형태도 있다.

(3) 화물의 형상

파렛트는 정방형의 평판부 상단에 화물을 적재하여 운송하는 설비이기 때문에, 일반적으로 정육면체 또는 직육면체의 화물을 적재하기는 편리하지만, 분립제나 액체화물의 경우에는 적재가 곤란하다. 그러나 컨테이너의 경우에는 장척화물(lengthy cargo)이나 대용적화물 등과 같이 컨테이너에 적입하기 곤란한 화물을 제외하고는 거의 모든 화물을 적입하여 운송할 수 있는 특성을 가지고 있다.

(4) 필요설비

파렛트나 컨테이너와 같은 단위적재용기를 취급하기 위해서는 특별한 설비가 필요하다. 따라서 이러한 설비가 갖추어져 있는가에 따라 파렛트를 이용할 것인지, 아니면 컨테이너를 이용할 것인가를 결정해야 하는 것이다. 예컨대, 파렛트의 경우에는 파렛트 운송 및 하역에 필요한 기기인 포크리프트 트럭(forklift truck), 파렛트 로더(pallet loader), 승강장치 등이 필요하며 창고에서의 보관을 위한 운반 및 반송용 기기 등이 필요하다. 한편, 컨테이너의 경우에는 컨테이너 터미널(container terminal), 컨테이너 취급장소(CY, CFS), 컨테이너 적재장소(empty container stacking area), 컨테이너 보수장소(maintenance shop, repairing shop), 각종 크레인 및 컨테이너 적재선박 및 전용화차 등과 같은 운송장비가 필요하다.

2) 선택방안

단위적재운송시스템의 특성을 종합적으로 고려해 보면, 파렛트 시스템은 규격화된 소량화물의 단거리 운송에 적합하며, 컨테이너 시스템은 규격 및 비규격 화물을 대량으로 장거리 운송하는 데 적합한 운송시스템이라 할 수 있으므로, 앞에서 설명한 요인들을 종합적으로 검토하여 어떠한 운송방식을 선택할 것인가를 판단하는 것이 바람직하다.

3 일관컨테이너 운송시스템

1) 컨테이너 시스템의 의의

컨테이너는 1920년대 미국에서 철도운송을 위한 육상운송용구로 개발되어 발전을 거듭해 오다가 1956년 미국의 Sea-Land사에 의해 해상용 컨테이너가 개발되어 국제적인 운송활동에 이용되기 시작하였다.

이와 같이 컨테이너를 철도운송 및 자동차운송은 물론 해상운송에 이용하는 컨테이너 시스템이 도입됨에 따라 화물 파손율 및 포장비용 등이 획기적으로 줄어들게 되었고, 송하인의 문전에서 수하인의 문전까지 화물을 운송할 수 있는 일관운송체제를 구축할 수 있는 토대를 마련하게 되었다. 예컨대, 송하인의 공장에서 컨테이너에 화물을 적입하고 봉인(seal)한 후에는 목적지까지 화물의 포장을 열지 않고 수하인의 문전까지 운송하게 되는 것이다. 또한, 규격화된 컨테이너를 도입하면서 전통적으로 인력에 대한 의존도가 매우 높은 것으로 알려진 하역작업의 기계화가 급속히 진전되어 하역비용을 크게 감소시키는 전기를 마련하였다.

이러한 컨테이너 시스템의 효율성을 극대화하기 위해서 국제표준기구(ISO)에서는 컨테이너의 구비조건을 규정하고 있는데, 그 내용을 정리하면 다음과 같다. 첫째, 내구성을 지니고 반복사용에 적합한 충분한 강도를 유지하고 있어야 하며, 둘째, 운송 도중 내용물의 이적 없이 화물 운송이 용이하도록 설계되어야 하고, 셋째, 환적작업이 신속하게 이루어질 수 있는 장치를 구비하여야 하며, 넷째, 화물 적입 및 적출이 용이하도록 설계된 것이어야 하며, 끝으로, 컨테이너의 내부 용적이 1㎥(35.3ft) 이상이 되어야 하는 것으로 규정하고 있다. 이는 컨테이너의 활용도 및 효율성 향상을 위한 최소한의 구비조건이라 할 수 있다.

2) 컨테이너의 형태

(1) 건화물 컨테이너

건화물 컨테이너(dry container)는 가장 일반적인 컨테이너의 형태로서 액체화물(liquid cargo)을 제외한 일반잡화물(general cargo)을 주로 운송할 수 있도록 고안된 형태이다.

(2) 냉장용 컨테이너

화물이 특별히 냉장을 요하는 경우에 이용되는 컨테이너로서 컨테이너 내부에 냉장장치가 되어 있으며, 주로 생화, 과일 등과 같은 화물을 운송하기에 적합하도록 설계된 컨테이너이다.

(3) 통풍 컨테이너

일반적인 컨테이너는 철재로 되어 있어 공기가 잘 통하지 않기 때문에 통풍이 잘 되지 않는다. 그러나 통풍 컨테이너는 이러한 문제를 해결하여 통풍이 잘 되도록 설계된 형태로서 냄새나 악취가 심한 화물의 운송에 주로 이용되고 있다.

(4) 특수 컨테이너

특수 컨테이너는 상자형의 일반 컨테이너와는 달리 형상 등에서 특수하게 설계된 컨테이너를 말한다. 대표적인 특수 컨테이너로는 화물의 하역 효율성을 고려하여 측면이 열리는 사이드 오픈형 컨테이너(side-open container), 산화물 운송에 적합하도록 컨테이너 지붕을 제거한 오픈탑 컨테이너(open-top container) 및 동물 가죽을 걸어서 운반하기에 적합하도록 설계된 하이드 컨테이너(hide container)[9], 액체화물을 운반하기 위한 탱커 컨테이너(tanker container), 살아 있는 동물을 운반하기 위한 펜 컨테이너(pen container) 등이 이용되고 있다.

3) 컨테이너 운영방식

컨테이너는 화물을 운송하고자 하는 화주가 소유하고 있는 경우도 있지만, 일반적으로 선박회사, 운송주선업자, 컨테이너 전문운영업자 등이 소유하고 있는 컨테이너를 이용하여 화물을 운송하는 경우가 대부분을 차지하고 있다. 따라서 송하인이 컨테이너를 이용하여 화물을 운송하고자 할 경우에는 빈 컨테이너를 선박회사나 운송주선업자에게 신청하거나 컨테이너 임대업자로부터 리스(lease)하여 화물을 운송해야 하는데, 이와 같은 컨테이너의 리스형태를 구체적으로 살펴보면 다음과 같다.

9) 하이드 컨테이너는 가공되지 않은 동물의 생가죽을 운반하기에 적합하도록 설계된 특수 컨테이너의 일종으로 오물이나 악취를 제거하기가 매우 적합한 컨테이너이다.

(1) 트립리스

트립리스(trip lease)는 컨테이너를 운송구간별로 리스하는 방식으로서, 이에는 편도리스와 왕복리스가 있다. 편도리스는 도착지에서 리스회사에 빈 컨테이너를 반납하는 형태[10]이며, 왕복리스는 왕복구간을 모두 리스하는 방식이다.

(2) 마스터리스

마스터리스(master lease)는 일정기간 동안 컨테이너의 개수에 관계없이 컨테이너를 자유롭게 이용할 수 있는 마스터 계약을 체결하여 컨테이너를 리스하는 형태이다.

(3) 롱텀리스

롱텀리스(long-term lease)는 특정 컨테이너를 일정기간 동안 장기간 임차하는 방식으로 원칙적으로 마스터리스 방식과 동일하게 운용되지만, 이용할 수 있는 컨테이너의 수량이 한정적이라는 점에서 차이가 있다.

4) 컨테이너 시스템의 운송형태

컨테이너 화물의 운송형태는 운송하고자 하는 화물의 송하인과 수하인의 구성에 따라 여러 가지 방식으로 나누어진다.

첫째, 다수 송하인의 LCL 화물을 혼재하여 다수의 수하인에게 운송하는 형태인 CFS→CFS 형태가 있는데, 이는 MTM(Many To Many) 방식으로 불리기도 한다. 여기서 CFS(Container Freight Station)는 소량의 LCL 화물을 혼재하여 FCL 화물로 만드는 장소를 의미한다.

둘째, 다수 송하인의 LCL 화물을 혼재하여 컨테이너에 적입한 후 이를 하나의 수하인에게 운송하는 형태인 CFS→CY 형태를 들 수 있는데 이는 MTO (Many To One) 방식이라고도 부른다. 여기서 CY(Container Yard)는 FCL 화물을 취급하는 장소를 의미한다.

셋째, 단일 송하인의 FCL 화물을 다수의 수하인에게 운송하는 형태로서 CY

10) 편도리스의 경우에는 반납된 컨테이너를 임대업자가 국내로 재반입해야 하기 때문에 왕복리스에 비해 임차료가 상대적으로 비싼 편이다.

에서 적재되어 도착지의 CFS에서 다수의 소량화주에게 분배되는 CY→CFS 또는 OTM(One To Many) 형태의 운영방식을 들 수 있다.

넷째, 단일 송하인의 FCL 화물을 단일의 수하인에게 운송하는 방식이 있는데, 이는 FCL 화물을 취급하는 수출국의 CY에서 수입국의 CY로 운송되기 때문에 CY→CY 또는 OTO(One To One) 방식이라 한다.

5) 컨테이너 운송협약

일관컨테이너 운송시스템은 수출국에서 화물을 컨테이너에 적재하여 수입국까지 운송하는 방식이다. 따라서 컨테이너 자체는 물론 컨테이너 탑재차량 및 화차 등이 자연스럽게 국경을 초월하여 이동하게 된다. 이에 컨테이너와 운반차량 등을 국경이나 통관지에서 어떻게 취급할 것인가에 관한 국제적인 논의가 지속적으로 있어 왔다. 이와 같은 논의의 결과로 나타난 컨테이너 운송과 관련된 국제협약의 내용을 정리하면 다음과 같다.

(1) 컨테이너 통관협약

컨테이너 통관협약(CCC : Customs Convention on Container)은 컨테이너가 국경을 통과할 때 발생하는 관세 및 통관문제의 해결을 위해 1956년에 제정된 국제협약이다.

본 협약의 주요 내용은 일시 반입된 컨테이너에 대해 재반출을 조건으로 관세를 면제한다는 내용과 국내 보세운송에 있어서 체약국 세관의 봉인(seal)을 존중한다는 내용으로 되어 있다. 따라서 본 협약은 컨테이너에 관한 관세를 면제하고 수출국이 체약국인 경우 봉인을 인정해줌으로써 컨테이너를 이용한 국제운송이 급속히 증가할 수 있는 토대를 마련한 협약으로 평가받고 있다.

(2) TIR 협약

컨테이너 통관협약이 컨테이너 자체의 관세 및 통관에 관한 사항에만 제한되어 있는 것에 비해, TIR 협약(Trailer Interchange Receipt)은 컨테이너뿐만 아니라 이를 적재하고 도로를 주행하는 차량의 원활한 통관을 위해 체결된 협약이라 할 수 있다.

본 협약은 컨테이너 자체는 물론이고 적재차량에 대한 통과지(경유지)에서의 관세납부 및 공탁면제 등을 규정하고 있을 뿐만 아니라, 경유지 세관에서도 세관검사를 면제해줌으로써 다수의 국가를 거쳐 컨테이너를 운송하는 데 상당한 편의를 제공하고 있는 협약이다.

(3) ITI 협약

ITI 협약(Customs Convention on the International Transit of Goods)은 TIR 협약의 적용범위를 모든 운송기기의 이동과 육·해·공의 운송수단까지 확대할 목적으로 1971년 제정된 협약이다. 특히, 본 협약은 화물자동차를 이용한 자동차운송은 물론 모든 운송수단에 의한 컨테이너 운송의 확대 및 활성화를 촉진하는 전기를 마련한 것으로 평가받고 있다.

4 일관파렛트 운송시스템

1) 파렛트 시스템의 의의

파렛트 시스템은 스웨덴에서 개발되어 일명 스웨덴 방식이라 불리는 것으로 송하인에서 수하인에 이르는 전 운송과정을 파렛트화한 운송시스템의 일종이다. 이와 같은 파렛트 시스템은 화주의 입장에서 볼 때, 화물취급상의 편의를 제공하고 인력하역에 비해 약 20% 정도의 하역시간을 단축할 수 있는 효과가 있을 뿐만 아니라, 운송 중에 발생할 수도 있는 화물파손의 감소와 포장의 간소화에 따른 비용절감 등과 같은 경제적 효과를 얻을 수 있다. 또한, 운송업자 입장에서는 효율적인 운송의 실현과 하역의 기계화 촉진, 하역 작업능률의 향상을 도모할 수 있다.

하지만, 파렛트 시스템은 파렛트화가 가능한 화물이 매우 제한적이기 때문에, 이 시스템을 이용할 수 없는 화물(가구류, 액체물, 분립제 등)의 운송에는 한계가 있으며, 파렛트 구입 및 유지·운용에 따른 비용 증가, 파렛트 규격의 상이성 및 운송거리의 제약 등과 같은 문제로 인해 매우 제한적으로 이용되고 있는 실정이다.

2) 파렛트의 형태

파렛트는 화물을 직접 적재하는 평판부와 이를 지지하는 받침부로 구성되어 있다. 특히, 받침대는 지면과 화물 적재부와의 공간을 확보하여 포크리프트의 포크를 차입할 수 있도록 하는 매우 중요한 부분11)이다. 따라서 파렛트의 형태는 파렛트를 구성하고 있는 평판부와 받침대의 형상과 재질에 따라 구분하는 것이 보통이다.

(1) 재질에 따른 유형

파렛트를 구성하고 있는 평판부와 받침부의 재질에 따라 목재, 합판, 철재, 알루미늄, 종이, 플라스틱 파렛트 등과 같이 매우 다양한 형태로 나누어 볼 수 있으며, 그 재질에 따라 상이한 특성과 장단점을 가지고 있다.

예컨대, 알루미늄 파렛트는 매우 가볍기 때문에 항공기 탑재용으로 사용하기에 적합하지만 가격이 비싸다는 단점을 가지고 있어 해상운송에는 이용하기 곤란한 점이 있다. 플라스틱 파렛트의 경우에는 씻고 말리기가 편리하기 때문에 관리가 용이하지만 미끄러지기 쉽고 흠집이 나거나 깨지는 경우 복구가 불가능하다는 단점이 있다. 또한, 목재 파렛트의 경우에는 재료의 확보가 용이하고 가격이 비교적 저렴한 편이지만 다른 파렛트에 비해 부서지기 쉽고 무겁다는 단점이 있다.

(2) 형상에 따른 유형

파렛트를 형상에 따라 분류하는 데에는 매우 다양한 기준이 적용될 수 있다. 먼저, 파렛트를 운반하는 포크리프트의 포크가 차입되는 방향에 따라 양 방향 차입식(two way pallet)과 네 방향 차입식(four way pallet) 파렛트로 나누어 볼 수 있으며, 화물 적재부의 형식에 따라 편면형과 양면형 파렛트로 구분하기도 한다. 또한, 화물 적재부의 형태에 따라 평면형과 날개형(wing pallet), 상자형(box pallet), 기둥형(post pallet) 등으로 구분하기도 한다. 여기서 평면형은 적재부가 평평한 형태로서 규격화물의 적재에 주로 이용되는 형태이고, 날개형은 양면형 파렛트와 같이 적재부가 양면에 모두 있는 형태이다. 그리고 상자형은 적재부가 박스 형태로서 비규격 화물을 운송할 수 있도록 특수하게 설계된 형태이며, 기둥형은 평면형 파렛트의 네 모서리에 기둥(post)을 부착하여 적재된 화물이 붕괴되지 않도록 고안된 파렛트 형태이다.

---

11) 이러한 역할은 평판부가 위와 아래 모두에 있는 볼록형 파렛트의 경우에도 마찬가지이다.

3) 파렛트 적재방식

파렛트 운송시스템을 이용하기 위해서 가장 필요한 작업은 파렛트 위에 화물을 적재하는 작업이라 할 수 있다. 특히, 화물 적재작업에서 가장 유의해야 할 사항은 운반 시 적재된 화물이 갈라지거나 붕괴되지 않도록 하는 것이 가장 중요한 관건이다. 따라서 파렛트의 화물 적재유형은 적재형태와 방식에 따라 나누어 볼 수 있는데, 구체적인 내용을 살펴보면 다음과 같다.

(1) 블록쌓기

가장 단순한 형태로 맨 아래에서 상단까지 일렬로 쌓는 방법으로, 적재하기는 매우 용이하지만 화물이 갈라질 염려가 있어 안정감이 떨어지는 문제가 있다.

(2) 교호열쌓기

짝수 층과 홀수 층을 90도 회전시켜 쌓는 방식으로 화물이 갈라질 염려가 적고 정방형 파렛트에 매우 적합한 형태이다. 하지만, 이 방식은 화물의 규격이 일정해야 하며, 적재작업에 많은 시간이 소요된다는 문제점이 있다.

(3) 벽돌쌓기

벽돌을 쌓아 올리듯이 가로와 세로를 조합하여 1단을 쌓고 홀수 층과 짝수 층을 180도 회전시켜 쌓는 방식으로, 교호열쌓기와 유사한 특성을 갖고 있는 적재형태이다.

(4) 핀홀쌓기

풍차형으로 쌓아 중앙에 빈 공간이 생기게 하는 방식으로서, 적재효율이 떨어지고 매우 불안정한 적재방법이다.

(5) 스플릿쌓기

일반적으로, 파렛트는 규격화된 화물을 운송하기 위해 설계된 장비라 할 수 있으나, 스플릿쌓기는 비규격 화물이나 정방형 파렛트가 아닌 경우에 이용할 수 있는 파렛트 적재방식으로서, 다양한 화물을 적재하여 운송할 수 있기 때문에 그 적용범위가 매우 광범위한 형태이다.

4) 파렛트 시스템의 운영방식

(1) 파렛트 풀 회사를 이용하는 방식

파렛트 풀 회사가 보유한 파렛트 이용방식으로 가장 폭넓게 이용되고 있는 파렛트 시스템이다. 이 방식은 파렛트 풀 회사가 보유하고 있는 파렛트에 화물을 적재하여 목적지까지 운송한 후 파렛트를 다시 가져오는 것이 아니라, 현지에서 가장 가까운 파렛트 풀 회사에 반납하는 형태이다.

따라서 화주 또는 운송업자는 파렛트 확보와 유지에 따른 과도한 비용지출을 하지 않고도 원하는 시점에 파렛트를 이용할 수 있으며, 운송 후에 파렛트를 회수하지 않고 가까운 곳에 반납하면 되기 때문에 경제적 효과가 매우 큰 방식이다.

(2) 물류업자의 파렛트를 이용하는 방식

이 방식은 선박회사, 철도회사, 트럭운송업자 및 운송주선업자 등과 같은 물류회사가 보유하고 있는 파렛트를 이용하는 형태이다. 화주가 직접 파렛트를 보유하지 않아도 되는 장점이 있으나, 각 운송 및 물류기관이 보유하고 있는 파렛트의 규격과 형상이 상이하기 때문에 물류운송의 효율성이 저하될 수 있는 단점이 있다.

(3) 화주소유 파렛트를 이용하는 방식

화주가 소유한 파렛트를 이용하는 것으로서, 화주는 운송하고자 하는 화물의 특성과 규격을 고려하여 이에 적합한 파렛트를 이용할 수 있기 때문에 효율적이기는 하지만, 파렛트의 구입과 관리를 위한 비용지출과 파렛트 규격의 상이성으로 인해 일관운송시스템을 구축하기가 곤란하다.

5 파렛트 풀 시스템

1) 파렛트 풀 시스템의 의의

파렛트 풀 시스템(pallet pool system)은 파렛트의 규격, 치수 등을 통일화하여 업체에서 상호 교환성을 가지도록 한 후, 파렛트를 서로 교환하여 사용함으로써 개별기업의 물류합리화를 이루어 물류비를 절감하고자 하는 제도이다. 이러한 파렛트 풀 시스템을 활용함으로써 포장비를 절감하고 작업 능률의 향상은 물론이고 운임 및 부대비용을 절감할 수 있다. 또한, 파렛트 풀 시스템의 경우 파렛트의 회수가 불필요하고 운송수요의 변동에 탄력적으로 대응할 수 있으며, 파렛트 수급파동의 조정 및 파렛트 관리체제를 개선할 수 있는 경제적 효과를 기대할 수 있다.

하지만, 이 시스템은 기업 간 유통의 폐쇄성과 공공성의 결여현상, 기업의 상품 규격과 파렛트 규격의 다양성, 물류단계의 복잡화 및 물류설비의 미비 등과 같은 요인에 의해 그 효율성이 저하되고 있다.

따라서 파렛트 풀 시스템을 실현하기 위해서는 기업단위의 풀 운송에서 화물의 특성이 비교적 유사한 업계단위의 풀 시스템으로 확대한 후, 이를 다시 이종의 업체가 참여하는 개방형 풀 시스템 또는 국가 단위의 풀 시스템으로 넓혀나가는 것이 바람직하다.

2) 파렛트 풀 시스템의 운영형태

(1) 교환방식

철도운송시스템이 조직화되어 있는 유럽에서 발전한 방식으로 파렛트에 적재되어 철도운송된 화물을 도착역에서 수하인이 인수할 때 동일한 수량의 빈 파렛트를 철도역에 반입하는 형태이다. 따라서 교환방식은 파렛트의 관리 및 통제는 용이하지만 동일한 규격의 파렛트를 불필요하게 많이 보유하고 있어야만 하고, 파렛트의 파손 및 분실에 따른 책임소재를 가리기가 매우 어렵다는 단점을 갖고 있다.

(2) 리스·렌탈방식

호주에서 시작하여 그 후 미국, 캐나다, 일본 등지에서 사용하고 있는 방식으로 개별기업에서 파렛트를 보유하지 않고 파렛트 풀 회사에서 일정 기간 동안 임대하여 사용하는 제도이다.

이 방식은 파렛트의 품질유지나 보수가 용이하고 파렛트의 수급파동에 탄력적으로 대응할 수 있으며, 파렛트 개수를 최소화할 수 있는 장점을 갖고 있으나, 파렛트의 관리가 어렵고 임차 요금에 대한 부담이 있으며, 파렛트의 수급 불균형을 초래할 수 있는 문제를 안고 있다.

(3) 교환·리스 병용방식

1975년 영국에서 교환방식과 리스·렌탈방식을 혼합하여 개발된 제도로서 매우 편리한 방식이지만, 운송회사가 파렛트를 렌탈하여 운영하는 방식이기 때문에 파렛트의 교환 및 렌탈업무의 복잡화로 인해 운영 및 관리가 어렵다는 문제를 가지고 있다.

(4) 대차결제방식

1968년 스웨덴의 파렛트 풀 회사가 교환방식의 단점을 개선하기 위하여 도입한 제도이다. 구체적으로, 교환방식처럼 국영철도역에서 화주가 화물을 인수할 때 파렛트를 즉시 반납하지 않고 일정 기간[12] 이후에 반납하도록 하는 제도이다. 그러나, 이 방식은 파렛트의 손상 및 분실에 대한 책임 소재가 불명확하다는 단점이 있다.

12) 파렛트를 도착역에서 수령한 날로부터 보통 3일 이내에 반납하는 것으로 되어 있다. 따라서, 도착역에서 빈 파렛트와 교환으로 화물을 인수하는 교환방식과는 달리 빈 파렛트를 보유할 필요가 없다.

제2절 소화물 일관운송시스템

1 소화물 일관운송시스템의 의의와 효과

1) 소화물 일관운송시스템의 의의

특송 또는 택배서비스로 불리는 소화물 일관운송은 화주의 요청에 따라 소형 및 소량의 화물을 운송인의 책임하에 송하인의 문전에서 수하인의 문전까지 집하, 포장, 운송, 배달 등을 포함한 일련의 서비스를 신속하고도 정확하게 제공하는 편의성을 위주로 한 일종의 복합운송체제이다.

이와 같은 소화물 운송체제는 물류 특성이 다품종 소량생산 체제로 변모하면서 운송단위가 소량화되고, 소비자 욕구의 다양화, 편의화 추세가 진전되면서 운송수요가 크게 증대되고 있는 상황이다. 또한, 운송인과 일반 소비자의 직접적 연결방식의 증가와 일반 소비자들의 물류에 대한 인식 향상도 소화물 일관운송체제에 대한 수요를 증가시키고 있는 원인으로 볼 수 있다.

2) 소화물 일관운송시스템의 효과

소화물 일관운송시스템은 주로 소량 및 소형화물의 운송을 위한 체제로서, 일반적으로 30kg 이하의 화물[13]을 주로 운송하기 위한 운송방식으로 이용되고 있으며, 문전에서 문전까지의 일관서비스를 제공하고 있는 운송 서비스 분야의 혁신적 시도로 평가받고 있다.

또한, 소화물 운송체제는 고가의 소량화물을 안전하고 신속하게 운송함으로써 사회적 요구에 부응하고 있는 것은 물론이고, 기존의 낙후된 운송체제에 자극을 가하는 등의 부수적 효과도 거두고 있다.

13) 다만, 화물중량 45kg까지는 가로·세로·높이의 총 합계가 160cm 이하인 화물도 소화물 운송으로 간주한다.

2 국제 소화물 일관운송시스템

1) 국제 소화물 일관운송시스템의 의의

국제 소화물 일관운송시스템은 소량 및 경량화물, 상업서류, 견본품 등을 항공운송을 주축으로 신속·정확하게 문전 운송하는 일종의 국제복합운송체제로서 국제택배업, Courier 시스템 등으로 불리고 있는 일관운송체제이다. 이러한 국제 소화물 운송은 항공기를 이용하기 때문에 24시간 내 배달이 가능하고, 포장의 간소화는 물론 고객의 요구를 신속하게 충족시킬 수 있는 장점을 가지고 있어 그 수요가 급증하고 있는 상황이다.

2) 국제 소화물 일관운송의 형태

(1) 자사혼재 방식

소화물 운송방식을 이용하여 화물을 운송하고자 하는 화주가 직접 화물을 혼재하여 이를 운송하는 형태로서, 화주가 필요한 시점에 언제든지 이용할 수 있기 때문에 매우 편리하지만, 화물 혼재에 따른 시간과 비용부담이 불가피하다는 단점이 있다.

(2) 타사혼재 방식

화주가 항공회사 또는 소화물 운송업체에 운송하고자 하는 화물을 인도하면 소화물업체가 인도받은 화물을 책임지고 운송하는 방식이다. 이와 같은 방식을 이용하는 경우에 화주는 화물의 혼재에 따른 제반 비용을 절감할 수 있으며, 안전하고 신속한 문전 운송 서비스를 이용할 수 있기 때문에 매우 경제적인 운송 방식이다.

제3절 공동수배송시스템

1 공동수배송시스템의 의의와 효과

1) 공동수배송시스템의 의의

공동수배송체제는 다품종 소량화되고 있는 물류의 특성 변화에 맞추어 생산자에서 소비자까지의 운송 및 배송을 다수의 화주가 공동으로 수행함으로써, 규모의 경제(economy of scale)를 달성하고 비용을 절감하여 궁극적으로는 물류합리화를 도모하고자 하는 운송체제이다.

이와 같은 공동수배송체제를 구축함으로써 유통업체(대리점)들의 요구에 효율적인 대응이 가능하며, 규모의 경제 달성으로 인한 이익증대 및 업계의 물류 최적화를 실현할 수 있는 것이다. 특히, 화물의 취급을 위한 배송센터, 화물집배단지의 설치 및 운영에 소요되는 비용을 공동으로 부담하고, 생산자의 유통업체에 대한 공동납품 내지 유통업체의 고객주문에 대한 공동배송업무 등을 공동화함으로써 비용절감은 물론이고 고객서비스의 향상을 도모할 수 있는 물류시스템이다. 따라서 공동수배송시스템은 동종업체들이 특정지역에 집중되어 있는 가구단지, 전자제품 및 컴퓨터판매장 등지에서의 고객에 대한 공동배송이나 대형 유통업체에 물품을 공급하는 업체들의 공동납품 등과 같은 형태로 발전해 오고 있다.

2) 공동수배송시스템의 효과

공동수배송은 지역 또는 업계 차원에서 배송 및 운송활동을 공동으로 수행하는 운송시스템의 일종으로서 다음과 같은 경제적 효과를 기대할 수 있다.

첫째, 다수의 화주가 공동으로 운영함으로써 운송수단의 적재율 향상에 따른 수배송 능률을 높일 수 있으며, 배송비용의 절감효과 또한 매우 높다.

둘째, 고가의 첨단 물류설비를 공동구매함으로써 화주 기업의 입장에서는 비용을 절감할 수 있고, 고객의 입장에서는 고품질의 서비스를 매우 저렴한 비용으로 활용할 수 있는 경제적 효과를 가지고 있다.

셋째, 기업 간 통합전산망 구축을 통한 출하작업의 시스템화와 사무자동화 및 EDI 등을 통한 공동회계 및 화물정보망을 구축함으로써 효율성을 향상시킬 수 있다.

넷째, 동일지역에 대한 중복 및 교차배송을 억제하고, 소량화물의 집하 및 배송을 위한 필요차량의 감소와 교통혼잡을 사전에 방지함으로써 사회적인 기여를 할 수 있다. 결과적으로, 공동수배송방식은 관리비 및 물류비를 경감하고 고객에 대한 서비스 수준의 향상을 도모할 수 있는 매우 혁신적인 운송시스템이라 할 수 있는 것이다.

2 공동수배송시스템의 형태와 운영방식

1) 공동수배송시스템의 형태

(1) 다이어그램 배송시스템

다이어그램(diagram) 배송방식은 정시루트 배송시스템으로 집배구역 내에서 차량의 효율적인 이용을 도모하기 위해 배송처의 거리, 수량, 지정시간, 도로상황 등을 감안하여 여러 곳의 배송처를 묶어서 정시에 정해진 루트로 배송하는 형태이다.

(2) 루트 배송시스템

루트(route) 배송방식은 비교적 광범위한 지역에 소량화물을 요구하는 다수의 고객을 대상으로 수배송할 때에 유리한 방법으로 판매지역에 대하여 배송 담당자가 배송트럭에 스스로 화물을 적재 또는 하차하고 화물을 수수함과 동시에 현금수수도 병행하는 방식이다.

(3) 혼합 배송시스템

혼합(consolidation) 배송방식은 적재율을 기준으로 한 방식으로 배송처에 관계없이 차량의 적재율에 따라 배송하는 형태이다. 이 방식은 운반차량의 적재율을 향상시킴으로써 비용을 절감할 수 있는 반면에, 화물의 적재량만을 고려하고 배송처, 배송거리 및 배송시간을 고려하지 않기 때문에 고객의 만족감이 저하될 수 있는 단점이 있다.

2) 공동수배송시스템의 운영방식

(1) 배송공동형

배송공동형은 각 기업이 물류거점인 물류센터까지는 개별적으로 수송하고 배송만을 공동화하는 방식으로서, 공동수배송시스템의 가장 일반적인 운영방식이다.

(2) 집배공동형

집배공동형은 물류센터에서의 배송뿐만 아니라, 화물의 보관 및 집하업무까지 공동화하는 방식으로서 주문처리를 제외한 거의 모든 물류업무에 관해 협력하는 형태이다.

(3) 공동수주·공동배송형

운송회사가 협동조합을 설립하여 화주로부터 수주를 받아 조합원들에게 공동배송을 위한 배차지시를 하는 방식이다. 따라서 이 방식은 고객의 주문처리에서 화물보관, 운송, 배송까지의 모든 업무를 공동화함으로써 매우 높은 효율성을 기대할 수 있는 형태이다.

(4) 납품대행형

납품대행방식은 다수의 화주가 대형 백화점이나 양판점에 납품하는 경우 각각의 화주가 개별적으로 납품하는 것이 아니라, 각 납품업자들을 대행하여 화물의 공동집하와 배송업무를 수행하는 방식으로서 납품업자 입장에서는 납품비용을 절감할 수 있고, 유통업자 입장에서는 납품업무를 효율적으로 관리하고 혼잡을 방지할 수 있는 운영방식이다.

제4절 신운송관리시스템

1 크로스도킹시스템

크로스도킹(cross docking)은 창고나 물류센터에서 수령한 상품을 창고에서 재고로 보관하는 것이 아니라 즉시 배송할 준비를 하는 물류시스템이다. 다시 말해 제품을 창고에 보관하지 않고 곧바로 다시 배송에 나가는 작업을 말한다. 이러한 크로스도킹방식은 기포장 크로스도킹과 중간처리 크로스도킹이 있다.

1) 기포장 크로스도킹

유통업체 점포의 주문에 따라 제조업체가 미리 선택한 파렛트, 케이스 등 패키지를 수령하고, 추가 작업 없이 다른 제조업체에서 배달되어 점포로 배송할 차량에 적재된 유사한 패키지와 함께 배송도크로 이동시키는 방식이다.

• 그림 5-1 기포장 크로스도킹방식

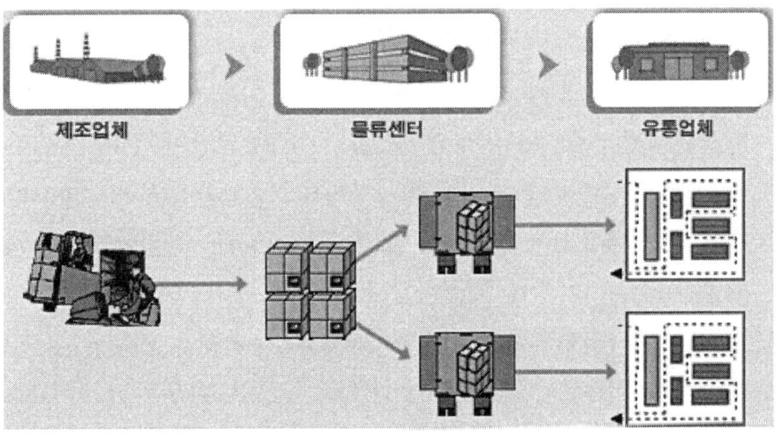

2) 중간처리 크로스도킹

파렛트, 케이스 등 패키지를 수령하여 물류센터에서 소량으로 분류(小分)하고 소분된 패키지에 다시 라벨을 붙여 새로운 패키지로 만들어 점포로 배송하는 방식이다. 이렇게 만들어진 새로운 패키지는 다른 제조업체에서 배송되어 배달 차량에 적재된 유사한 패키지와 함께 배송도크로 이동한다.

•그림 5-2 중간처리 크로스도킹방식

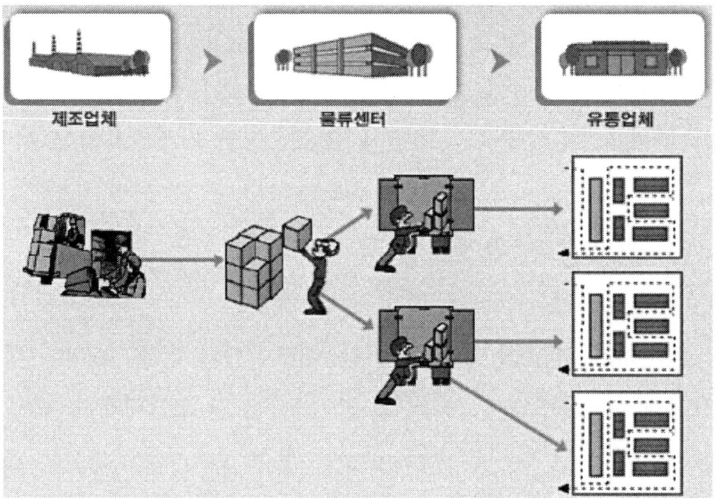

2 허브&스포크 시스템

물류에서 point-to-point의 단선적 수송개념만이 존재하던 1960년대, 예일대학의 프레드 스미스(Fred Smith)는 허브 앤 스포크(Hub&Spoke) 네트워크의 효율성을 제시하였으며, 1973년 페덱스(Fedex)를 설립하여 허브&스포크 시스템을 활용한 물류서비스를 제공하였다. 현재는 다수 항공사와 택배사가 허브&스포크 네트워크를 기반으로 한 물류시스템을 구축하고 사업을 영위하고 있다. 허브&스포크에서 허브는 바퀴의 중심축을 말하고 스포크는 바퀴살을 의미한다. 따라서 이 시스템은 물류의 모든 거점을 한곳으로 통합하여 관리하는 방식이다.

허브&스포크 네트워크의 전통적인 운영 방식은 전국의 각 출발지(Spoke)에서 발생하는 물량을 한곳(Hub)으로 집중시킨다. 이곳에서 일괄적인 분류작업을 거친 물량은 다시 각 목적지(Spoke)로 보내지게 된다.

대개 Hub에서는 제품 보관의 기능은 없고 제품의 분류(Sorting)라는 기능을 담당한다. 이 방식은 중복적 물류거점의 존재, 배달·탁송구조의 비효율, 재고 저장공간의 부족 및 낮은 수배송 효율을 해결하고자 하는 대안으로 도입되었다.

3 첨단화물운송제어시스템

첨단화물운송제어시스템(CVO : Commercial Vehicle Operations)은 지능형 교통시스템(ITS)사업의 하나로 물류난 해소와 효율적인 화물운영을 지원하기 위해 마련된 운송차량관리시스템이다. 위성위치측정시스템(GPS)과 위성을 이용한 차량위치추적서비스(AVLS) 등이 있으며, 무선 통신망 중앙관제센터에 구축한 전자지도 등을 활용하여 실시간 차량위치 파악, 예정 운행경로의 진척사항 감시, 운행 중인 차량과의 공차정보 교류 등을 통해 화물차 운행을 최적화하여 물류비용을 절감시키는 시스템이다. 컴퓨터를 통해 각 차량의 위치, 운행상태, 차내상황 등을 관제실에서 파악하고 실시간으로 최적운행을 지시함으로써 물류비용을 절감하고, 통행료 자동 징수, 위험물 적재 차량 관리 등을 통해 물류의 합리화와 안전성 제고를 도모한다.

16 보관·창고관리시스템

SMART Physical Distribution

제1절 오더피킹시스템

1 오더피킹의 의의

오더피킹(order picking)이란 저장 중에 있는 창고의 재고에서 거래처로부터 수주받은 물품을 주문별로 모아 출하하는 과정을 의미한다. 이는 수주활동의 일환으로 상적 정보를 토대로 한 주문서, 출하전표, 납품표, 송장, 포장지시서 및 불출지시서 등 정보처리와 불출지시서에 의해 불출된 물품의 흐름을 파악하는 것이다.

오더피킹의 협의의 개념은 보관장소에서 물품을 꺼내어 주문별로 집화하는 것을 의미하며 광의의 개념에는 이러한 협의의 개념에다 거래처의 정보에 기초한 서류의 흐름과 물품의 피킹, 정돈, 포장 및 배송지역별 상차까지 포함한다.

즉, 오더피킹은 정보의 흐름에서 생각하면 오더프로세서(order process)의 흐름인 동시에 물류 면에서 창고작업의 일환이라고 볼 수 있다. 따라서 현대의 오더 피킹의 개념은 단순한 정적인 예비저장(reserve storage) 작업에서 활동적 저장(active storage) 작업으로 변하고 다품종 소량출고작업이 많아지면서 유통창고의 작업시간 분석에 의하면 30~40%가 오더피킹 작업에 투입되고 있으며, 직접 노무비도 약 40%를 점하고 있다. 따라서 피킹 자체의 기계화와 자동화에 의한 성력화를 통해 작업시간과 비용을 절감할 수 있을 뿐 아니라 납기의 단축에 따른 고객 서비스의 향상에 기여할 수 있다.

2 오더피킹의 유형

1) 일반적 분류

(1) 인력에 의한 방법

사람이 걸어서 또는 운반기기에 탑승하여 피킹하는 방법으로 다품종 소량 피킹에 많이 이용하며, 찾는 시간, 찾아오는 시간, 꺼내는 시간 등의 시간손실로 효율성이 떨어진다.

(2) 물품을 피커(picker)의 위치에 갖고 오게 하는 방법

회전선반(carrousel)이나 미니 로드 시스템(mini load system) 같은 기계를 사용하여 피커까지 이동시키는 방법으로 피킹된 물품이 피커(picker)까지 오는 시간과 피커가 골라내는 데 많은 시간이 소요된다. 따라서 시간손실을 최소화하는 방법으로서 회전선반을 한 사람이 2~3대씩 담당한다.

2) 주문형태별 분류

(1) 1인 1건 피킹하는 방법(오더 단위)

1인 피커가 한 오더의 주문전표에서 요구하는 모든 물품을 피킹하는 방법으로 1인당 건수가 적은 경우에는 문제없지만 건수가 많아지면 작업능률이 많이 떨어진다.

(2) 싱글 오더피킹(single order picking)방법

한 건의 주문마다 물품을 피킹해서 모으는 방법으로 1인 1건의 방식이나 릴레이 방식으로도 할 수 있다. 릴레이 대신 나중에 하나로 집계하는 집약방법을 이용하기도 한다.

(3) 일괄 오더피킹(batch order picking)방법

여러 건의 주문전표를 합쳐서 피킹하는 총량 피킹방식으로 여러 건을 합친

피킹전표의 물품종류 중에서 동일한 것이 많은 경우 동일한 것을 한 번에 피킹할 수 있기 때문에 유리하며 그 종류에는 1인이 전부 피킹하는 방법, 여러 사람이 릴레이식으로 피킹하는 방법, 그룹식으로 피킹하는 방법 등이 있다.

(4) 총량 피킹방법

한나절이나 하루의 주문전표를 모아 한꺼번에 피킹하는 방법으로서 기본적으로 일괄 오더 피킹방식과 같다. 미국에서는 30분 단위나 1시간 단위 정도로 일괄 피킹을 하는 데 비해 일본에서는 한나절이나 하루 단위로 일괄 피킹을 하고 있다.

3) 작업형태별 분류

(1) 릴레이(relay)방법

여러 사람의 피커가 제각기 자기가 분담하는 품종(item)이나 단위공간(location)의 작업범위를 정해놓고 피킹전표 중에서 자기가 담당하는 종류만을 피킹하고 다음 피커에게 릴레이식으로 넘겨주는 방법이다.

(2) 일정지역에서 피킹(zone picking 또는 group picking)하는 방법

릴레이방법과 같이 여러 사람의 피커가 제각기 분담하는 단위공간의 작업범위를 정해두고 피킹전표 중에서 자기가 담당하는 선반의 물품만을 골라 피킹하는 방법으로 릴레이식으로 하는 방법과 나중에 그룹별로 집약(consolidation)하는 방법이 있다.

4) 기타 분류

(1) 적재방법과 파종방법

적재방법은 물품을 적재해 놓고 물품을 집어가는 방법이며, 파종방법은 고객별로 분류하는 방법이다. 이것은 일괄 피킹 중에서 같은 종류의 물품을 모든 거래처로 보내는 경우에 사용된다.

(2) 어소트(assort)방법

파종방법에서와 같이 같은 종류의 물품을 거래처별로 배분하는 방식으로 고속 자동분류 컨베이어를 이용해서 일괄 피킹한 물품을 고객별로 분류하는 방식이다.

3 오더피킹의 출고와 설비형태

오더피킹시스템은 창고에 따라 파렛트 단위, 케이스 단위 및 단품 단위 또는 이들의 복합형태로 이루어지고 있다. 또한 오더피킹은 출고형태에 따라 적합한 하역기기를 선택해야 한다. 즉, 각각의 형태에 맞는 기기를 선정함으로써 시간적 손실을 감축하고 비용을 절감할 수 있다. 오더피킹의 출고형태를 보면 다음과 같다.

1) 제1형태(P → P)

파렛트 단위로 보관하다가 파렛트 단위로 출고하는 패턴으로 통상 파렛트 내에 적재되어 있는 화물은 동일 종류가 많다. 이 경우 보관을 위한 적재 시에 사용되는 기기에는 파렛트 랙, 드라이브 인 랙(drive in rack), 파렛트 이동선반, 파렛트 슬라이딩 랙(sliding rack), 파렛트 캐로셀(carrousel) 등이 있고, 운반기기로는 포크리프트, 무인 포크리프트, 트리트(turret) 포크리프크, 스택커 크레인(stacker crane), 피킹 크레인 등이 있다. 이 형태의 적재방법은 다음과 같다.

(1) **평치(floor stack) 적재방법**

재고종류가 적고 수량이 많을 때 사용(예로서 맥주창고)하는 방법으로 재고 Q/I가 클 때는 적합하지만 I가 많고 Q/I가 작게 되면 보관효율이 떨어지며, 또 Q/I가 크고 피킹 횟수(N)가 적을 때는 효율이 좋고 1회 피킹량이 작고 피킹 횟수가 많을수록 효율은 저하된다.

이 방법은 적재를 위한 특별한 설비 없이 파렛트나 상자를 바닥에 2~3중으로 쌓아 놓는 형식으로 포크리프트(표준형, 통로 폭이 습고 회전반경이 적은 형, 좁은 통로 회전형, 고양정형)를 이용하여 하역하며, 포크리프트 수의 증가 시에는 교통문제를 해결하기 위해 일방통행 또는 무선 컨트롤이 필요하다.

(2) 파렛트 슬라이딩 랙(sliding rack)

재고종류가 1~100 정도이고 수량이 많을 때 효율적이며 재고의 Q/I가 한 칸에 1~20 정도가 적당하고 Q/I가 20~60 정도일 때는 한 종류를 2~3칸에 보관할 수도 있다. 가장 이상적인 것은 1회 피킹이 1~5회 정도이고 출고빈도(N)가 많을 때 가장 효과적이다.

이 방식은 랙의 구조를 경사지게 하고 선반에 롤러 컨베이어를 설치하여 파렛트를 뒤쪽에서 넣으면 컨베이어를 통해 낮은 앞쪽으로 이동되는 방식으로 선입선출이 가능하고 종류가 다른 파렛트를 랙의 전면에 놓을 수 있어 오더 피킹의 효율성이 제고되며, 포크리프트용 통로가 필요없어 피킹이 효율적이다.

(3) 트랜스 로보 시스템(trans robo system)

재고종류가 1~100, Q/I가 1~20, 1회 피킹이 1~5로서 슬라이딩 랙과 같고, 보관 파렛트 밑을 세로로 주행하는 대차를 이용하는 방식이다. 이 시스템은 랙의 전면에 깊이방향과 직각방향으로 주행하는 별도의 대차가 있어 길이방향에서 운반되어 온 파렛트를 대차채로 싣고 랙의 앞쪽으로 운반하는 형태로서 입고와 출고방향이 같으므로 선입후출이 된다. 슬라이딩 랙과 같이 파렛트가 흘러나오는 것이 아니고 새끼 대차가 그 열로 들어가 파렛트를 하나하나 들어내기 때문에 시간이 다소 소요되지만 1회 피킹 횟수가 적을 때는 편리하다.

(4) 드라이브 인 랙(drive in rack)

한 열에 동일 종류의 물품을 보관하기 때문에 물품의 재고종류는 1~50, Q/I가 1~10으로 슬라이딩 랙이나 트랜스 로보 시스템보다 소규모 보관에 적합하다. 이 방식은 랙의 로드 빔을 제거하고 포크리프트가 랙 안으로 진입할 수 있도록 한 것으로 깊이방향으로 여러 개의 파렛트를 보관할 수 있다.

(5) 모빌 랙(mobil rack)

랙을 이동시키는 시간이 문제가 될 때 Q/I와 1회 피킹이 큰 경우에 이용하는 형태로 상대적으로 랙의 이동횟수가 적어지기 때문에 편리한 방식이다. 그리고 다품종 보관이 가능하고 피킹 효율도 비교적 우수하다.

이 방식은 파렛트 이동 랙 방식으로서 파렛트가 적재된 랙의 위치가 일정장소에 고정되어 있지 않고 구동장치에 의해 좌우로 통로만큼 움직일 수 있어 여타 랙의 배치에서 필연적으로 발생하는 통로점유율을 극소화시킨 형식으로 다품종 소량출하의 피킹에 효율적이다.

(6) 회전선반

Q/I가 1~10 정도 범위 내에서 사용되지만 피킹의 관점에서 보면 1에 가까울수록 좋기 때문에 다품종 소량 오더피킹기기로 많이 사용된다. 따라서 1회 피킹이 1에 가깝고 피킹 횟수가 클 때 주로 사용된다.

(7) 보통 랙

보통 랙은 Q/I는 1에 근접할수록 효과적이며, 파렛트 입출고에는 포크리프트가 사용된다. 보통 랙은 종류가 많지만 곧바로 물품을 들어낼 수 있는 구조로 되어 있어 선입선출이 가능하기 때문에 다품종 보관에 주로 사용된다.

(8) 고층 랙(high rack)

고층 랙은 고단적재나 무인적재 포크리프트, 및 입체자동화 창고로 구성된다. 고단적재 포크리프트를 이용할 때는 보통 평치적재방법보다 종류가 많고 Q/I가 적은 경우에 많이 사용되며, 입체창고는 다품종 보관과 피킹 횟수가 많고 1회 피킹량이 1에 가까운 파렛트 피킹에 효과적이다.

(9) 무인대차

무인대차를 이용하는 경우는 출고종류가 I가 적고 Q도 그다지 많지 않은 파렛트 피킹에 주로 사용된다.

2) 제2형태(P → P + C)

파렛트 단위로 입고하여 케이스 단위로 출고하는 형태이다.

(1) 무인화

무인화 출고 형태는 그다지 많지 않으며 미국의 Starndard Chemical사가 자동화 창고의 스태커 크레인에 파렛트 피킹 포크와 케이스 피킹용 vacuum head를 설치하여 이 형태를 자동화하였으나 케이스와 파렛트 규격의 단순화와 표준화가 선행되지 않으면 적용하기가 곤란하다.

(2) 자동화 창고의 재입고

자동화 창고에서 파렛트 단위출고는 그대로 두고 P→P출고는 파렛트 출고위치까지 꺼내어 케이스를 피킹한 후 파렛트는 원래 보관위치로 되돌리는 형식으로써 대부분 파렛트 출고이고 케이스 출고가 아주 적은 경우에 적합하다.

(3) 자동화 창고와 파렛트 컨베이어

자동화 창고 출고위치에 파렛트 컨베이어를 회전시켜 파렛트 단위는 그대로 출고하고 P→C의 출고는 컨베이어에서 작동한 후 재입고시키는 형식이다.

3) 제3형태(P→C)

제2형태에서 P→P 출고를 생략한 것으로 제2형태를 그대로 적용한다.

(1) 무인화

입체창고에서 케이스를 자동 피킹하는 방법은 보편화된 것은 아니지만 현재 개발 중인 MH(Material Handling)로보트가 개발되면 무인화도 가능할 것이다.

(2) 자동화 창고의 재입고

자동화 창고에서 파렛트를 출고하는 크레인의 능력에 따라 결정된다. 따라서 1회 피킹 수량이 클 때는 좋지만 1회 피킹 수량이 적고 I가 크면 종류 수마다 파렛트를 피킹한 후 재입고하기 때문에 피킹 능력이 저하되는 단점이 있다.

(3) 입체창고와 피킹 크레인

피킹하는 종류가 많고 1회 피킹 수량이 적을 때 유효하다. 1회 피킹 수량이 크면 피킹한 물품이 피킹용 공 파렛트에 가득 차게 되어 출구로 나가 공 파렛트와 교환하고 다시 피킹해야 하기 때문에 오히려 P→C+재입고가 효율적이다.

(4) 피킹 크레인과 컨베이어

입체창고의 스태커 크레인에 사람을 태워서 파렛트로부터 케이스를 피킹하고 피킹한 케이스는 입체창고의 천장에 설치된 컨베이어로 출고위치까지 보내는 방법으로 1회 피킹 수량과 I가 많고 출고량이 많을 때 유효하다.

(5) 랙과 피킹 포크리프크 트럭

2~3단 파렛트에는 통상 피킹용 포크리프트가 사용되는데, 이 방식은 포크리프트에 공 파렛트를 싣고 랙 내로 진입하여 공 파렛트 위에 필요한 케이스를 피킹하는 방법으로 물품을 피킹하여 그대로 포크리프트에 적재할 수 있어 편리하지만, 피킹 능력이 적을 때만 사용할 수밖에 없는 형태이다.

(6) 파렛트 슬라이딩 랙과 컨베이어

파렛트 슬라이딩 랙에서 피킹한 물품을 대차를 이용하지 않고 랙 전면에 컨베이어를 설치하여 운반하는 방식으로 피킹 종류 당 출고수량이 많을 때 유효하며, 이 같은 경우 기기의 조합을 오더 피킹 모듈이라고 지칭한다.

(7) 피킹 팩킹 머신(picking packing machine)

스웨덴에서 개발한 방식으로서 컨베이어 위를 주행하는 기계의 운전대에서 조작하는 케이스 피킹용 보조장치로 컨베이어 양측에 놓여 있는 파렛트로부터 케이스를 피킹하는 방식이다. 따라서 이 방식은 맥주와 같이 케이스 한 개가 무거운 중량물을 피킹할 때 매우 유용하다.

(8) 파렛트용 회전선반

최근 실용화되고 있는 수평회전선빈은 I가 많고 1회 피킹 수량이 많은 경우 유용하며, 이 경우 케이스의 형상과 규격을 표준화하면 자동 피킹장치(MH robot)와 조합하여 무인 피킹 시스템도 가능하다.

4) 제4형내(C → C)

케이스 단위로 입고하여 케이스 단위로 피킹하는 방식이다.

(1) 슬라이딩 랙(유동선반)

슬라이딩 랙은 유동선반인 플로어 랙(floor rack)으로서 형태에 따라 파렛트·소형품·케이스 플로어 랙으로 구분되며, C→C의 대표적 방식이다.

(2) 자동 슬라이딩 랙(automatic sliding rack)

자동 슬라이딩 랙은 자동유동 랙으로 최근에는 정보처리용 컴퓨터의 가격하락으로 오더 피킹의 무인화 경향이 늘어남에 따라 사용량이 증가하고 있다. 이 방법 역시 유동선반과 같이 Q/I의 관계를 고려해야 하며, 출고수량이 적을 때는 채산성이 없다는 단점이 있다.

(3) 회전선반(캐로셀)

회전선반은 입출고를 한 곳으로 할 수도 있고 각 개별로 나누어서 할 수도 있다.

(4) 미니 스택커 크레인

미니 스택커 크레인은 입체자동화 창고에서 케이스를 단위로 피킹하는 설비로서 선반시스템을 의미한다. 피킹 능력은 크레인에 따라 제한되며, C→C보다 오히려 C→SC에 더 많이 이용되는 형식이다.

(5) 중층 랙과 피킹 크레인

중층 랙과 피킹 크레인은 제3형태의 피킹 크레인과 컨베이어와 유사한 형식으로서 입·출고가 많지 않을 때 주로 이용한다. 공 파렛트나 대차를 실은 크레인에 사람이 타고 피킹할 물품이 있는 파렛트를 이동하여 물품이 담긴 케이스를 공 파렛트나 대차에 피킹하는 방식이다.

(6) 이동선반 및 선반

이동선반은 피킹 빈도가 높지 않고 스피드를 요하지 않을 때 주로 이용하며, 이동선반은 선반을 구동장치에 의해 좌우로 통로만큼 이동시킬 수 있어 통로점유율을 극소화시킨 이동(모빌)랙과 같은 형식이다.

5) 제5형태(C → C+SC)

제5형태는 제4형태(C → C)와 제6형태(C → SC)를 조합해서 만든 패턴이다.

6) 제6형태(C → SC)

제6형태는 케이스에서 단품을 피킹하는 방식이다. 그러나 단품은 형상, 크기 및 무게 등이 다양하여 자동화가 거의 불가능한 분야이다. 따라서 단품을 피킹하는 경우에는 수작업과 기계를 적절히 조화하여 작업능률을 향상시키는 것이 바람직하다.

7) 제7형태(SC → SC)

제7형태는 다품종 소량 피킹의 대표적 방식으로서 화장품, 약품 및 전기부품 등과 같은 단품(split case)의 피킹에 주로 사용되지만 자동화가 아주 어려운 패턴이다.

•표 5-1 오더피킹의 출고 형태

형태	보관단위	피킹단위	약식기호
1	파렛트	파렛트	P → P
2	파렛트	파렛트+케이스	P → P+C
3	파렛트	케이스	P → C
4	케이스	케이스	C → C
5	케이스	케이스+단품	C → C+SC
6	케이스	단품	C → SC
7	단품	단품	SC → SC

주) P－파렛드, C－케이스, SC＝단품

제2절 디지털피킹시스템

1 디지털피킹시스템의 의의

디지털피킹시스템(DPS : Digital Picking System)을 크게 두 가지로 구분하면 피킹방식과 분배방식(DAS : Digital Assorting System)으로 구분된다. 근래에는 이 두 작업방식을 각각의 시스템으로 분리하여 DPS 시스템과 DAS 시스템이라고 부르고 있다. DPS 시스템은 출하작업을 자동화한 피킹방식이며, DAS 시스템은 분배방식의 출하자동화 작업을 말한다.

DPS 시스템은 표시장치(수량표시부)와 응답장치(응답램프)로 구성된 표시기(indicator)를 사용하여 물류센터 및 자재창고 등에서 주문출하와 관련된 피킹과 분배작업을 지원하는 현장작업지원시스템이다. 주로 사람이 직접 표시기의 수량을 보고 제품을 박스에 투입한 후, 완료버튼을 누르는 동작을 진행하므로 맨머신(man-machine)시스템이라고도 부른다.

구체적으로 DPS 시스템은 피킹할 상품의 아이템 수에 맞추어서 표시기를 부착하게 되며, 피킹할 점포의 순서에 따라서 계속적으로 작업을 실시해나가는 방식이다. 응용분야로는 식품업, 편의점, 잡화업, 문구업, 제약업, 제화업 등의 물류센터나 부품창고, 자재창고, 생산라인 등에 사용되고 있다.

DAS 시스템은 출하될 점포 수에 맞추어서 표시기를 부착하게 되며, 분배한 상품의 순서에 따라 작업을 계속적으로 해나가게 되는 작업방식이다. 의류업체, 냉장업체 등을 중심으로 사용되고 있다. 그 밖에 부품어셈블리시스템, 보충확인시스템, 재고확인시스템, 배송확인시스템 등에도 응용되고 있다.

2 디지털피킹시스템의 효과

1) 인원수급의 원활화

미숙련자도 간단한 교육만으로 피킹과 분배에 관련된 업무를 충분히 수행할 수 있다. 자신의 작업구역에서 표시기의 램프와 대형 숫자만을 보고 작업을 수행하기 때문에 물류 인력관리 및 인원수급을 원활히 할 수 있다.

2) 물류서비스의 향상

물류서비스 수준을 평가함에 있어서 가장 중요한 요소는 정확도이다. 고객인 점포로부터의 주문에 대해 정확히 제품을 배송하는 것이 물류서비스의 가장 중요한 요소이다. 물류의 정확도를 높이기 위해서 가장 합리적인 방안은 제품이 물류센터에 입고되는 과정에서부터 출하되는 과정의 모든 프로세스에서의 오류발생 요소들을 관리하는 것이다. 디지털피킹시스템은 이러한 오류발생의 가능성을 최소화함으로써 물류서비스 수준을 향상시킬 수 있다.

3) 작업시간의 단축

고객이 원하는 시간에 제품을 배송하기 위해서는 항상 피킹 시간에 여유를 갖고 움직일 수 있어야 하며, 미리 계획된 작업 스케줄에 의해서 작업이 진행되어야 한다. 디지털피킹시스템은 피킹속도를 향상시킴으로써 작업시간을 단축하고 있다.

4) 기타 효과

디지털피킹시스템의 실질적인 효과로는 위에서 언급한 인원수급의 원활화, 물류서비스 향상 및 작업시간의 절감 등을 들 수 있다. 그 외 부대적인 효과는 다음과 같다.

첫째, 디지털피킹시스템은 작업자별로 구역을 나누어서 해당 구역별로 담당자가 선정되어서 작업을 진행하는 형태이므로 공간 활용이 효율적이다.

둘째, 디지털피킹시스템은 피킹해야 할 제품의 수량이 항상 눈앞에 점등되어 있으므로 피킹작업을 단순화할 수 있다.

셋째, 디지털피킹시스템의 도입은 물류관리자와 직원들이 자부심을 가지고 물류업무에 종사할 수 있도록 해준다.

넷째로는 결품 처리가 자동으로 가능하므로 결품을 수정하기 위한 인력을 절감할 수 있다. 마지막으로 서류처리비용을 절약할 수 있다.

제3절 자동분류시스템

1 자동분류시스템의 의의

물품의 정보에 따라서 물품을 식별하고 소정의 위치에 집합시켜 분류하는 작업을 소팅(sorting)이라 하는데 자동분류시스템은 소팅작업을 자동으로 하기 위해 관련된 반송 및 분류를 위한 설비를 말한다. 이러한 소팅의 목적은 물품의 형태, 중량, 크기별로 구분하거나 물품을 목적별·고객별·주문별·목적지별 등으로 분류하여 화물의 분류처리시간 단축, 분류오류감소, 노동력·생산성 향상(생력화) 및 물류비용을 절감하는 데 있다. 또한 배송시간 및 리드타임을 줄임으로써 고객서비스 수준의 향상을 도모할 수 있다.

2 자동분류시스템의 형태

자동분류시스템은 화물을 분류함에 있어 어떠한 방식과 형태의 소팅기기가 사용되는지의 여부와 동작방식에 따라 다음과 같이 분류할 수 있다.[1)]

1) 소팅기기에 의한 분류

(1) 팝업방식 소팅컨베이어

컨베이어(conveyor) 반송면의 아래 방향에서 벨트(belt), 롤러(roller), 휠(wheel), 핀(pin) 등의 분기장치가 튀어나와, 단위화물을 내보내는 소팅시스템이다. 이 방식은 세계적으로 보급률이 높다. 미국에서는 식품 등의 상자를 취급하는 배송센터에서 대부분 이 방식이 사용되고 있다. 롤러와 휠이 아래에서 화물을 들어올리기 때문에 화물의 하부면의 손상 및 충격을 꺼리는 화물에는 적합하지 않다.

1) 로지스틱스21, 「보관하역론」(한국물류정보, 2007), pp. 277~279.

(2) 틸팅방식 소팅컨베이어

레일을 주행하는 트레이(tray), 슬라이드(slide)의 일부 등을 경사지게 하여 단위화물을 활강시키는 소팅컨베이어이다. 세계적으로는 팝업방식 다음으로 보급률이 높은 방식이다. 대상화물은 트레이의 크기와 슬라이드 매수에 따라 결정된다. 화물의 형상, 두께 등에 따라 폭넓게 대응하므로 각종 배송센터에서 이용되고 있다. 이 방식이 많이 사용되고 있는 곳은 신문사, 우체국 등이다.

(3) 푸시-오프방식 소팅컨베이어

푸시-오프(push-off)방식은 외부에 설치된 입출장치에서 단위화물을 컨베이어 외부로 압출하는 소팅컨베이어이다. 이 방식은 미국에서 가장 보편화된 기기로 알려져 있다. 처리화물의 형태는 상자 형태로 비교적 작은 화물에 이용되며, 시간당 처리능력은 2,000~3,000개 정도로 낮다. 현재는 점차 사양화되고 있는 실정이다.

(4) 저개식 소팅컨베이어

레일을 주행하는 트레이 등의 바닥면을 개방하여 단위화물을 방출하는 소팅컨베이어이다.

(5) 다이버터방식 소팅컨베이어

다이버터(diverter)방식은 외부에 설치된 안내판을 회전시켜 반송 경로상에 가이드 벽을 만들어 단위화물을 가이드벽을 따라 이동시키는 소팅컨베이어이다. 분류대상화물은 극히 얇은 물건 이외에는 화물 형상에 관계없이 분류가 가능하기 때문에 여러 종류의 화물을 처리하는 운송 및 물류회사에서 주로 사용하고 있다.

(6) 경사벨트식 소팅컨베이어

경사진 컨베이어의 측판을 개폐하고 단위화물을 활강시키는 소팅컨베이어이다.

(7) 크로스벨트방식 소팅컨베이어

크로스벨트(cross belt)방식은 레일을 주행하는 연속된 캐리어상의 소형벨트컨베이어를 레일과 교차하는 방향에 구동시켜 단위화물을 내보내는 소팅컨베이어이다. 주로 통신판매, 의료, 화장품, 의약품, 서적 등의 자동분류에 이용된다.

(8) 슬라이딩－슈방식 소팅컨베이어

슬라이딩－슈(sliding shoe)방식은 반송면에 튀어나온 기구를 넣어 간위화물을 함께 이동시키면서 압출하는 소팅컨베이어이다. 이 분류방식은 여러 가지 형상의 화물을 수평으로 나누어 강제적으로 분류하지만 화물에 가해지는 충격이 없어 정밀기기, 깨지기 쉬운 물건, 자루 포장물, 장척물 등이 분류대상화물이다.

(9) 연속컨베이어방식 소팅컨베이어

연속하는 컨베이어의 일부를 각 소팅방향으로 전환하여 단위화물을 내보내는 소팅방식이다.

(10) 오버헤드방식 소팅컨베이어

오버헤드(overhead)방식은 컨베이어에서 단위화물을 분기 또는 낙하시키는 소팅컨베이어이다. 이 방식은 정장의류(suit), 코트(coat)와 같은 겉옷 의류를 행거에 걸어서 보관, 배송하고 고객별로 분류하는 데 이용된다.

(11) 수직 소팅컨베이어

단위화물을 수직방향에 반송하는 소팅컨베이어이다.

2) 동작에 의한 분류

(1) 밀어내는 방식

화물을 컨베이어에 흐르는 방향에 대해서 직각으로 암(arm)을 이용하여 밀어내는 방식으로 구조가 간단해서 어떤 컨베이어와도 조합할 수 있다. 암을 누르는 방법은 공기 실린더를 사용하는 경우가 많으며, 모니터와 기계적인 매커니즘을 사용하는 방법도 있다.

(2) 다이버터 방식

진행하는 방향에 대해서 컨베이어 위에 비스듬히 놓인 암(arm)으로 물품을 분류한다. 암과 컨베이어가 이루는 각도는 보통 30~40도가 일반적이다. 이 방식을 사용한 경우는 물품을 1개씩 분류하는 것도 가능하며 연속적으로 분류하는 것도 가능하다. 다이버터 암(arm)의 마찰이 문제가 될 경우, 마찰면을 롤러, 구동롤러, 구동벨트, 구동체인 등을 이용하여 능률을 높이기도 한다.

(3) 이송 방식

구동롤러의 롤러와 롤러 사이를 이용해서 컨베이어의 이동방향에 직각으로 롤러의 면보다 낮게 몇 개의 체인을 회전할 수 있도록 해두고, 물품을 분기하기 직전에 체인을 회전시킴과 동시에 룰러의 면보다 다소 높게 물품과 함께 밀어 올림으로써 컨베이어 위의 물품을 직각으로 분류하는 방법이다. 체인 대신에 구동 휠을 사용하는 경우도 있다.

(4) 운반 체인 방식

여러 열의 캐리어 체인으로 물품을 운반하고 그 체인 사이에서 회전하는 롤러를 노출하여 분류하는 방식으로 노출된 롤러의 회전을 컨베이어의 진행방향에 대해 직각방향으로 구동한다.

제4절 창고관리시스템

1 창고관리시스템의 의의

창고관리시스템(WMS : Warehouse Management System)은 자재 또는 제품을 적재하고 관리하는 창고에 관한 모든 업무 프로세스를 전산화·정보화하여 보다 적은 인원이 보다 쉽고 편리하게 창고관리 업무를 수행할 수 있도록 하는 시스템이다.

WMS는 창고 내의 모든 실물과 정보가 일치하도록 하여 기업 활동의 핵심자원인 자재 및 제품정보에 대한 확고한 신뢰를 제공하며 보다 투명한 관리가 되도록 도와준다.

WMS는 통합생산관리시스템(MES : Manufacturing Execution System) 및 전사적 자원관리시스템(ERP : Enterprise Resource Planning)과 상호 연계함으로써 자동화의 범위를 확대하고 정보의 신뢰성 및 가용성을 높여준다. 특히 각 창고에 대한 실시간 재고정보를 공유함으로써 직관적인 영업이 가능하도록 하는 시스템이다.

2 창고관리시스템의 역할

WMS는 기존 수기전표에 의한 입고 및 출고업무, 그리고 장부 기록 내지는 Excel과 같은 사무용 소프트웨어(OA S/W)로 관리하던 재고관리 업무, 작업자의 판단에 의존했던 적재 및 피킹 업무를 하나의 통합된 정보시스템으로 구축하고 무선단말기(PDA)를 사용하여 실시간 업무처리가 가능하다. 따라서 WMS는 다음과 같은 역할과 기능을 수행한다.

- 입고관리 : 원·부재자, 외주가공품, 반제품, 완제품에 대한 입고관리
- 적재위치관리 : 각 창고의 적재위치 생성 및 설정을 수행하고 적재위치관리
- 재고관리 : 창고 내 제품에 대한 재고처리(이동, 조정, 불용, 폐기) 및 관리
- 출고관리 : 라인출고, 재작업 출고, 물류기지 출고, 거래출고, 배차관리

3 창고관리시스템의 기본구성

WMS는 자재창고, 공정창고, 제품창고 및 물류창고 등과 같이 관리대상의 상태 및 정보의 연결성에 따라 각각 다르게 적용되지만 입고, 재고, 출하관리는 모두 동일한 프로세스를 갖는다. 대표적인 제품창고의 WMS의 기본구성은 <그림 5-1>과 같다.

그림 5-3 WMS의 기본구성

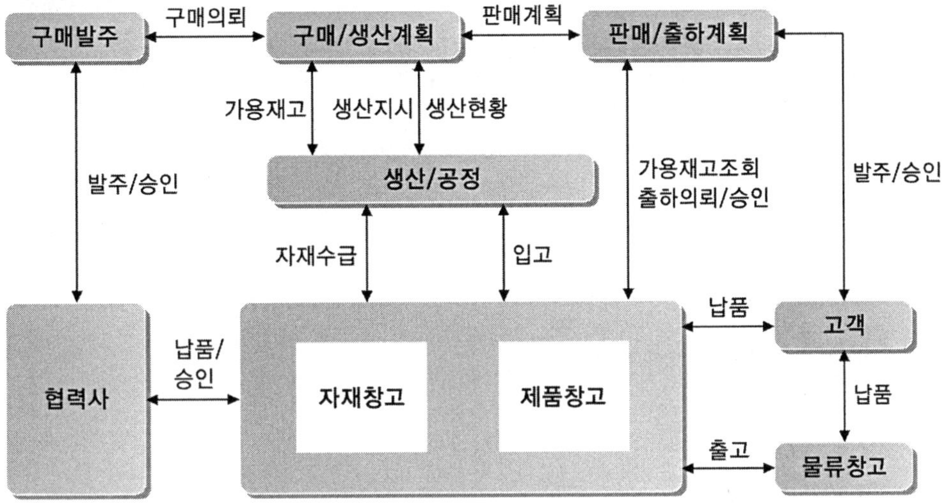

17 재고 · 자재관리시스템

SMART Physical Distribution

제1절 MRP시스템

1 MRP시스템의 의의

자재소요계획(MRP : Material Requirement Planning)은 미래의 일정 기간의 생산계획을 달성하기 위하여 자재명세와 생산계획을 통해 말단 부품까지의 소요 일정을 산출하여 궁극적으로 자재 수급, 리드타임, MOQ(Minimum Order Quantity) 등을 고려한 부품 재고 보충 계획을 수립하는 시스템이다. 이러한 MRP시스템은 단순히 목표 생산량을 차질 없이 생산하기 위한 적절한 자재 수급 시기와 수량을 결정하기 위한 도구(tool)로서, 최종 목표 생산량을 달성하기 위한 변수는 자재 수급 외에 다른 요소가 전혀 없다고 가정하고 있다.

•그림 5-4 MRP시스템

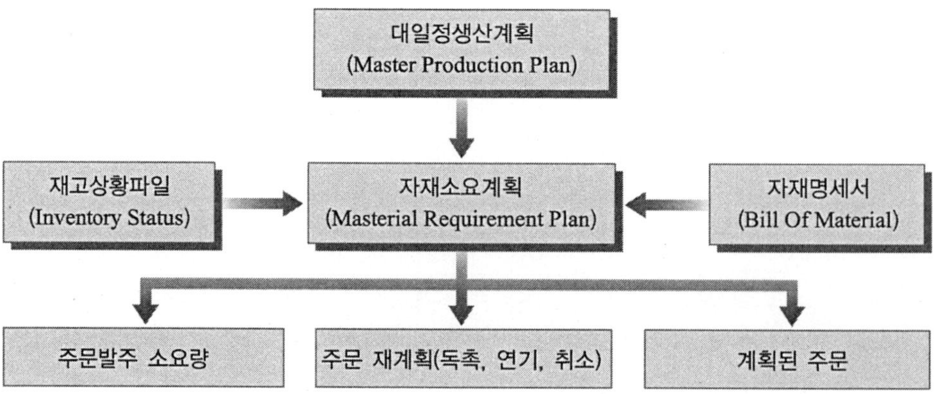

이러한 문제를 해결하기 위해 기존의 MRP시스템을 보완한 MRPⅡ시스템이 개발되었다. 1980년도에 출현한 MRPⅡ(Manufacturing Resource Planning II)는 자재뿐만 아니라 생산에 필요한 모든 자원을 효율적으로 관리하기 위한 것으로 MRP가 확대된 개념이다. MRPⅡ는 소품종 다량생산에서 다품종 소량생산의 환경변화에 따른 고객지향업무의 부각에 따라 생겨났다. MRPⅡ시스템은 기존의 MRP에 자동화된 공정 데이터의 수집, 수주관리, 재무관리, 판매관리의 기능을 추가하여 실현 가능한 생산계획을 제시하는 제조활동시스템이라고 할 수 있다.

2 MRP시스템의 구성요소

(1) 대일정생산계획

MRP는 계획 생산이며, 생산계획의 최종 산물인 대일정생산계획의 수요 예측치에 따라 투입될 부품의 양과 시점이 결정되는 일종의 Pull 시스템이다.

(2) 재고기록

재고기록은 이전의 재고량을 조사하고 부족 시에는 필요한 부품의 양을 재주문하여 보충하는 데 사용한다.

(3) 자재명세서

제품이 조립되는 과정에서 필요한 부품의 수량 및 투입시기, 투입될 작업장의 번호 등이 나타나 있다.

3 MRP시스템의 효과

(1) 재고 요구량 감소

정확한 대일정생산계획에 따라 제품 생산을 위한 부품 주문, 재고의 양 감소 및 효율적인 재고관리가 가능하다.

(2) 리드타임 감소

MRP시스템은 마감 시간을 맞추기 위해 생산 시 필요한 부품, 재고의 양 및 주문 시기를 파악할 수 있으며 재고·수급·생산·결정·조정과정을 통하여 생산 지연 요소들을 제거하여 리드타임을 단축한다.

(3) 정확한 수요 예측

최종 제품의 수요 예측만 하면 나머지 부품들에 대한 수요 예측은 필요 없게 된다.

제2절 JIT시스템

1 JIT시스템의 의의

적시생산시스템(JIT : Just In Time)이란 고객이 필요로 하는 상품을 적시에 생산하는 것으로 이는 대량생산방식에서의 불필요한 생산요소를 철저히 배제하면서 부가가치를 높이기 위한 생산방식이다. 이 방식은 본질적으로 낭비(waste)의 제거를 목적으로 한다. 고객에게 판매될 제품과 그 제품의 판매될 수량만을 생산하여 고객이 요구하는 시간에 납품을 하며, 이를 위해서는 모든 제조공정에서 고객에게 판매될 제품의 조립공정에 꼭 필요한 자재나 부품만 공급되어야 한다.

또한 적시생산은 자재소요계획(MRP : Material Requirement Planning)과 로보트와 같은 다른 시스템을 보완적으로 통합하여 사용할 수 있는 효과적인 시행시스템으로 MRP시스템, 유연생산시스템(FMS : Flexible Manufacturing System), 컴퓨터통합생산시스템(CIMS : Computer Integrated Manufacturing System) 등 컴퓨터와 로보트를 기초로 하는 첨단 생산시스템과 같이 적용될 수도 있으나, 이들을 꼭 기초로 하는 것은 아니다. 적시생산은 무엇보다도 기업의 최고경영자를 비롯한 전 조직원의 적극적인 참여로 자원의 불필요한 낭비를 제거하여 저렴한 가격으로 고객이 원하는 고품질의 제품을 적시에 납품하여 궁극적으로 고객 만족을 통한 경쟁우위의 확보를 위한 장기적 전략이다.

또한 적시생산은 디자인의 품질·규격 및 설계의 적합성, 신뢰성과 내구성, 기술성 등의 품질 향상에 영향을 주게 되며, 리드타임과 준비시간, 빈번한 배달 등으로 제품혼합 다단계 생산시스템을 운영할 수 있으므로 제품수량 유연성, 제품의 혼합 유연성, 신속성 등에 많은 영향을 준다. 따라서 적시구매 시행기업은 고품질의 부품이나 자재를 지속적으로 필요한 만큼 소량 구입할 수 있으므로 결과적으로는 품질의 향상뿐만 아니라 재고비의 절감 등을 통한 경쟁력 확보를 달성할 수 있다.

그러나 JIT생산에서는 필요한 만큼을 필요한 때에 생산하게 되므로 제품에 불량이 생긴다거나, 적시에 생산준비가 갖추어지지 못할 때에는 생산 차질로 인하여 고객과 내부 종업원으로부터 JIT시스템의 신뢰성을 상실하게 되어 동 시스템을 유지함이 불가능하게 된다. 이를 방지하기 위해서는 철저한 품질관리 및 생산준비시간의 감축을 위한 지속적인 노력이 요구된다.

이러한 JIT시스템과 MRP시스템의 특성을 비교하면 <표 5-2>와 같다.

최근에는 JIT시스템을 수정·보완하여 JIT2시스템을 활용하고 있다. JIT2는 미국 Bose사에 의해서 처음으로 시행된 시스템으로 납품회사의 업무영역과 발주회사의 구매업무를 묶어서 하나의 가상기업으로 인식하여 운영하는 시스템이다. 이러한 JIT와 JIT2시스템을 비교하면 <표 5-3>과 같다.

표 5-2 JIT시스템와 MRP시스템의 비교

	JIT시스템	MRP시스템
자재계획	Pull시스템	Push시스템
자재의 재고	불필요한 부품, 재공품, 자재의 재고를 없애도록 설계된 시스템	자재의 소요 및 조달계획을 수립하여 그 계획에 의한 실행에 중점
통제방법	간판에 의해 자재의 제조명령, 구매주문을 가시적으로 통제	컴퓨터에 의한 정교한 정보처리
MPS	대생산일정계획 안정	대생산일정계획의 수시 변경
제조준비	제조준비시간의 단축	제조준비시간을 주어진 것으로 봄
공급자 관계	공급자 협력 관계	공급사 경생 유도
품질수준	무결점 품질 유지	약간의 불량 허용
적용	반복생산시스템에 효과	비반복적 생산시스템에 적합

•표 5-3 JIT와 JIT2의 비교

구분	JIT	JIT2
개념	• 제품생산에 요구되는 부품 등 자재를 필요한 시기에 수량만큼 조달하여 낭비적 요소를 근본적으로 제거하려는 생산시스템 • 1950년대 중반 일본 Toyota 자동차 회사에서 개발한 Kanban System에서 유래	• 미국 Bose사에 의해서 처음 시행된 시스템으로, 납품회사의 업무영역과 발주회사의 구매업무를 묶어 하나의 가상기업으로 인식 • 각종 중복업무와 비능률적인 일을 제거함으로써 극적인 원가절감과 업무처리 속도의 획기적인 단축을 꾀함
효과	• 리드타임 배제를 통한 자금절감 및 병화에 대한 신속한 반응능력 향상과 융통성 확보 • 자재의 대기로 인한 생산지역이나 혼란 배제 • 재공품 재고관리, 완충재고관리 등에 투입되어야 할 간접 인건비 절감	• 부품가격의 인하 또는 절감 • 구매인력 감소 및 설계변경 감소 • 공급회사와 발주회사의 동반 성장 및 신기술 개발의 동반 참여
차이점	• 개별적인 공장의 생산현장 운영방식의 연결 • 공장 내의 비부가가치활동의 감소 • 푸쉬형태인 MRP와 대비되는 풀형태의 생산방식 • 상호신뢰에 기반한 공급자의 기여를 바탕 • 물자이동을 개선 대상으로 추진	• 가치사슬의 회사 간 연결구조와 절차의 근본적 변화 • 기업 간 비부가가치와 중복활동의 혁신적 감소 및 제거 • JIT와 MRP의 생산방식을 수용한 기업 간 운용체계 변화 • 파트너십을 바탕으로 한 생산전략 채택 • 정보흐름의 동기화를 통한 물자이동의 통제력 강화

2 JIT시스템의 효과

JIT시스템은 로트의 크기를 최소화하여 작업준비시간의 단축, 재고량 감소, 자재조달량의 감소, 자재의 운반과 관리 편의 등과 같은 효과가 있는데, 이들을 정리하면 다음과 같다.

(1) 제조준비시간의 단축

소량의 로트생산으로 제조 준비비를 절감하고 제조준비시간을 단축할 수 있다.

(2) 재고의 감소

자재가 필요한 시기에 필요한 양만큼을 조달하여 사용하므로 재고를 감축시킬 수 있다.

(3) 리드타임의 단축

로트의 크기 축소, 제조준비시간 단축으로 생산 리드타임을 단축하고 고객에게 물품을 공급하는 공급리드타임을 단축할 수 있다.

(4) 자재취급 노력의 경감

자재 취급, 이동, 검사 등이 용이하므로 자재취급 작업을 단순화할 수 있다. 또한 재고수준을 최소화시켜 자재의 저장공간을 축소할 수 있다.

(5) 불량품의 최소화

자재를 직접 생산라인에 투입하여 완벽한 품질수준을 유지하므로 불량 및 오류발생을 최소화할 수 있다.

제3절 DRP시스템과 VMI시스템

1 DRP시스템

유통 네트워크에서 사용하는 재고관리기법은 풀시스템과 푸시시스템이 있다. 풀시스템은 유통 네트워크의 하위센터가 상위센터에서 제품을 끌어당기는 방식으로, 각각의 유통센터는 독자적으로 수요 예측과 발주량, 안전재고의 양을 결정한다. 전통적인 재고관리방식은 대부분 풀시스템 방식이다. 일반적으로 풀시스템은 사전에 계획적으로 수요를 예측하고 준비하는 기능이 부족하므로, 그 결과 중앙유통센터에서는 안전재고의 양이 많이 책정되어야 한다. 풀시스템의 정보의 흐름은 상위에서 하위로의 일방통행방식이므로, 이러한 문제점을 극복하기 위해 푸시시스템의 도입이 필요해졌다. 푸시시스템은 중앙유통센터에서 종합적으로 재고 계획을 세우고 결정하는 방식이다. DRP(Distribution Resource Planning)는 이러한 푸시시스템의 가장 널리 보급된 한 형태이다. DRP는 적시에 수요를 만족시킬 수 있는 물류 공급계획을 수립하기 위한 기법으로 소비자의 요구에 직접 대응하는 지역분배센터와 지역분배센터에 물품을 공급하는 중앙분배센터의 유동적인 요구분배관계를 파악함으로써 적시공급을 위한 발주시기를 결정하게 되는 과정을 체계화한 시스템이다.

DRP는 DRP I과 DRP II로 나누어진다. DRP I(Distribution Resource Planning)은 소매점/도매상의 수요데이터 혹은 예측치를 제조업체 또는 구매업체에게 체계적으로 가공하여 넘겨주는 활동이다. 이는 마치 주생산계획(MPS : Master Production Scheduling)[1]으로부터 MRP전개에 이르는 과정과 같다. DRP II(Distribution Resource Planning)는 DRP I에서 재고관리 및 운송, 물류센터의 위치 선정들과 관련된 개념으로 확장이 된 것이다. 결국 DRP는 JIT(Just In Time)의 개념에 따라 소비자의 욕구를 적시에 만족시키는 개념으로서 어떤 하나의 물류 네트워크 단계에서 상위 단계에 언제 어느 정도의 양을 주문할 것인가의 의사결정 문제이다.

2 VMI 시스템

VMI(Vender Management Inventory)는 재고관리의 주체에 대한 개념이다. 일반적으로 재고는 해당하는 재고를 사용하는 고객에 의해 관리되는 것이다. 즉, 해당 품목을 사용하는 고객이 그 품목에 대해 ID를 부여하고, 저장 위치를 지정하며, 관련 비용을 추정하여 1회 주문량을 설정할 때 반영한다. 또 해당 품목

1) 주생산계획은 주생산계획자(master scheduler)가 지정한 품목들에 대한 예상생산계획을 말한다.

의 수요에 대해 예측이 필요할 경우, 적절한 예측기법을 이용하여 예측을 실시하며, 때에 따라 안전재고를 설정하기도 한다. 이 모든 활동을 일반적으로 해당 품목을 사용하는 고객이 담당하는데, 만약 공급자와 장기적인 협약 및 계약을 맺은 상태에서 공급자가 고객의 편의를 목적으로 그 기능 중 일부를 담당할 수 있다.

VMI란 공급체인에 있어서 실적을 극대화하기 위해 생산자가 납품대상업체의 재고량을 유지, 관리하는 방식을 말한다. VMI하에서는 생산자가 구매자의 재고 데이터에 대한 접근 권한을 가지며 구매주문도 처리하게 돼 구매자가 생산자에게 제품을 주문하는 시기와 구매 규모를 결정하며 재고 계획도 유지·관리하는 기존의 공급체계와는 상이하다. 즉, VMI 모델하에서는 생산자가 EDI 혹은 인터넷을 통해 구매자의 판매 및 재고량에 대한 정보를 공유하며, 생산자는 구매자가 취급하는 모든 제품을 살펴보고 판매량도 확인하며 구매자의 재고 계획을 기획·유지·수행한다. 그러나 재고에 대한 소유권은 기존의 사업 모델에서와 같이 여전히 구매자가 갖는다. VMI의 목적은 핵심 고객을 공급망 계획에 포함시켜 고객의 요구를 보다 효과적으로 충족시키는 것이다. VMI를 효과적으로 운영하기 위해서는 반드시 고객의 재고현황과 판매 예측 정보를 시스템에 통합시켜야 한다. VMI 고객은 고객사가 공급망 내에 정의한 운송관계를 이용해 나머지 공급망과 연결된다. 계획 수립을 위해 이러한 유형의 고객은 물류센터나 생산공장과 똑같이 처리된다.

제4절 MES와 FMS

1 MES

통합생산관리시스템(MES : Manufacturing Execution System)은 주문으로부터 제품 생산에 이르기까지 가장 효과적으로 활용할 수 있는 정보를 제공한다. 현재의 정확한 데이터를 사용하여, MES는 데이터들이 발생할 때마다 현장의 활동을 관리, 착수, 응답하고 보고한다. 변화 조건에 대한 빠른 응답은 비부가가치 행위의 감소에 초점을 맞추는 것과 더불어 현장 작업과 공정을 효과적으로 운용할 수 있게 한다. MES는 양방향 통신에 의한 공급 체인과 기업의 전반적인 생산 활동에 관한 중대한 정보를 제공한다.

산업 전반에 걸쳐서 아직도 수작업으로 자료를 수집하고 보고서를 작성하는 매뉴얼 시스템이 많이 있다. 하지만 이런 시스템은 사회가 발전할수록 고객의 요구, 생산 관리, 기술의 발달에 효과적으로 대처할 수가 없다. 따라서 최근 많은 생산 현장에서는 MES의 중요성이 인식되고 있다. 공급 기한, 품질, 가격, 시장 변화의 빠른 대응 등은 생산 관리의 핵심적인 요소들이다. MES는 대부분의 제조업체에서 적용·운영되고 있는 ERP 또는 MRPⅡ시스템과 제어시스템 사이의 다리 역할을 하면서 실시간으로 생산 계획에 따른 실시간 현황 파악, 계획된 작업의 수행 및 관리, 품질 관리 등을 수행하여 실제 이익을 측정할 수 있는 시스템이다.

이러한 MES는 매장(shop floor)의 실시간 모니터링, 제어, 물류 및 작업내역 추적 관리, 상태파악, 불량관리 등에 초점을 맞춘 현장시스템이다. 또한 MES는 Bottom-Up 방식으로 생산에 필요한 스케줄링과 이를 위한 계획 및 자재수급상황을 파악하고자 하는 방식이다.

MES시스템의 역할을 살펴보면 공정진행 정보 Monitoring 및 Control, 설비제어 및 Monitoring, 품질정보 Tracking 및 Control, 실적정보 집계, 창고운영 관리, 재공품 관리, 자재투입 관리, 인력관리, 공무관리 등 생산 현장에서 발생할 수 있는 모든 정보를 통합 관리할 수 있다.

2 FMS

오늘날의 산업은 대량 기술이 확립되어 제품의 대량 공급을 할 수 있게 되었으나 점차 다양한 제품의 공급을 요청하는 추세로 바뀌고 있다. 그러나 생산 라인 하나에서 1가지 제품을 생산하는 종래의 방식으로는 이에 대응하기 어렵고, 생산 단가도 비싸게 되었다. 따라서 생산 품종의 변화에 따른 공정 변화에 유연하게 대응할 수 있는 자동생산시스템이 필요하게 되었다.

유연자동생산방식(FMS : Flexible Manufacturing System)의 개념은 1960년대 초에 미국의 공작 기계 메이커인 K&T(Kearney&Trecher)사가 제창한 것으로

때로는 ABSM(Automatically Batch Manufacturing System)으로 부르는 경우도 있다. 그러나 유연생산방식이 오늘날처럼 빠른 진전을 보이게 된 것은 시장의 수요와 함께 수치제어공작기계나 산업용 로봇과 같은 메카트로닉스 기술의 진보로 고성능의 자동기계를 싼 값에 공급할 수 있게 되었기 때문이다. 유연생산방식은 주로 중간 규모 공장에서 몇 가지 품종의 제품 생산에 응용되고 있으며 초기의 투자를 줄일 수 있는 간이형 시스템이 개발되면 유연생산방식은 더욱 빠른 속도로 보급될 것으로 전망된다.

이러한 FMS의 도입으로 생산설비 및 장비의 감축, 노동력 절감, 생산코스트 절감, 작업 준비 및 작업기간의 단축, 플로어 면적의 감소, 가동률 향상 및 생산성의 증대 등의 효과를 얻을 수 있다.

제5절 ERP시스템

1 ERP시스템의 의의

1) ERP시스템

자재의 소요량 예측 및 수급 계획을 위해 제조업체들은 MRP시스템을 도입하였다. 생산에 필요한 자재를 계획과 연계하여 적절한 수급 대책을 수립함으로써, 생산계획에 적절히 대응하고자 함이었다. 그러나 기업영역이 국내환경에서 국외환경으로 확대되는 Global 경영체제가 도래하면서, 본부조직에서 전 국내외 법인의 계획을 수립하고 자원을 할당해야 할 필요성이 대두되었다. 따라서 자원할당 및 분배를 위한 DRP시스템이 대안이 되었다. MRP시스템에서 DRP시스템까지는 기업활동을 자재 및 자원이라는 관점에 초점을 맞추고 이를 효율적으로 대응하기 위한 계획 및 수급, 생산지원이 중요시되었다. 더욱더 복잡해지는 기업환경에 대응하기 위해 사용자들은 기존의 독립된 영업·수주관리시스템, 인사관리시스템, 판매관리시스템 등 여타 부문의 시스템과 MRP시스템과의 통합 및 연계의 필요성을 느끼게 되었다. 전사적 자원관리시스템(ERP : Enterprise Resource Planning)은 이와 같은 요구에 대응하여 탄생한 시스템으로, 총체적 기업활동에 대한 계획 및 총괄관리를 본부조직에서 수립하고, 지사·지점에서 이를 실행하는 개념이다.

다시 말해서 ERP는 기업 내의 모든 인적·물적 자원을 정보기술을 활용하여 통합 관리함으로써 궁극적으로 기업의 경쟁력을 강화시키기 위한 통합정보시스템 전략을 말한다. 이러한 ERP는 이익의 극대화, 고객 만족 등 기업의 목적을 달성하기 위한 일련의 활동을 한정된 자원을 이용하여 효율적으로 수행할 수 있도록 전산시스템적으로 지원하는 활동이다. 또한 ERP는 기업 경영자원을 통합하여, 제대로 기능을 발휘할 수 있도록 지원하는 프로그램의 집합이다. 따라서 생산(관리) 업무는 물론 설계·재무·회계·영업·인사 등 순수 관리 부문과 경영 지원 기능을 포함하고 있다. 더 나아가 고객, 협력업체 등 전체 공급사슬에 대한 최적의 의사결정을 내려주는 통합된 정보시스템을 목표로 한다.

2) X-ERP시스템

1990년대 후반부터는 인터넷의 보급, 확산으로 기업활동의 영역이 외부로 더욱 확장됨에 따라, 내부 업무통합과 아울러 외부 여러 관계를 관리하는 영역까지 확대한 확장형(extended) ERP인 X-ERP가 선보이기 시작하였다.

X-ERP는 업무통합에만 초점을 맞춘 기존 ERP에 외부 협력사 및 고객과의 관계를 관리하는 공급사슬관리(SCM), 고객관계관리(CRM), 전략적 기업관리(SEM : Strategic Enterprise Management), 전자상거래(EC) 등의 기능이 부분적으로 추가된 것을 말한다.

3) ERPⅡ시스템

2000년도 후반에 시장 전문조사기관인 가트너그룹은 확장형 ERP에서 논의되었던 기업의 외부활동과 내부활동 통합 기능을 더욱 확대한 ERPⅡ(Enterprise Resource Planning Ⅱ : 통합기업활동관리) 개념을 주창하면서, ERP가 기존 ERP와 패러다임을 달리하는 차세대 ERP로 발전하고 있다고 진단하였다. 가트너그룹의 주장에 따르면, ERPⅡ는 제조 및 물류에 적합했던 기존 ERP와 달리 인터넷의 웹 기반하에서 고객관리, 사내외 관계자에게 단일화된 정보 제공, 협력사관리, 주문 및 재고관리 등 비즈니스 전 사업영역에서 활용이 가능하다. 따라서

표 5-4 ERP와 ERPⅡ의 비교

구분	기존 ERP	ERPⅡ
역할	기업 내 비즈니스 최적화	공급체인 최적화
적용 산업	제조 및 물류분야	전 산업
프로세스	기업 내부	기업 외부 거래업체
아키텍처	웹 인지, 폐쇄형, 일방형	웹 기반, 개방형, 양방형
데이터	내부적으로 생성 소비	내부와 외부에서 활용 가능

각 분야별 전문화된 시스템 구축 시 애로사항으로 지적되는 기존 ERP시스템과의 통합 부담이 사라지게 되므로 기존 ERP시스템의 효용을 증가시킬 수 있으며, IT 예산도 절감할 수 있다.

그러나 차세대 ERP가 개념에 상응하는 기능을 구현하기 위해서는 향후 기술적 완성도를 높여야 하는 과제를 안고 있다. 이것이 해결되지 않고서는 ERP와 관련하여 시장의 대폭적인 신규 수요를 기대하기 어려울 것으로 보인다.

2 ERP시스템의 구성요소

ERP의 핵심은 비즈니스 프로세스의 변화에 있다. 비즈니스 프로세스의 변화는 조직, 업무 절차와 기준, 기업문화, 그리고 작업자 등 모든 것을 대상으로 한다. 즉 ERP는 단순히 패키지 소프트웨어를 설치하는 것이 아니라 기업의 주요 요소들을 변화시켜 나가는 하나의 변화관리 프로세스이다.

따라서 ERP가 완벽하게 구축된다면 이론적으로는 다음과 같은 시나리오가 가능하다. 고객 회사가 그들의 주문을 직접 제조업체의 컴퓨터센터에 통보하면 제조업체의 컴퓨터는 자동적으로 자재 발주와 생산 지시를 발송하고 최적의 생산 스케줄을 계산한다. 그리고 시뮬레이션을 통해 발생 가능한 문제점을 사전에 예견하고 예방 조치를 취한다.

그 결과 고객에 대한 서비스는 극대화하면서 재고 수준은 최소화하는 것이 가능하며, 이들 업무가 수행되는 동안 실제 업무활동에 기반한 원가관리시스템(Activity-based costing : ABC)에 의해 모든 자금의 흐름이 파악된다. 따라서 최고경영진은 기업 내부의 업무에 관한 모든 것이 문제없이 수행되고 있는지를

표 5-5 ERP의 구성

구분	주요내용
생산	• 생산관리 : 생산계획수립, 수요관리, 자재소요계획 등 제조활동의 계획, 실행 및 통제관리 기능 • 품질관리 : 품질계획, 품질검사 및 품질과 관련한 문서처리 기능 • 설비관리 : 설비의 예방점검, 보전수리, 이력관리, 통계 분석 등 설비의 효율적 관리에 필요한 기능
영업/물류	• 영업관리 : 고객문의 접수, 배송관리, 판매수주관리, 마케팅 • 자재관리 : 구매요청, 발주처리, 재고자산 입출고, 재고실사 등을 지원하며, 생산, 거래처리, 영업부문의 출고 처리와 통합됨
회계	• 재무회계 : 총계정원장관리, 채권관리, 채무관리, 고정자산관리, 연결회계 등 • 관계회계 : 간접관리부분(원가중심 간접비, ABC 등), 제품원가관리부분(표준원가계산, 실제원가계산), 수익성 분석 등 • 자금관리 : 자금수지(현금수지관리 및 유동성예측관리), 자금운용관리(차입금, 유가증권 및 예금관리), 위험관리(이자율 및 환위험관리) 등
인사	• 인사관리 : 인사계획, 사원채용, 인사고과, 급료, 임금관리, 출장경비관리 등
공통	• 프로젝트관리 : 프로젝트의 계획, 일정수립 및 관리 • 워크플로우 : 전자메일, 전자결제 기능을 포함한 업무흐름 관리

파악할 수 있으며, 그에 따라 신속하고 합리적인 의사결정을 할 수 있게 되는 것이다.

ERP시스템은 업체마다 차이는 있지만, 생산, 물류, 회계, 인사, 공통부분 등 5개 부문으로 구성되어 있으며, 각 부문은 업무 흐름상 연동되어 있다. 구체적인 내용을 정리하면 <표 5-5>와 같다.

3 ERP시스템의 특성

1) 통합업무시스템

ERP시스템의 가장 큰 특징 중의 하나는 영업, 생산, 구매, 재고, 회계, 인사 등 기업 내의 모든 단위업무가 상호 긴밀한 관계를 가지면서 실시간으로 통합

처리된다는 것이다. 업무통합을 통해 부분 최적에서 전체 최적화가 가능하게 되었고, 작업 중심적인 업무처리 방식이 고객 지향적인 프로세스 중심적으로 전환된다. 또한 모든 시스템이 통합되어 있기 때문에 어떠한 정보라도 두 번, 세 번 중복적으로 입력 내지 처리할 필요 없이 거의 한 번의 입력으로 모든 처리가 끝나게 되는 "One Fact One Place"가 가능하게 된다.

2) 세계적인 표준업무 프로세스

ERP시스템은 첨단 경영기법을 연구하고 세계 초일류 기업의 선진 프로세스를 벤치마킹하여 프로세스를 구성하였기 때문에 ERP패키지에서 구현된 프로세스 자체가 세계적인 표준 업무 프로세스라고 할 수 있다. 이러한 표준 프로세스의 도입을 통해 기업체들은 별도의 투자 없이 자동적으로 업무절차혁신(BPR : Business Process Reengineering)을 하게 되는 효과를 얻을 수 있다.

3) 그룹웨어와 연동 가능

그룹웨어(groupware)는 다수의 사람이 서로 협력하면서 공동으로 진행하는 작업을 지원하기 위한 소프트웨어이다. 일반적으로 그룹웨어에서는 전자메일, 전자게시판, 공용데이터베이스, 전자결재, 워크플로 등의 기능이 제공된다. 이러한 그룹웨어 기능과 영업, 생산, 구매, 자재, 회계 등 기간업무시스템과의 연동은 필수적이라고 할 수 있다. ERP시스템의 경우 패키지 자체 내에서 이러한 그룹웨어 기능들을 내장하고 있으나, 자체 내에 그룹웨어시스템이 없는 경우에도 외부 그룹웨어시스템과의 연계를 통해 그룹웨어 기능을 제공하고 있다.

4) 파라미터 지정에 의해 개발

ERP시스템은 패키지 개발 시 해당 업무프로세스와 관련하여 생각할 수 있는 대부분의 거래 유형을 포함시켜 놓고 있다. 따라서 업종별, 기업규모별로 천차만별인 세계 도처의 기업에 적용이 가능할 뿐만 아니라, 구축시간을 단축시킬 수 있고 유지·보수비용을 크게 줄일 수 있다. 이렇게 업무에 필요한 기능을 전부 내장하고 있는 ERP 패키지를 파라미터(parameter) 지정을 이용하여 해당 기업에 맞도록 시스템을 최적화시켜 주는 작업은 ERP 컨설턴트의 몫이다.

5) 확장 및 연계의 용이성

기존 경영정보시스템(MIS)은 폐쇄적인 구조로 설계되어 시스템의 확장 및 다른 시스템과의 연계가 제대로 이루어지지 않았다. 이에 반해 ERP시스템은 어떠한 운영체제, 데이터베이스에서도 잘 돌아가게 설계되어 있어 시스템의 확장이나 다른 시스템과의 연계가 용이하다.

6) 글로벌 대응

ERP시스템은 어떤 특정 국가에 특정 기업의 표준 프로세스를 구현시켜 놓은 것이 아니라 각 사업별 유형에 따라 가장 모범적인 프로세스를 내장하고 있어 글로벌 대응이 가능하다.

7) 의사결정 정보 제공

ERP시스템을 통하여 경영자들은 수시로 경영상황을 점검하고 분석할 수 있게 된다. ERP시스템에서 제공되는 경영자 정보인 중역정보시스템(EIS)을 통해 경영자는 언제라도 원하는 정보를 검색할 수 있다.

8) 전자문서교환

기업 내에서 거래되고 발생되는 모든 활동은 기업 내에서만 그치는 것이 아니라 외부 기업체와의 연계가 필수적인 사항이라 할 수 있다. 외부와의 연계업무 중 대표적인 것이 전자문서교환(EDI : Electronic Data Interchange)이다.

ERP시스템에서 EDI를 연계시킨다면 거래처와 주고받는 모든 문서가 EDI를 통해 접수됨과 동시에 자동적으로 ERP시스템으로 연계되기 때문에 업무처리의 신속성과 정확성, 표준화를 도모할 수 있게 된다.

4 ERP시스템의 효과

ERP는 일반업무를 단순히 컴퓨터로 처리하는 기존 정보시스템과는 개념부터 다르며 업무프로세스 자체를 조직적 체계로 바꾼 뒤 ERP프로그램을 통해 이를 처리하게 된다. 이 과정을 통해 구축된 ERP시스템은 각 부서가 경영환경 변화에 신속하게 대응할 수 있게 해준다. 업무 프로세스를 표준화하고 재무회계, 원가회계 등 회사업무 전체를 한 시스템에서 처리할 수 있다.

ERP는 국제통화기금(IMF)이 요구하는 '기업경영의 투명성'을 갖추는데도 탁월한 효과를 발휘한다. 이는 미국 및 유럽의 선진국들이 ERP 도입을 서두르는 이유이기도 하다.

ERP를 활용하면 대기업들이 의무적으로 작성해야 하는 결합재무제표작성에도 큰 역할을 한다. 세계적인 ERP재무모듈은 대부분 국내외 계열사 간 거래를 상계처리하는 기능을 가지고 있다. 이에 따라 많은 다국적 기업에서는 ERP를 도입했거나 구축 중이다.

구체적으로 미국 생산재고관리협회(APICS)의 조사에 따르면 ERP 도입으로 재고 10~40% 감소, 이윤 29% 증대, 구매비용 5~10% 절감, 주문처리기간 95% 단축, 생산리드타임 50% 단축, 인건비 25~40% 절감 등의 효과가 있는 것으로 나타났다[2]. 이러한 효과를 정성적 효과와 정량적 효과[3]로 구분하여 정리하면 <표 5-6>과 같다.

표 5-6 ERP도입효과

정성적 효과	정량적 효과
• 생산성 증대 및 서류작업 감소 • 제품개발 주기 감소 • 공정관리 개선 • 거래비용 절감 • 자재조달과 생산소요시간 단축 • 의사결정과정의 효율성 증대 • 신규 시장 진입의 신속성 증대 • 고객서비스 향상	• 평균이익률 증가 29% • 재고 감소 10~40% • 구매비용 절감 5~10% • 인원 감소 : 조립부문 25~40% 가공부문 5~10% • 제품의 적시 출하 95% • 업무처리시간 단축 50% • 시간 외 근무시간 감소 50%

2) 김승환, 「글로벌 시대의 디지털 경영전략」(두남, 2002), p. 263.

3) 정성적이란 용어는 자료의 성질, 특징을 자세히 풀어 쓰는 것이고, 정량적이란 용어는 자료를 수치화하는 방식을 말한다.

18 하역관리시스템

SMART Physical Distribution

제1절 하역관리시스템의 개요

1 하역관리시스템의 의의

하역관리시스템은 물품을 자동차에 상하차, 선박에서의 적양, 창고에서 상하좌우로 운반하거나 입고 또는 반출시키는 시스템으로 그 범위는 대단히 넓다. 따라서 하역관리시스템은 하역작업에 필요한 시간, 노력, 경비 등을 최소화하고 총체적인 물류기능의 향상을 도모하여 물류비의 절감과 물류활동이 신속·정확하게 이루어지도록 체제화하는 것이다.[1]

2 하역관리시스템의 목적

효율적인 하역관리시스템을 구축함으로써 얻고자 하는 목적은 다음과 같다.

(1) 하역비의 절감

내용 년수의 확대, 인건비의 삭감, 차량·파렛트·컨테이너의 보수비 절감, 부가가치 향상, 설비투자의 축소 등을 통해 하역비를 절감할 수 있다.

---

1) 김철민, 「물류관리사 '이렇게 하면 합격한다.'」(시대고시, 2007)

(2) 노동환경의 개선

냉동·냉장차 내 초저온하에서의 작업, 원자력 발전소에서의 폐기물처리작업, 주조 및 열처리공장의 고온 분위기에서의 작업, 화학공장 내 유독가스 또는 악취 속에서의 작업, 철강 및 단조공장 내 소음 속에서의 작업 등 열악한 작업 등을 기계화함으로써 하역작업의 환경을 개선할 수 있다.

(3) 에너지 및 자원의 절약

자동화에 따른 고효율화로 소비전력의 절감, 냉·난방비의 절감, 조명비의 절감 등을 실현할 수 있다.

(4) 광범위한 범용성과 융통성

하역관리시스템을 도입함으로써 변경·유인 또는 무인운전이 가능하고, 시스템 확장이 용이하다.

(5) 인력의 개선

하역관리시스템을 통해 휴식시간의 유리한 이용, 장시간 계속되는 연속작업의 개선, 야간작업관리의 개선 및 사이클 타임을 개선할 수 있다.

제2절 하역관리시스템의 분류

하역관리시스템은 하역이 이루어지는 장소와 하역작업에 사용되는 하역기기에 따라 분류할 수 있다.

1 하역장소에 따른 분류

하역시스템은 하역작업이 이루어지는 장소에 따라 사내하역, 항만하역, 항공하역 등으로 구분할 수 있다.

1) 사내하역 시스템

사내하역은 제조업체가 자사의 원료조달, 생산 및 판매과정에 이르기까지 조달물류, 생산물류, 판매물류 등의 전 과정에서 필요한 모든 운반과 하역기능을 종합적으로 망라한 것이며, 유통업체의 경우에는 제조업체로부터 상품을 구입하여 도·소매과정이나 유통가공과정을 거쳐 소비자에게 수배송을 할 때까지 보관, 운반 및 하역기능을 총괄하고 있다. 따라서 사내하역의 주안점은 기계화와 자동화 그리고 화물의 단위포장을 위한 파렛트화가 가장 중요한 관건이 되고 있다.

이러한 하역기기의 선정은 최종적으로 일정한 조건하에서 그 경제성에 의해 결정된다. 경제성의 검토는 개개의 조건을 고려하여 결정해야 하며, 그 중요요인은 다음과 같다.[2)]

(1) 화물특성

화물의 종류에 따라, 살화물이나 포장화물의 특성에 의해 하역기기를 결정해야 한다. 특히, 무포장화물의 경우에는 입자의 분포, 비중 및 성상에 따라 고려되어야 하며, 포장물의 경우에는 형상, 크기 및 중량에 따라 선택되어야 한다.

(2) 작업특성

작업의 성질, 작업량, 계절의 변동, 유동성, 취급 품목의 종류, 운반거리와 범위, 수송기관의 종류 및 로트의 크기를 감안하여 하역기기를 선택하여야 한다.

(3) 작업환경특성

작업환경이란 작업이 전용인가 혹은 공용인가, 자사소유기기인가 혹은 차용한

---

2) 옥선종, 「보관하역론」(경록채널, 2007), p. 232.

것인가, 고상식인가 혹은 저상식인가, 시설의 배치, 건물의 구조, 상중하 등의 여건을 고려하여 하역기기를 선택하여야 한다.

(4) 하역기기의 특성

하역기기의 안전성, 신뢰성, 성능, 탄력성, 기동성, 성(省) 에너지성, 소음, 공해 등의 특성을 고려하여 기기를 결정하여야 한다.

(5) 채산성

하역기기의 경제성과 작업의 성(省) 인력성을 고려하여 비용이 가장 적게 투입되는 하역시스템을 선택하여야 한다.

2) 항만하역시스템

항만하역시스템이란 항만에서 항만운송면허 사업자가 화주나 선박운항업자로부터 위탁받아 선박에 의해 운송된 화물을 선박으로부터 인수받아 화주에게 인도하는 과정의 운반·하역행위를 총칭한다. 우리나라의 '항만운송사업법'에 의하면, "항만운송과 부대사업으로 구분하고 있는데, 항만하역은 항만에서 화물을 선박에 적양화하거나 보관·장치·운반하는 등 항만에서의 화물유통을 담당하는 사업이다." 라고 설명하고 있다.[3]

구체적인 항만하역에는 다음과 같은 작업이 있다.

(1) 선내 작업

① 양하

본선 내의 화물을 부선 내 또는 부두 위에 내려놓고 후크를 풀기 전까지의 작업이다.

② 적하

선 내 또는 부두 위의 후크가 걸린 화문을 본선 내에 적재하기까지의 작업이다.

---

3) 옥선종, 「보관하역론」(경록채널, 2007), p. 236.

(2) 부선양적작업

① 부선양육작업

안벽에 계류된 부선에 적재되어 있는 화물을 양륙하여 운반구 위에 운송 가능한 상태로 적재하기까지의 작업이다.

② 부선적재작업

운반구에 적재되어 있는 화물을 내려서 안벽에 계류되어 있는 부선에 운송 가능한 상태로 적재하기까지의 작업이다.

(3) 육상작업

① 상차

선내작업이 완료된 화물을 후크를 푼 다음 운반구 위에 운송가능한 상태로 적재하기까지의 작업이다.

② 하차

운반구 위에 적재되어 있는 화물을 내려서 본선 측에 적치, 선내작업이 이루어질 수 있도록 하기까지의 작업이다.

③ 출고 상차

창고 또는 야적장에 적치되어 있는 화물을 출고하여 운반구 위에 운송 가능한 상태로 적재하기까지의 작업이다.

④ 하차 출고

운반구 위에 적재되어 있는 화물을 내려서 창고나 야적장에 보관 가능한 상태로 적치하기까지의 작업이다.

(4) 예부선 운송작업

① 본선 선측↔물양장작업

본선 선측에 계류된 부선에 운송 가능한 상태로 적재된 화물을 운송하여 물양장에 계류하기까지의 작업 또는 물양장에 계류된 부선에 운송 가능한 상태로 적재된 화물을 운송하여 본선 선측에 계류하기까지의 작업이다.

② 물양장↔물양장작업

물양장에 계류된 부선에 운송 가능한 상태로 적재된 화물을 운송하여 물양장에 계류하기까지의 작업이다.

③ 일괄작업

전용부두에 설치된 특수장비에 의하여 선박에서 창고나 야적장까지의 하역작업, 일반부두에서의 선내작업, 이송작업 및 창고나 야드에 적치되기까지의 과정이 연속적으로 이루어지는 작업이다.

3) 항공하역시스템

항공하역시스템은 항공화물터미널에서 항공기에 화물을 적재하거나 양하하는 시스템이다. 이와 같은 항공하역시스템의 형태에는 항공용 컨테이너에 화물을 적입하여 컨테이너 자체를 하역하는 컨테이너 하역방식, 항공용 파렛트에 화물을 적재하여 파렛트를 하역하는 파렛트 하역방식 및 컨테이너나 파렛트와 같은 단위적재용기(ULD : Unit Load Device)를 사용하지 않고 무포장 상태로 직접 하역하는 산화물 하역방식 등이 있다.[4)]

(1) 살화물 탑재방식

화물전용기를 제외한 대부분의 항공기는 객실 밑바닥에 있는 화물칸에 개별 화물을 인력으로 탑재하는 방식이다. 이 방식은 화물을 릴레이식으로 단시간에 탑재해야 하기 때문에 상당한 숙련이 필요한 가장 원시적인 방법이지만 화물전용기가 아닌 경우 소화물을 적재할 수 있는 유일한 방식이다.

(2) 파렛트 탑재방식

파렛트화된 화물을 이글루(igloo)로 씌워서 탑재하는 방법으로 화물전용기에 사용되는 파렛트의 사이즈는 88″×108″, 88″×125″등의 표준 사이즈가 있다.

(3) 컨테이너 탑재방식

항공기의 내부 구조에 적합한 컨테이너를 이용해 탑재하는 방법으로 항공기에 컨테이너를 고정시킬 수 있는 별도의 보조 장치가 달려 있다.

---

4) 옥선종, 「보관하역론」(경록채널, 2007), p. 247.

(4) 이글루(igloo) 탑재방식

밑바닥이 없는 형태로 알루미늄과 유리섬유(fiberglass)로 만들어진 항공화물을 넣는 특수한 덮개이다. 항공기 내부 구조에 맞게 모서리가 둥글게 되어 있으며 파렛트와 함께 사용하여 공간을 최대한 활용할 수 있다.

(5) 특수 탑재방식

① car transpoter
  자동차 수송용 ULD방식
② horse Stall
  말 수송용 ULD방식
③ cattle pen
  가축 수송용 ULD방식
④ GOH(Garment On Hanger)
  의류를 행거에 걸어서 적재하는 컨테이너방식

2 하역기기에 따른 분류

하역작업에 사용되는 하역기기에 따라 포크리프트 하역시스템, 컨베이어 하역시스템, 크레인 하역시스템으로 구분할 수 있다.

1) 포크리프트 하역시스템

포크리프트 하역시스템은 포크리프트 트럭(forklift truck)을 이용하여 화물을 하역하는 형태로서, 주로 창고 내에서 파렛트 위에 적재된 화물의 하역작업에 적합한 방식이다. 포크리프트 하역방식은 인력하역에 비해 화물의 파손을 줄일 수 있으며 작업시간과 작업인력을 절감할 수 있는 장점이 있으나, 운반거리에 제한이 있고 작업노면이 좋아야만 작업이 가능하다는 단점이 있다.

표 5-7 포크리프트 하역시스템의 장단점

장점	단점
• 운반·하역작업 시 운전자 1명으로 작업할 수 있으므로 인원이 절감된다. • 운반·하역 시의 안전성은 다른 기계에 비하여 우수하다. • 적당한 운반거리(50m 이내)일 경우 하역량은 극대화된다. • 작업공간의 이용효율이 다른 기계에 비하여 크다. • 인력운반의 감소로 근로자의 육체적 피로가 감소한다.	• 차체의 안정을 유지하기 위해 차체의 중량이 비교적 무겁다. • 옥내용 지게차는 소형이므로 화물을 실었을 경우 평행에 대한 안전성은 다른 기계에 비하여 약간 뒤떨어진다. • 하역성능을 위한 마스트가 주행 시 장해가 된다. • 이동 시 통로가 확보되어야 하므로 작업노면의 이용률이 저하된다. • 적재 시 전방 시야의 장해는 구조상 치명적이다. • 노면이 좋지 않은 경우 작업이 곤란하다.

2) 컨베이어 하역시스템

하역작업이 컨베이어(conveyor)와 같은 운반기기를 이용하여 이루어지는 형태이다. 일반적으로, 컨베이어 하역방식은 작업노면에 영향을 받지 않고 산화물과 같은 무포장 화물의 하역에 유용한 하역방식이지만, 컨베이어 양끝에 작업자가 화물을 올려놓고 내려야 하는 단점이 있다.

표 5-8 컨베이어 하역시스템의 장단점

장점	단점
• 좁은 장소에서도 작업이 가능하다. • 노면에 관계없이 설치 가능하다. • 중력을 이용한 운반이 가능하다. • 원격조정, 자동제어가 가능하다. • 무포장화물운반이 가능하다. • 다른 기계와 연계가 가능하다. • 연속대량의 운반 작업이 가능하다.	• 속도가 제한적이다. 하역시간이 많이 소요된다. • 양단에 인력이 필요하다. • 화물형상이 심하게 다른 경우에 부적합하다. • 높이 쌓기에 부적합하다. • 다른 작업에 방해될 수 있다. • 사용법에 탄력성이 없다.

3) 크레인 하역시스템

크레인 하역은 기중기를 이용하여 화물을 상하 및 좌우로 이동시켜 하역하는 방식이다. 이와 같은 크레인 하역방식은 컨테이너와 같은 대량 및 대형화물의 하역에 매우 유용하지만, 화물의 이동거리가 제한적이고 크레인을 설치할 견고한 지지대가 필요할 뿐 아니라 크레인을 화물에 걸거나 해체하는 데 작업시간이 많이 소요된다는 문제점이 있다.

• 표 5-9 크레인 하역시스템의 장단점

장점	단점
• 대량 및 대형화물의 하역에 매우 유용하다. • 노면에 거의 영향을 받지 않는다. • 화물의 수직 및 수평이동이 가능하다.	• 화물의 이동거리가 제한적이다. • 크레인을 설치할 견고한 지지대가 필요하다. • 화물을 걸거나 해체하는 작업이 필요하다.

19 물류정보관리시스템

SMART Physical Distribution

제1절 물류정보관리시스템의 개요

1 물류정보관리시스템의 의의

물류정보시스템이란 제품의 생산에서 소비에 이르기까지의 물류활동을 구성하고 있는 운송, 보관, 하역, 포장 등의 전체 물류기능을 유기적으로 결합하여, 전체적인 물류관리를 효율적으로 수행할 수 있도록 해주는 정보시스템을 의미한다. 물류정보시스템은 물류활동과정에서 발생하는 정보를 처리, 가공, 전달하여 물류활동을 효과적으로 통제하기 위해 구축된 시스템이라고 할 수 있다. 따라서 물류정보시스템은 수송, 배송, 창고관리, 수발주 등 물류의 모든 기능 영역을 지원하여 기업 경영의 제반 활동과 긴밀한 관계를 갖는다.

물류정보시스템은 각 기능적 주체 사이를 흐르는 정보를 효율적으로 수집, 처리, 공급하고 관리하여 물류의 목표인 효율성, 경제성, 신속성, 안정성 향상을 추구한다.

2 물류정보관리시스템의 역할

1) 기획·통제기능

제품의 주문상황, 조달에 필요한 리드타임정보 등을 통한 재고수량기획 및 재고입지결정이 설정된 시설활용 목표, 서비스 수준목표와 실제 서비스 수준 비교를 통한 통제자료로 활용할 수 있다.

2) 조정기능

정보의 공유에 따른 생산계획과 조달계획을 조정하는 것이 가능하다.

3) 고객서비스·커뮤니케이션 기능

주문 시 접촉하는 정보시스템을 구축함으로써 신속한 반응 및 신축적 대응으로 고객서비스 수준을 향상한다.

3 물류정보관리시스템의 구성

1) 수주·출하 처리시스템

수주·출하처리시스템은 물류활동에 기초가 되는 부문이다. 수주부문에서의 주문접수는 전용회선으로 본사와 각 지점, 물류거점을 온라인시스템으로 연결하여 컴퓨터나 텔레타이프를 이용해서 이루어진다.

주문이 접수가 되면 주문정보를 해당 물류센터에 전달하여 재고 상황을 확인한 후 출하지시를 하거나 재고가 없을 경우에는 생산공장으로 재고 보충을 요청한다.

2) 수·배송관리시스템

주문상황에 대해 적기 수배송체제의 확립과 최적 수배송계획을 수립함으로써 수송비용을 절감하려는 체제이다.

출하계획의 작성, 출하서류의 전달, 화물 및 운임계산의 명확성 등 컴퓨터와 통신기기를 이용하여 기계적으로 처리하는 시스템이다.

3) 창고관리시스템

최소의 비용으로 창고의 면적, 작업자 및 하역설비 등 경영자원을 유효하게 활용하고 고객에 대한 서비스 수준을 제고시키는 목적으로 보관시설이나 재고상황을 적절하게 유지하는 기능을 제공하는 시스템이다.

4) 물류관리정보시스템

물류정보시스템의 구성을 어떻게 할 것인가는 업종, 형태, 회사에 따라 다르고 기존 적용 업무의 기능과의 중복 여부도 고려할 수 있지만 기본적으로는 어떤 기능을 제공할 것인가, 어떤 의사 결정을 지원할 것인가를 고려하는 것이 중요하다.

이러한 물류관리정보시스템의 구축은 계획(plan) → 실시(do) → 평가(see)의 프로세스로 이루어지게 된다.

(1) 계획

물류를 시스템화하기 위한 물류네트워크 설계, 운송기관 설계, 고객서비스 수준의 결정, 배송센터 등을 검토하는 단계이다.

(2) 실시

영업부문과 생산부문이 사전 교섭과정을 통하여 새로운 계획이 라인부문에서 시행될 수 있는 체제를 구축하는 단계이다.

(3) 평가

계획 및 실시된 재고량의 변동, 물류시설의 가동률, 물류비, 서비스 수준, 납기 등 실적을 파악하고 그 결과를 분석하여 다음 계획에 반영하는 단계이다.

제2절 물류정보관리시스템의 분류

1 경영활동정보시스템

1) TPS

거래처리시스템(TPS : Transaction Processing System)은 기업의 일반적인 업무활동에 있어 기본적으로 발생하는 거래 자료를 효율적으로 처리하기 위하여 고안된 시스템으로, 경영활동의 단순작업을 자동화함으로써 업무의 효율적 수행에 많은 기여를 하였다. 하지만 전사적인 계획과 통제 없이 기업 내의 각 부서에서 필요로 하는 정보시스템을 독자적으로 구축하여, 기업 내에서 서로 다른 종류의 컴퓨터, 서로 다른 언어와 시스템 체계를 가진 소프트웨어가 존재하게 되어 정보시스템 간의 정보교환이 어려워짐은 물론 중복투자 등과 같은 문제를 초래하였다.

2) MIS

경영정보시스템(MIS : Management Information System)은 경영자에게 보고서를 제공하거나 조직의 역사적 기록과 현재의 상태에 대한 온라인 정보를 제공하는 정보시스템이다. 주로 중간관리자 계층의 계획·통제를 지원하기 위한 것으로, 경영통제 및 그와 관련된 의사결정을 돕기 위한 시스템이다. 경영정보시스템에는 다음과 같은 것들이 있다.

(1) 마케팅정보시스템

매출정보나 제품관리정보를 이용하여 전반적인 마케팅 과정의 관리와 판매활동, 판매원에 대한 직접적인 지원, 신제품과 서비스 기회의 인지, 이윤 수준의 지나친 감소 없는 경쟁가격의 확립, 마케팅 관련 원가의 통제 및 마케팅 유효성의 분석과 같은 목적을 달성하기 위한 시스템이다.

(2) 자재정보시스템

전체 제품관리과정의 핵심을 이루는 자재소요계획에 대한 정보시스템으로서 마케팅정보시스템과 마찬가지로 기본적으로 거래 수준의 자료에 의존하지만 보다 상위수준에서 다른 정보시스템의 상호연관성도 존재한다.

(3) 인사관리정보시스템

작업을 직접 수행하는 사람에 대한 자료를 수집, 저장하여 사용 가능하게 처리하는 활동으로 기업활동을 계속하는 사람들이 가장 중요한 기업의 자원이라는 인식을 바탕에 두고 있다.

3) EIS

최고경영자정보시스템(EIS : Executive Information System)은 조직의 경영자가 그들의 경영기능을 수행하고 경영목적을 달성하는 데 필요한 경영의 주요정보를 정확하고 신속하게 조회할 수 있도록 지원하는 정보시스템이다. 컴퓨터의 전문가도 아니고 또 전문가가 되기를 원하지도 않지만 조직의 내·외부 정보를 효과적으로 사용하고 필요에 따라 정보를 여과·조작하기를 원하는 경영자의 정보 요구사항이 수용된 실질적인 도구이다. 경영자가 EIS를 사용하여 얻을 수 있는 효과는 다음과 같다.

(1) 조직의 효과적 통제

효과적인 EIS는 최고경영자들이 그들의 목적과 조직성과를 실제로 보면서 확인할 수 있도록 도와준다.

(2) 시간 절약

경영자가 원하는 정보를 신속하게 얻을 수 있도록 해준다.

(3) 의사소통 증대

조직 내에서 의사소통을 원활히 해줄 뿐만 아니라 조직 내부와 외부의 의사소통을 원활히 해준다.

(4) 협조체계의 형성

EIS데이터를 기업의 여러 조직원들이 이용할 수 있도록 함으로써 기업의 모든 사람들이 업무에 충실할 수 있도록 해준다.

(5) 불확실성의 감소

효과적인 EIS는 경영자들이 어떠한 정보가 필요한지 확실히 알 수 없을 때 이를 이용하여 보다 정확한 의사결정을 할 수 있도록 도와준다.

4) DSS

의사결정지원시스템(DSS : Decision Support System)은 컴퓨터를 이용하여 정형화되지 않은 문제에 관해 의사결정자가 효과적인 의사결정을 할 수 있도록 지원하는 시스템으로, 자료처리 중심의 전통적인 정보시스템이 가지지 못한, 의사결정에 필요한 정보와 분석수단을 제공하는 시스템이다. DSS는 반구조적인 문제를 다루기 위한 정보시스템으로 독특하고 쉽게 변하며 미리 간단하게 결정할 수 없는 의사결정을 지원한다.

5) SIS

전략정보시스템(SIS : Strategic Information System)은 기업의 궁극적 목표인 이익에 직접 영향을 줄 수 있는 시장점유율 향상, 매출신장, 신상품 전략, 경영전략 등의 전략계획에 도움을 주기 위한 정보시스템이다. 이 시스템이 기업의 전략실현에 활용되는 방안은 크게 네 개의 요소로 나눌 수 있다.

첫째, 정보시스템을 이용해 제품이나 서비스의 내용을 바꿀 수 있다.

둘째, 기업은 정보기술을 이용해서 고객과의 관계를 더욱 강화할 수 있다.

셋째, 정보기술은 공급업자와의 관계에서 전략적 우위를 확보하는 도구로 사용되기도 한다.

넷째, 효율적인 내부관리 및 통제를 가능하게 하여 전략적 목적달성을 가능하게 한다.

이와 같이 정보시스템이 직접 또는 간접적으로 기업의 전략적 우위를 확보하는 방향으로 이용될 때 이를 전략정보시스템이라고 한다.

6) ES

전문가시스템(ES : Expert System)은 의사 결정을 지원하기 위한 지적인 프로그램이다. 지금까지의 프로그램은 인간의 수작업을 프로그램화 한 것이다. 수치 계산이나 사무용 데이터처리, 시스템 제어 등이 이에 해당한다. 수작업에는 명시적인 절차가 존재하므로 프로그램화 하는 데는 비교적 용이하다. 그러나 전문가시스템이 대상으로 하는 인간의 지적 작업은 이렇다고 꼬집어 말하기 곤란할 정도로 불명확하다. 구체적으로 이 시스템은 하나의 특정한 문제영역에서 문제를 해결하기 위한 제안이나 대안들을 제공하기 위하여 사용자 인터페이스, 추론기관, 저장된 전문지식들로 구성되어 있는 컴퓨터 시스템이다.

2 물류정보처리시스템

1) VAN

부가가치통신망(VAN : Value Added Network)은 공중통신 사업자로부터 회선을 대여받아 고도의 통신처리기능으로 부가가치를 높여 서비스를 제공하는 통신망이다. VAN의 본래 의미는 전화 또는 텔렉스 통신 서비스 기능을 첨가한 데이터 통신망을 지칭하는 개념이었으나, 현대의 VAN의 의미는 프로토콜(protocol), 부호, 형태, 미디어, 속도 등의 변환을 전송에 부가하여 행하는 통신처리 방식을 말한다. 이러한 VAN서비스는 컴퓨터의 발달과 함께 서비스가 다양화되고 이용이 증가하고 있다. 정보전달경로의 단축효과로 인하여 기존에는 다단계 정보유통경로였던 것이 소비자 단말기를 통해 바로 정보 파악이 가능해져 종전보다 훨씬 유통경로가 단축된다. 또한 상이한 업종 간의 정보교환을 통해 업무제휴가 가능해져 산업구조의 고도화를 이루어 사회발전에 기여하게 되고, 온라인을 통해 즉시 정보교환이 가능해져 본사, 지사 및 대리점 간의 시간, 거리개념을 극복시켜 업무효율성을 높이고 본사에서는 종합적인 경영관리가 가능하다.

그리고 정보의 보편화를 통해 사회적 기회균등보장과 이에 따른 산업발전 효과가 있을 수 있다. 정보수집능력이 우수한 대기업에 한정된 정보를 중소기업도 활용 가능하게 됨으로써 더 많은 업체들이 정보분석을 통한 경영효율성을

• 그림 5-5 VAN의 모형

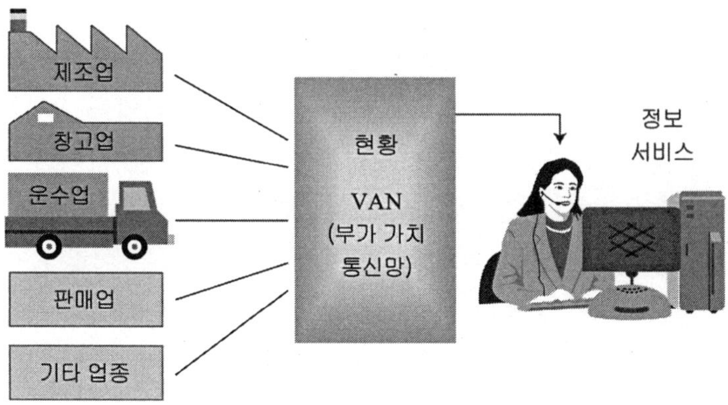

제고시킬 수 있다. 마지막으로 VAN사업자의 네트워크 공동이용은 이를 사용하는 업체에 기회비용감소 효과를 제공한다. 개개의 기업이 VAN체제를 구축하기 위해서는 대형컴퓨터를 설치하는 것보다는 VAN사업자의 호스트 컴퓨터를 이용하는 것이 비용· 인력·기술 면에서 보다 효율적이기 때문이다.[1]

2) EDI

전자문서교환방식(EDI : Electronic Data Interchange)은 정보통신기술의 발달이 가져온 응용 분야의 한 형태로 컴퓨터를 통한 기업 간 통신을 가능케 해주는 기술이다. EDI에 대한 정의는 약간씩 다르게 표현되고 있으나, 일반적으로 EDI는 조직 간에 교환되는 거래문서를 정형화된 양식 및 코드체계를 이용하여 컴퓨터가 처리 가능한 형태로 교환하는 시스템이라고 정의할 수 있다. EDI를 기술적으로 정의하면 문서나 전자우편(e-mail)처럼 사람이 판독 가능한 형태가 아닌, 전자적으로 부호화(electronically coded)된 문서를 기업의 전산 통신 설비로부터 거래상대방의 전산·통신 설비로 전송함으로써 기업 간 거래정보교환을 지원하는 시스템을 의미한다.

EDI는 EBDI(Electronic Business Data Interchange) 및 EDI(Electronic Document Interchange), CDI(Computer Data Interchange) 등의 여러 명칭으로 불리기도 하나, EDI(Electronic Data Interchange)라는 용어로 가장 많이 사용되며

1) 한낙현·정준식, 「물류관리론」(형설출판사, 2006), p. 308.

표 5-10 VAN과 EDI의 비교

	VAN	EDI
정의	회선을 직접 보유·임차하거나 이용하여 다양한 부가가치를 부여한 음성 또는 데이터 정보를 제공하는 광범위하고 복합적인 서비스의 집합	서로 다른 기업 간에 상거래를 위한 데이터를 합의한 규격에 의해 컴퓨터로 교환하는 것
기능	전송기능, 교환기능, 통신처리, 정보처리	합의된 규격에 의해 전자데이터 교환 물류기관의 컴퓨터에 의한 주문, 배송, 보고 등
효과	• 정보교환이 즉시에 이뤄짐 • 상이한 업종 간 정보교환으로 업무제휴 가능 • 공동이용부문의 시스템 개발로 인해 비용 절감이 가능 • POS 시스템의 운용이 용이	• 생산성 증대 • 서류 없는 거래가 가능, 신속·정확한 주문의 가능, 신속한 의사 결정, 고객서비스 증대로 경쟁우위 확보 인건비 감소 • 무역업무의 처리 비용 절감

기본적으로 데이터의 축적·전송(store and forword)이라는 점에서는 이메일과 유사한 점을 지니고 있다.

물류 EDI는 종래의 EDI를 활용하여 물류정보를 교환하는 방식으로서 물류정보처리의 시간과 비용을 단축할 수 있는 방식이다. 이러한 EDI와 VAN의 차이점을 정리하면 <표 5-10>과 같다.

3) CALS

컴퓨터 활용 물류지원체계(CALS : Commerce At Light Speed)는 조달에서 설계, 개발, 생산, 운용, 유지 보수에 이르는 제품의 수명 주기를 통해서 기술 정보 등을 통합 데이터베이스로 일원적으로 관리하여 각 공정을 지원하는 시스템이다.

1982년 미국 국방성이 막대한 국방 예산과 운영유지비를 절감하기 위해 방안을 강구하던 중, 무기체계 연구개발 장기화에 따른 문제점이나 서류관리를 포함한 물류지원상의 비합리적 절차와 제반관리활동의 문제점 등, 여러 가지 사안에 대한 해결방안을 지원하기 위한 프로젝트로 출발하였다. CALS 개념은 군의 무기체계를 지원하는 개념에서 출발했지만, 이제는 제품의 생산계획으로부터 폐기에 이르는 모든 활동을 디지털 정보기술의 통합으로 구현하는 산업화 전략으로 확대되었다. 이에 따라 CALS의 개념도 다음과 같이 많은 변화를 가져왔다.

(1) Computer-aided Logistics Support(1980)

무기에 관한 군수지원체계에 관한 것으로 초기에 미국 국방성이 군의 정보화를 위해 프로젝트로 수행하던 개념과 같으며, 무기체계의 설계·제작·보급·조달을 위해 디지털 정보의 통합과 정보공유를 통한 신속한 자료처리 환경을 구축하는 전략이다.

(2) Computer-aided Acquisition & Logistics Support(1988)

무기체계의 군수지원뿐만 아니라 획득과정을 포함하는 총체적 군수지원 개념이다. 따라서 정보기술의 통합을 통한 자료의 신속화는 물론, 전자거래(EC : Electronic Commerce)라는 정보통신 서비스를 부가해 무기, 군수품의 구매와 수·발주 등 기업과의 거래에 응용하는 시스템이다.

(3) Continuous Acquisition & Life-cycle Support(1993)

제품의 발주, 수주, 구매절차로부터 생산과 유통 그리고 폐기에 이르는 전 수명주기를 관리할 수 있는 체계를 지원해 주는 제품에 대한 총체적 관리를 근간으로 한다. 이를 계기로 민간산업제품의 생산을 목표로 한 제조업 분야의 산업정보화 전략이 등장하게 되었으며, 모든 산업에 적용할 수 있다는 개념으로 변천된 것이다. 특히 동시공학(CE : Concurrent Engineering) 개념의 생산과정을 강조해 품질관리와 제품제작기간 단축 등의 장점으로 모든 산업에 적용되고 있다.

(4) Commerce At the Light Speed(1995)

국가정보통신망의 초고속화계획과 인터넷 사용의 확산과 더불어 세계를 연결하는 초고속통신망의 기반 환경이 실용화 단계에 도달함으로써 '광속거래의 의미'로 이해하는 개념의 발전이 이루어졌다. 이러한 개념의 발전은 곧 기업 간 또는 기업 내의 전자문서교환(EDI : Electronic Data Interchange)방식이 서로 다른 두 지점 간의 문서 송수신을 위한 EMI(Electronic Messaging Interchange)

등을 통해 기술도면이나 형상을 포함하는 전자상거래(EC)로 개념이 바뀌었음을 의미한다.

4) EC

전자상거래(EC : electronic commerce)는 종래에 상거래에 수반하는 서류의 작성과 교환 등을 포괄적으로 전자화하는 EDI와 같은 의미로 취급되는 일이 많았으나, 최근에는 인터넷을 통한 상거래를 가리키는 용어로 사용되고 있다.

전자공간(cyberspace)상에서 전자장치를 이용하여 이루어지는 거래 행위로, 넓은 의미의 기업이나 소비자가 컴퓨터 통신망상에서 행하는 광고, 발주, 상품과 서비스의 구매 등 모든 경제 활동을 의미한다. 이는 CALS(Commerce At the Light Speed), EDI(Electronic Data Interchange), CB(Cyber Business)의 세 가지 개념이 포괄적으로 정의된 것이다. 여기서 ECIP의 EC란 EDI와 CALS 분야를 제외한 CB에 근접한 개념이다. 그러나 흔히 말하는 전자상거래란 인터넷을 통해 소비자와 기업이 상품과 서비스를 사고파는 협의의 개념을 의미한다.

5) EOS

자동발주시스템(EOS : Electronic Ordering System)이란 각 점포에서 POS (Point Of Sale)에 의하여 얻어진 정보를 통해서 발주를 PC에 입력하거나 또는 모뎀이 부착된 전화를 통해 online으로 본부에 전송함으로써 수·발주의 효율화와 리드타임의 단축을 통해 단품구매정보를 수집하도록 하는 시스템을 말한다. EOS를 넓은 의미로 해석하면 "소매업 점포에 있어서 발생한 발주 데이터를 그 발생 현장에서 자동적으로 입력하고, 그것이 통신회선을 통하여 온라인으로 소매업의 본부, 도매업체 혹은 상품 제조업체로 전송되는 시스템"이라고 정의할 수 있다.[2)]

EOS시스템의 효과로는 발주시간의 단축, 발주의 정확화, 전표업무의 삭감, 품절과 과잉재고의 방지로 인한 이익의 증가 및 정확한 자료관리 등을 들 수 있다.

6) GPS

범지구위치결정시스템(GPS : Global Positioning System)은 공식적인 명칭이

---

2) 한낙현·정준식, 「물류관리론」(형설출판사, 2006), pp. 313~314.

NAVSTAR GPS(Navigation Satellite Timing and Ranging GPS)로서 위성을 이용한 항법시스템이다.

이 시스템 개발의 근본 목적은 육·해·공군을 통합한 전략 및 전술상 지구 어느 곳에서든지 그 지역의 위치 결정 및 항법을 지원하는 데 있다. 위치 결정 방법은 GPS수신기가 위치하고 있는 지점과 위성 간의 거리를 측정하여 그 거리벡터를 교차시킴으로서 위치를 결정한다.

GPS는 거리의 측정을 GPS수신기가 시간을 얼마나 정확히 측정할 수 있는가에 따라 정밀도가 결정되는 것으로서 위성에서 측정점까지의 전파되는 신호를 받아 계산된다. 이와 같은 측정 과정은 전파를 수신하여 위치를 파악하는 항법시스템과 거의 유사하며, 지상측량장비인 위상비교전자파거리측정기(phase comparison electronic distance measurement)와도 유사하다.

일반적으로 GPS로 위치결정을 할 수 있는 방법으로는 절대측위와 상대측위라는 2개의 기본적인 운용방식이 있다. 이 두 방식은 모두 위성의 반송파신호의 위상을 측정하거나 반송파신호의 코드를 추적하여 위성까지의 거리를 측정할 수 있다.

또한 GPS에 의한 위치 결정은 수신기를 정지(static) 또는 이동(dynamic or kinematic) 환경에서 운용하며, 여러 가지 선택사양에 따라서 상대적인 위치정확도를 100m에서 1mm 정도까지의 다양한 결과로 얻을 수 있다. mm 정도의 정확도를 얻으려면 비교적 보다 많은 관측 시간과 정밀한 장비가 필요하다.

GPS 도입에 따른 물류상의 효과는 다음과 같다.

- 차량 운행 경로의 상황 파악 및 업무지시 가능
- 교통 혼잡 시 신속하고 정확한 교통정보 제공
- 물류 거점의 대기시간 감소 및 화물 수용률 증대
- 효율적인 배차관리로 공차 운행의 최소화 및 물류비용 절감
- 차량의 적재율 향상으로 배송비용 절감
- 소비자 욕구에 신속한 대응
- 차량 및 근무자의 합리적 관리
- 운항 중인 선박의 관리 및 통제
- 물류정보시스템의 효율적인 구축 및 자동화 실현
- 환경오염 방지 및 에너지 절감 등 국가경쟁력 제고

7) POS

판매시점관리(POS : Point of Sale)란 판매와 관련된 데이터를 물품이 판매되는 그 시간과 장소에서 즉시 취득하는 것이다. POS시스템은 상품에 붙어 있는 바코드를 읽어 바로 그 시점에 재고량이 조정되고, 신용조회 등 판매와 관련되어 필요한 일련의 조치가 한 번에 모두 이루어지는 시스템이다. 이를 위하여 POS시스템은 바코드리더, 광학스캐너, 카드리더 등이 계산대와 결합되어 있는 PC나 또는 특별한 단말기를 사용한다. POS시스템은 신용조회나 재고량 조정 등을 위해 중앙컴퓨터와 온라인으로 연결되거나, 또는 일괄처리를 위해 주전산기에 전송되기 전까지 일일거래를 저장하기 위해 독립된 컴퓨터를 사용할 수도 있다.

이러한 POS시스템은 입력·수집된 정보를 활용하여 수시로 매출동향을 파악하는 것은 물론 재고를 적정 수준으로 유지하고, 잘 팔리는 상품의 진열을 확대하는 등 상품관리 및 업무자동화를 추진하고 있다.

8) RFID태그

무선인식태그(RFID : Radio Frequency Identification)란 반도체 칩과 안테나, 리더기로 구성된 무선주파수시스템을 말한다. RFID는 물체나 동물 또는 사람 등을 식별하기 위해 전자기 스펙트럼 부분의 무선 주파수 내에 전자기 또는 정전기 커플링 사용을 통합시킨 기술이다. 반도체 칩에는 태그가 부착된 상품의 정보가 저장되어 있고, 안테나는 이러한 정보를 무선으로 수m~수십m까지 전송하며, 리더기는 이 신호를 받아 상품정보를 해독한 후 컴퓨터로 보낸다. 따라서 태그가 달린 모든 상품은 언제 어디서나 자동적으로 확인 또는 추적이 가능하다.

RFID는 이미 교통카드, 사원증 등 스마트카드에 활용되고 있는 무선인식기술로 주파수 대역에 따라 작동거리가 다르다. 지금까지는 주로 10cm 이내의 접촉식 카드(13.56MHz)가 보편적이었으나, 900MHz 및 2,450MHz RFID Tag는 비접촉식으로 3m 이내의 거리에서 인식할 수 있다.

RFID는 기존 바코드를 대체하고 유비쿼터스를 실현하는 핵심 소재이며, 상품의 저장, 전송, 추적 등 유통, 물류분야, 전자도서관, 전사지불, 보안 등 다방면에 광범위하게 적용되고 있다.

찾아보기 *Index*

ㅈ

ㅊ

ㅋ

ㅌ

ㅍ

ㅎ

A

B

C

D

E

F

G

저자 약력

유창권(劉昌權)
대전대학교 물류유통학과 전임강사
서강대학교 대학원(경영학박사 수료)
제15회 물류관리사 출제위원

〈주요저서 및 논문〉
『화물운송론』, 형설출판사(2008)
『보관하역론』, 형설출판사(2008)
『기업경영과 물류유통』, 형설출판사(2010)
『물류관리론』, 형설출판사(2011)
「중국의 물류장벽에 관한 실증연구」(2010)
「중국 진출 한국기업의 물류아웃소싱 성과에 관한 실증연구」(2011) 외 다수

강창백(姜昌百)
배재대학교 경영학과 졸업
대덕대학교 강사
현, 배재대학교 경영대학 무역학과 강사

〈주요저서 및 논문〉
「생강 수출기반구축과 글로벌 특화전략에 관한 연구」
「농산물 수출상품화 정보처리기술의 개발 결정요인에 관한 연구」
「국가동원전략 예산운영에 관한 연구」 외 다수

SMART 물류

초판 1쇄 발행 / 2012년 3월 7일
초판 6쇄 발행 / 2022년 8월 26일

공저 유창권 · 강창백
발행처 형설출판사
경기도 파주시 회동길 37-23 · 전화 (031) 955-2361~4 · 팩시밀리 (031) 955-2341
발행인 장진혁
등록 라-제9호 · 1962년 5월 1일
홈페이지 http://www.hyungseul.co.kr
e-mail hs@hyungseul.co.kr

정가 23,000원

© 2022 유창권, 강창백 All Rights Reserved.

ISBN 978-89-472-7185-1 93320

* 본 도서는 저자와의 협의에 따라 인지는 붙이지 않습니다.
* 본 도서는 저작권법에 의해 보호를 받는 저작물이므로 동영상 제작 및 무단전재와 복제를 금합니다.
* 본 도서의 출판권은 형설출판사에 있으며, 사전 승인 없이 문서의 전체 또는 일부만을 발췌/인용하여 사용하거나 배포할 수 없습니다.